21世纪高等院校财经管理系列实用规划教材

U0879862

SOCIAL ETIQUETTE

社交礼仪

主　编　靳　婷
副主编　李文海　陈淼霞

北京大学出版社
PEKING UNIVERSITY PRESS

内 容 简 介

本书内容包括礼仪概说、见面礼仪、交谈礼仪、形象礼仪、举止礼仪、民俗礼仪、餐饮礼仪、接待礼仪、拜访礼仪、公共礼仪、生活礼仪、求职礼仪。为方便学生有针对性地学习，本书设计了学习目标、问题与应用，以提高教材的使用效率。

本书可作为高等院校经管类专业礼仪课程的基础教材，也可作为相关行业尤其是服务行业的培训用书。

图书在版编目(CIP)数据

社交礼仪/靳婷主编．—北京：北京大学出版社，2020.5

21世纪高等院校财经管理系列实用规划教材

ISBN 978-7-301-27153-7

Ⅰ．①社…　Ⅱ．①靳…　Ⅲ．①社交礼仪—高等学校—教材　Ⅳ．①C912

中国版本图书馆CIP数据核字(2020)第058162号

书　　名　社交礼仪
　　　　　SHEJIAO LIYI
著作责任者　靳　婷　主编
责 任 编 辑　王显超　李娉婷
标 准 书 号　ISBN 978-7-301-27153-7
出 版 发 行　北京大学出版社
地　　址　北京市海淀区成府路205号　100871
网　　址　http://www.pup.cn　新浪微博：@北京大学出版社
电 子 信 箱　pup_6@163.com
电　　话　邮购部010-62752015　发行部010-62750672　编辑部010-62750667
印 刷 者　河北滦县鑫华书刊印刷厂
经 销 者　新华书店
　　　　　787毫米×1092毫米　16开本　12.5印张　294千字
　　　　　2020年5月第1版　2023年7月第2次印刷
定　　价　38.00元

未经许可，不得以任何方式复制或抄袭本书之部分或全部内容。

版权所有，侵权必究

举报电话：010-62752024　电子信箱：fd@pup.pku.edu.cn

图书如有印装质量问题，请与出版部联系，电话：010-62756370

前　言

礼仪是人类文明和社会进步的重要标志。表面上看，礼仪更多地表现为外在的行为规范，实际上礼仪是一种以道德为内涵的文化，是一个人知识、阅历、智慧、教养等全部文化修养的综合体现。我国礼仪文化源远流长，几千年来形成了高尚的道德准则和完整的礼仪规范。身居礼仪之邦，应为礼仪之民。继承和发扬我国优秀的礼仪文化，有利于提高个人的素养，更有利于构建和谐社会。在今天的社会生活中，无论是工作、学习、交际、娱乐，我们都在提倡讲文明、讲礼仪。

待人以礼应当是当代大学生的基本素养，对大学生进行社交礼仪教育具有与时俱进的意义。礼仪是一种养成教育，不仅是素质教育的必需，也是社会文明进步的强烈要求。因此，作为当代大学生，更要知礼、懂礼、重礼、讲礼。

本书共分十二章内容，其中第一章、第二章和第六章由兰州财经大学李文海编写，第十一章、第十二章由兰州财经大学陈淼霞编写，其余章节由兰州财经大学靳婷编写。

由于编者水平有限，书中难免存在不足之处，望广大同人在使用过程中提出宝贵意见，以便日后修订。

靳　婷

兰州财经大学

2020.3

目　　录

第一章 礼仪概说

学习目标

1. 了解中国礼仪的起源与发展。
2. 掌握东、西方礼仪的差异。
3. 掌握礼仪的基本原则与特征。
4. 了解礼仪的基本分类。

第一节 礼仪的起源与发展

一、中国礼仪的起源与发展

（一）中国礼仪的起源

关于礼的起源，说法不一。归纳起来有五种起源说：一是天神生礼仪；二是礼为天地人的统一体；三是礼产生于人的自然本性；四是礼为人性和环境矛盾的产物；五是礼生于理，起源于俗。

1. 从理论上看，礼的产生是人类为了协调主客观矛盾的需要

礼的产生是为了维护“人伦秩序”的需要。人类为了生存和发展，必须与大自然抗争，因此不得不以群居的形式相互依存，人类的群居性使得人与人之间既相互依赖又相互制约。在群居生活中，男女有别，长幼有序，既是一种天然的人伦秩序，又是一种需要被所有成员共同认定、保证和维护的社会秩序。人类的内部关系必须得到妥善处理，因此，人们逐步积累并自然约定出一系列“人伦秩序”，这就是最初的礼。

礼的产生是人类寻求满足自身欲望与实现欲望的条件之间达到动态平衡的需要。对欲望的追求是人的本能，在实现欲望的过程中，人与人之间难免会发生矛盾和冲突，为了避免这些矛盾和冲突，就需要为“止欲制乱”而制礼。

2. 从仪式上看，礼产生于原始宗教的祭祀活动

原始宗教的祭祀活动都是最早也是最简单的以祭天敬神为主要内容的“礼”。这些祭祀

活动在历史发展中逐步完善了相应的规范和制度，正式成为祭祀礼仪。随着人类对自然与社会各种关系认识的逐步深入，仅以祭祀天、地、鬼、神、祖先为礼，已经不能满足人类日益发展的精神需要，也不能调节日益复杂的现实关系。于是，人们将事神祈福活动中的一系列行为，从内容和形式扩展到了各种人际交往活动之中，从最初的祭祀之礼扩展为社会各个领域的各种各样的礼仪。

（二）中国礼仪的发展

礼仪在其传承沿袭的过程中不断发生着变革。从历史发展的角度来看，其演变过程可以分为以下五个阶段。

1. 礼仪的起源时期：夏朝以前（公元前21世纪以前）

礼仪起源于原始社会，在原始社会中、晚期（约旧石器时代）出现了早期礼仪的萌芽。整个原始社会是礼仪的萌芽时期，礼仪较为简单和虔诚，还不具有阶级性。内容包括：制定了明确血缘关系的婚嫁礼仪；区别部族内部尊卑等级的礼制；为祭天敬神而确定的祭典仪式；以及在人们的相互交往中表示礼节和表示恭敬的动作。

2. 礼仪的形成时期：夏、商、西周三代（公元前21世纪—前771年）

人类进入奴隶社会，统治阶级为了巩固自己的统治地位把原始的宗教礼仪发展成符合奴隶社会政治需要的礼制，礼被打上了阶级的烙印。在这个阶段，中国第一次形成了比较完整的国家礼仪与制度，如“五礼”就是一整套涉及社会生活各方面的礼仪规范和行为规范。古代的礼制典籍也多撰修于这一时期，如周代的《周礼》《仪礼》《礼记》就是我国最早的礼仪学著作。在汉以后两千多年的历史中，这些著作一直是国家制定礼仪制度的经典之作，被称为“礼经”。

3. 礼仪的变革时期：春秋战国时期（公元前770—前221年）

这一时期，学术界形成了“百家争鸣”的局面，以孔子、孟子、荀子为代表的诸子百家对礼给予了研究和发展，对礼仪的起源、本质和功能进行了系统阐述，第一次在理论上全面而深刻地论述了社会等级秩序划分及其意义。

孔子对礼仪非常重视，把“礼”看成是治国、安邦、平定天下的基础。他认为“不学礼，无以立”“质胜文则野，文胜质则史。文质彬彬，然后君子”。他要求人们用礼的规范来约束自己的行为，要做到“非礼勿视，非礼勿听，非礼勿言，非礼勿动”。倡导“仁者爱人”，强调人与人之间要有同情心，要相互关心，彼此尊重。

孟子把“礼”解释为对尊长和宾客严肃而有礼貌，即“恭敬之心，礼也”，并把“礼”看作是人的善性的发端之一。

荀子把“礼”作为人生哲学思想的核心，把“礼”看作是做人的根本目的和最高理想，“礼者，人道之极也”。他认为“礼”既是目标、理想，又是行为过程。“人无礼则不生，事无礼则不成，国无礼则不宁。”

管仲把“礼”看作是人生的指导思想和维持国家的第一支柱，认为“礼”关系到国家的生死存亡。

4. 强化时期：秦汉到清末（公元前220—公元1911年）

在中国长达两千多年的封建社会里，尽管在不同的朝代礼仪具有不同的社会政治、经济、文化特征，但却有一个共同点，就是一直为统治阶级所利用，礼仪是维护封建社会等级秩序的工具。这一时期礼仪的重要特点是尊君抑臣、尊夫抑妇、尊父抑子、尊神抑人，内容大致涉及国家政治和家庭伦理两类。

5. 现代礼仪的发展：清末到现在（公元1912年—现在）

辛亥革命以后，受西方资产阶级“自由”“平等”“民主”“博爱”等思想的影响，中国的传统礼仪规范受到强烈冲击。“五四新文化运动”对腐朽、落后的礼教进行了清算，符合时代要求的礼仪被继承、完善、流传，而繁文缛节的礼仪逐渐被抛弃，同时接受了一些国际上通用的礼仪形式。新的礼仪标准、价值观念得到推广和传播。中华人民共和国成立后，逐渐确立了以平等相处、友好往来、相互帮助、团结友爱为主要原则的具有中国特色的新型社会关系和人际关系。改革开放以来，随着中国与世界的交往日趋频繁，西方一些先进的礼仪、礼节陆续传入中国，同中国的传统礼仪一道融入社会生活的各个方面。许多礼仪从内容到形式都在不断变革，现代礼仪进入了全新的发展时期。人们学习礼仪知识的热情空前高涨，讲文明、讲礼貌蔚然成风。

二、东、西方礼仪的差异

东方礼仪主要指以中国、日本、朝鲜、泰国、新加坡等亚洲国家为代表的具有东方民族特点的礼仪文化。西方礼仪主要指流传于欧洲、北美各国的礼仪文化。东、西方礼仪存在许多差异。

（一）在对待血缘亲情方面

东方人非常重视家族和血缘关系，“血浓于水”的传统观念根深蒂固，人际关系中最稳定的是血缘关系。

西方人独立意识强，相比较而言，不太重视家庭血缘关系，而更看重利益关系。他们将责任、义务分得很清楚，责任必须尽到，义务则完全取决于实际能力，绝不勉为其难。处处强调人的自由，追求个人利益。

（二）在表达形式方面

东方人以“让”为礼，凡事都要礼让三分，与西方人相比，常显得谦逊和含蓄。西方礼仪强调实用，表达率直、坦诚。

面对他人的夸奖，中国人常常会说“过奖了”“惭愧”“我还差得很远”，表示自己的谦虚。西方人面对别人真诚的赞美或赞扬，往往会用“谢谢”来表示接受对方的美意。

（三）在礼品馈赠方面

在中国，人际交往特别讲究礼数，重视礼尚往来，往往将礼物作为人际交往的媒介和桥梁。东方人送礼的名目繁多，除了重要节日互相拜访需要送礼外，平时的婚、丧、嫁、娶、生日、升职、乔迁都可以作为送礼的理由。

西方礼仪强调交际务实，在讲究礼貌的基础上力求简洁便利。西方人一般不轻易给别人送礼，除非相互之间建立了较为稳固的人际关系。在送礼形式上也比东方人简单得多。一般情况下，他们既不送过于贵重的礼品，也不送廉价的物品，但却非常重视礼品的包装，特别讲究礼品的文化格调和艺术品位。

在送礼和接受礼品时，东、西方也存在着差异。西方人送礼时，总是向受礼人直截了当地说明，“这是我精心为你挑选的礼物，希望你喜欢”，或者说“这是最好的礼物”之类的话。西方人一般不推辞别人的礼物，接受礼物时先对送礼者表示感谢，接过礼物后总是当面拆看礼物，并对礼物赞扬一番。而东方人则不同，中国人及日本人在送礼时会费尽心思、精心挑选，但在受礼人面前却总是谦虚而恭敬地说“微薄之礼不成敬意，请笑纳”之类的话。东方人在受礼时，通常会客气地推辞一番。接过礼品后，一般不当面拆看礼物。

（四）在时间观念方面

西方人时间观念强，做事讲究效率。出门常带记事本，记录日程和安排，有约必须提前到达，至少要准时，且不随意改动。西方人常将交往方是否遵守时间当作判断其工作是否负责、是否值得与其合作的重要依据，在他们看来这是直接反映了一个人的形象和素质。遵时守序，养成了西方人严谨的工作作风。西方人工作时间和业余时间区别分明，休假时间不打电话谈论工作，甚至在休假期间拒绝非生活范畴的交往。

相对来讲，有些中国人安排时间比较随意，时间观念比较淡薄，会改变原定的时间和先后顺序。

（五）在对待隐私方面

西方礼仪处处强调个人拥有法律范围内的自由，将个人的尊严看得神圣不可侵犯。西方人尊重别人的隐私权，同样也要求别人尊重自己的隐私权。

东方人非常注重共性拥有，强调群体，强调人际关系的和谐，不太注重个人隐私，把邻里间的相互关心、嘘寒问暖，当作是一种富于人情味的表现。

第二节　礼仪的基本内涵

一、礼仪的概念

（一）何谓“礼”

礼的本意为敬神，后引申为表示敬意的通称。礼的含义比较丰富，它既可以指表示敬意而举行的仪式，也可泛指社会交往中的礼貌礼节，是人们在长期的生活实践中约定俗成、共同认可的行为规范。在《中国礼仪大辞典》中，礼的定义为特定的民族、人群或国家基于客观历史传统而形成的价值观念、道德规范，以及与之相适应的典章制度和行为方式。礼的本质是“诚”，有敬重、友好、谦恭、关心、体贴之意。礼是人际间乃至国际交往中相互表示尊重、亲善和友好的行为。

礼貌是礼的重要表现。礼貌有狭义和广义两种含义，狭义的礼貌特指人与人相处时所表现出来的符合礼的要求的脸色容貌，广义的礼貌泛指人与人交往时所显示出来的气度、形象和风范。因此，礼貌通常表现为两个方面：礼貌行为和礼貌语言。它要求人们在交往时应注意自己的仪容、仪态，力求做到仪容整洁、自然，仪态合宜、大方、得体；要求使用文明用语，如“您”“请”“指教”等用语，说话和气，语言文明，声音大小适中。

（二）何谓“仪”

《荀子·君道》指出：“君者仪也，民者景也，仪正而景正。”即人君好比伫立的木柱，只有木柱正影子才会正。仪，本义指伫立的木柱，引申出仪表、仪容、仪态、仪式等多重含义。

仪表、仪容、仪态均指人的外表。仪表更注重服饰、装扮和风度；仪容侧重于姿容相貌；仪态主要指人的姿态，包括身体各部位特别是头、眼、脸、手、足等的动作和表达的意义。仪表、仪容、仪态展现出个人的精神面貌和文明程度。

仪式是礼的秩序形式，即为表示敬意和表示隆重而在一定场合举行的、具有专门程序的规范化的活动，如升旗仪式、签字仪式等。

（三）何谓“礼仪”

中国著名的历史学家范文澜在《群经概论》中认为：“礼仪合言，皆名为礼，分言之则礼为体，仪为履。”即礼是仪的根本，仪是礼的功用。中国历史上最早的礼与仪当作一个词来使用，始见于《诗经·小雅·楚茨》：“为宾为客，献酬交错，礼仪卒度，笑语卒获。”此处礼仪指宾客之间献酬交错的应对之道。礼仪含义较为广泛，人们对它也有多种界定。有人认为，礼仪是待人接物的准则；有人认为，礼仪是指人们在各种社会交往中，用以美化自身尊重他人而约定俗成的行为规范和程序；还有人认为，礼仪是在较隆重的场合为表示尊重、重视、敬意等而举行的合乎社交规律和道德规范的礼节和仪式。

二、古代礼仪的基本内涵

（一）礼是人区别于动物的标志

《礼记·冠义》中说："凡人之所以为人者，礼义也。"意思是说，人与动物的区别就是人懂礼而动物不懂。《礼记·曲礼上》又说："鹦鹉能言，不离飞鸟；猩猩能言，不离禽兽。今人而无礼，虽能言，不亦禽兽之心乎？"意思是鹦鹉能说话，始终是飞鸟；猩猩能说话，也始终是禽兽。现在作为人而缺乏礼，即使能说话，不也是禽兽的心态吗？也就是说人之所以为人，是因为人懂礼。

（二）礼仪是"质"与"文"的结合

"礼仪"实际有两个层面的内涵：内在的"质"（内涵）和外在的"文"（修饰，仪式），礼仪是"礼质"与"礼文"的结合。

孔子说过："质胜文则野，文胜质则史，文质彬彬，然后君子。"（《论语·雍也》）意思是说，质朴胜过文雅就显得粗野，文雅胜过质朴就显得做作，文质相得益彰，才是君子应有的风范。在注重外表的同时，也要积累内涵，只有外在与内在相结合，才能有文质彬彬的好形象。

（三）礼仪是个人和社会遵守的行为准则

孔子在《论语·颜渊》中说人应该做到："非礼勿视，非礼勿听，非礼勿言，非礼勿动。"他要求人们用礼的规范来约束自己的行为，不符合礼仪规范的不看，不符合礼仪规范的不听，不符合礼仪规范的不说，不符合礼仪规范的不动。

三、现代礼仪的基本内涵

（一）礼仪是传统美德与现代文明的双重选择

"礼"是中华传统文化的核心，自"周公制礼作乐"以来，逐步形成了丰富而庞大的体系。国学宗师钱穆先生曾说："礼是中国文化的特质，标志着中国的特殊性。从一个家庭，到家族到整个国家，所有的思维方式和行为准则都是由'礼'的原则建立起来的，故我国有'礼仪之邦'之称誉。"时至今日，许多传统礼仪仍有其强大的生命力，它与现代社会的物质文明、精神文明相融合，深化和丰富着现代礼仪的内涵，逐渐渗透到个人生活、社会交往、行业管理、外交关系等各个领域和层面，它的约定俗成使其以某种精神的约规力量强加于每个人身上。一个人高雅的气质、潇洒的风度、谦恭有礼、不卑不亢的态度来源于此；一个组织的公众形象、社会效益和经济效益也与此有密切的关系。礼仪是一个国家的国民素质、民族道德风貌和文明程度的综合体现。学好礼仪是传承民族文化传统与弘扬现代文明的双重选择。

（二）礼仪是建立良好人际关系的基础

礼，是一个人的立身之本，“先学做人，后学做事”是对一个人的基本要求，也是教育的基本准则。礼仪教育可以塑造人圆融通达的个性。自觉的礼仪意识，良好的礼仪习惯，是一种无形的资本，显示出一个人丰富的人文内涵和个性魅力，使一个人的认知品质、情感品质、意志品质健康发展，形成既有独立的个体精神，又有完整的群体特质的健全人格。体现在形式上，就是文明礼貌的语言、规范的体态，以及待人接物方面的仪式。从遵守家庭规则到遵守校规校纪，逐步到遵守国家的法规制度。养成从个人到集体，从小家到国家的观念与品格，追求真理，坚持原则，务实求新，理性为先，从而使礼仪内化为一个人高尚的情操与良好的品质素养。

礼仪行为是一种信息性很强的行为，每一种礼仪行为都表达一种甚至多种信息。在人际交往中，交往双方只有按照礼仪的要求，才能更有效地向交往对象表达自己的尊敬、敬佩、善意和友好，人际交往才可以顺利进行和延续。热情的问候、友善的目光、亲切的微笑、文雅的谈吐、得体的举止等，不仅能唤起人们的沟通欲望，建立起彼此之间的好感和信任，而且可以促成交流的成功，进而有助于事业的发展。在人际交往中，不论体现的是何种关系，维系人与人之间沟通与交往的礼仪，都承担着十分重要的“润滑剂”作用。礼仪的原则和规范，约束着人们的动机，指导着人们立身处世的行为方式。如果交往的双方都能够按照礼仪的规范约束自己的言行，不仅可以避免某些不必要的感情对立与矛盾冲突，还有助于建立和加强人与人之间相互尊重、友好合作的新型关系，使人际关系更加和谐，社会秩序更加有序。

（三）礼仪是构建和谐社会的有效途径

《荀子·修身》中说：“故人无礼则不生，事无礼则不成，国无礼则不宁。”礼仪是人类社会进步的产物，是传统文化的重要组成部分。礼仪蕴涵着丰富的文化内涵，体现着社会的要求与时代精神。礼仪通过评价、劝阻、示范等教育形式纠正人们不正确的行为习惯，指导人们按礼仪规范的要求去协调人际关系，维护社会正常生活。让国民都接受礼仪教育，可以从整体上提高国民的综合素质。礼仪讲究和谐，重视内在美和外在美的统一。礼仪在行为美学方面指导着人们不断地充实和完善自我并潜移默化地熏陶着人们的心灵，使得人们的谈吐变得越来越文明，装饰打扮变得越来越富有个性，举止仪态越来越优雅。

礼仪作为社会行为规范，对人们的行为有很强的约束力。在维护社会秩序方面，礼仪有着法律所起不到的作用。社会的发展与稳定，家庭的和谐与安宁，邻里的和睦，同事的信任与合作，都依赖于人们共同遵守礼仪的规范与要求。社会上讲礼仪的人越多，社会便会更加和谐稳定。在构建和谐家庭、和谐校园，构建和谐的人际关系和人与自然的关系，以及构建和谐国家和谐社会中，礼仪都是不可或缺的重要途径。

第三节　礼仪的基本原则和特征

一、礼仪的基本原则

（一）遵守规范原则

礼仪是人们在社会交往中需要遵循的行为规范和准则，它不仅涉及个人行为、家庭伦理关系、各行各业的相互往来，还涉及不同民族、不同国家的礼貌礼节及其涉外关系。礼仪是维系人们之间相互理解、彼此尊重、和谐共处、互惠互利的重要纽带，它要求每一个参与者、社会组织和团体都应该自觉、自愿地遵守礼仪，用礼仪去规范自己在社会活动中的一言一行，做到守法循礼、守约重诺。

（二）平等适度原则

在社交场上，礼仪行为总是表现为双方的礼尚往来。平等适度是人与人交往时建立情感的基础，是保持良好人际关系的诀窍。平等适度原则在交往中表现为既不能盛气凌人，也不能卑躬屈膝，更不能以貌取人，或以职业、地位、权势压人，而是应该处处时时平等谦虚待人，唯有此，才能结交更多的朋友。适度原则即交往应把握礼仪分寸，在具体操作过程中，既要符合礼仪的规范性，又要兼顾礼仪的灵活性，使之更趋于合理和实用。比如在与人交往时，要彬彬有礼，而不是低三下四；要热情大方，而不是轻浮谄谀；要老练持重，而不是圆滑世故。

（三）自觉自律原则

自觉自律原则是指在人际交往中，应严格按照礼仪准则，自觉地在心中树立起一种道德信念和行为准则，来规范自己的言行举止，不需外界的监督。礼仪作为规范人们品德、言行、交往的准则，它将一种无形的文化思想、道德力量和有形的仪式相结合，制约着每一个人。人们对这些规范认同并自觉服从，而且认为遵守礼仪是一种理所当然、义不容辞的责任和义务，将之当作一种高尚的道德情操和良好的文化素养。例如，在公共场所一定要着装整洁、仪容端庄；在需要保持安静的场合不能大声喧哗；路遇师长要主动行礼问候；乘车时，应主动排队买票、尊老爱幼；注意公共卫生等。这些都是礼仪的自律性原则的具体体现。

（四）沟通互动原则

礼仪是在双边或多边活动中发挥作用的。《礼记·曲礼上》书说："礼尚往来，往而不来，非礼也；来而不往，亦非礼也。"意思是礼崇尚的是相互往来，有来无往、有往无来都不符合礼节。大到国际的交流，小到亲朋好友之间、邻里之间的交往，在馈赠、求助、慰问、宴请、吊唁、祝颂等礼节上，不管是侧重于物质的还是侧重于精神的，都是双（多）方互动、彼此施（受）礼的。可以说，没有沟通互动，也就没有了礼。比如见面相互点头微笑致意或握手致意，彼此尊称对方等，就是一种礼仪的互动。沟通是一种有意义的双向互动过程，是传者与受者对信息的分享，是双方意见交流的桥梁。

（五）宽容互尊原则

现代礼仪中的宽容互尊原则，要求人们必须学会彼此宽容、互相尊重，这是建立良好人际关系的基础。宽容就是心胸宽广，能设身处地为别人着想，能原谅别人的过失、理解他人、体谅他人，对他人不求全责备。要允许他人表达思想，表现自己，允许不同的声音存在，即便和自己看法不同，性格各异，也应该互相尊重。即使批评错了，也要认真倾听。有了过错后，允许他人批评指正，虚心接受他人对自己的批评意见，才能得到大家的理解和尊重。《孟子·离娄章句下》中说："仁者爱人，有礼者敬人。爱人者，人恒爱之；敬人者，人恒敬之。"只有彼此宽容，相互尊重，人与人之间的关系才会融洽和谐。这既是一种美德，也是现代人的一种礼仪素养。

（六）真诚守信原则

真诚守信是一切人际交往的出发点。在交际过程中要做到真诚守信，不虚伪、不做作，恪守诚信，表里如一。同他人约定见面，一定要准时赴约，答应他人的事，一定要做到。许诺是非常慎重的行为，对不应办或办不到的事情，不能轻易许诺，一旦许诺，就要努力兑现，要对自己讲的话承担责任，如果我们失信于人，就等于贬低了自己。如果我们在履行诺言过程中情况有变，以致无法兑现自己的诺言，就要向对方如实说明情况并表示歉意。交际活动作为人与人之间信息传递、情感交流、思想沟通的活动，如果缺乏真诚，缺少诚信，就不可能达到目的，更无法保证交际效果。

（七）入乡随俗原则

入乡随俗是国际交往中的一条很重要的礼仪原则。由于国情、民族、文化背景的不同，出国或接待外宾，都要尊重对方的风俗习惯与礼节。由于不同国家的社会制度不同，文化习俗有别，思维方式与理解角度也往往差别较大。因此，每到一个国家或接待来自其他国家的客人，都要事先了解该国的礼俗，必须坚持入乡随俗，即使相当熟悉的友人，也应注意基本礼仪。在交往中相互尊重，与绝大多数人的习惯做法保持一致，切忌自以为是、目中无人。

在实际交往当中，各方都应尊重相互之间的风俗、习惯，了解并尊重各自的禁忌，如果不注意禁忌，就会在交际中产生引起麻烦。

二、礼仪的基本特征

（一）普遍性

礼仪是人类在社会生活中产生的行为规范，全体社会成员均离不开一定的礼仪规范的制约。在生活中，许多礼仪是不以个人的意志为转移的，它的存在本身具有很强的普遍性，无时无刻不约束着人们的行为规范，反映着人们对真善美的追求。比如最简单的问候语“你好”“再见”等，这几乎是全世界通用的一种问候礼节。古今中外，从个人到国家，礼仪无时不在，无处不在。凡是有人类生活的地方，就存在着各种各样的礼仪规范。远古时候，人类为了生存要祭神以求保护，这种礼仪形式至今在一些地区还存在，如在春节时，家家户户要摆起烛台祭祖宗、祭天神、祭地神、祭灶神，以求来年风调雨顺，阖家幸福。现代社交礼仪的内容已渗透到社会的方方面面，从政治、经济、文化领域，到人们的日常生活。比如，大到一个国家的国庆庆典，小到人们日常生活中的接待、见面谈话、宴请等，均需要讲究礼仪规范，遵守一定的行为准则。

（二）传承性

每个国家的礼仪都有鲜明的民族特色，现代礼仪是在继承了古代、近代礼仪文明的基础上发展起来。礼仪文化的发展始终是一个剔除糟粕、继承精华的过程。随着社会的发展，历史的变迁，许多礼仪范式已不再适合现代社会，那些反映劳动人民的精神风貌、代表劳动人民道德水平和气质修养的健康高尚的礼节思想得到了肯定和发扬。比如孔子提出的“礼之用，和为贵”“非礼勿视，非礼勿听，非礼勿言，非礼勿动”“温、良、恭、俭、让”等，这些礼仪思想和行为规范影响至今，得到了广大群众的认可和弘扬。作为我国长期以来的文化积累，礼仪将人们在社会交往中的思想、行为、习惯以规范的形式固定、沿袭下来，从而形成了传承性特点。这种变迁不仅反映了人类礼仪的一脉相承，也说明了礼仪在继承过程中得到了丰富发展，更突出了人类对那些代表礼仪本质东西的倾心向往。

（三）差异性

“十里不同风，百里不同俗”，不同的民族地域，有着不同的礼仪文化。各地文化背景、地理环境、民情风俗、物质条件和精神文明程度的不一致，导致了各地礼仪的差异。如汉族与少数民族、城市与农村、中国与外国在某些礼节风俗上相去甚远。例如西方国家忌“星期五”和数字“13”；日本人送礼物的时候要注意避开数字 4 和 9，4 和 9 会使人联想到“死”和“苦”；中国人见面多行握手礼；泰国人则多行合十礼等。因此需要了解并熟悉各个国家、各个民族、各种场合的礼仪规范。“未入境，先问俗”，了解差异性，才能做到得体施礼。礼仪除了地域性的差异外，还表现在礼仪的等级差别上，对不同身份地位的对象施以不同的礼仪，不同等级的人行不同的礼。等级越高，礼数越高。《史记·乐书》曰：“乐者为同，礼者为异。同则相亲，异则相敬。”礼的作用是区别差异，有差异才会有恭敬。比如，在人际关系中，按年龄有长幼之分，按身份有宾主之分，按职务有高低之分，按国家有内外之分。对不同关系，不同层次的人要有不同的礼遇，这就是礼仪的差异性。

（四）规范性

礼仪约定了个人与个人、个人与群体、群体与群体之间的行为关系规则，虽然不同的阶级、不同的民族其礼仪有不同的内容和方式，但都具有规范性这一基本特征。从个人礼仪来看，它侧重于个人的道德品质、仪表仪容和言谈举止等方面的修养，突出的是个人道德行为的自省、慎独和自我完善。从道德方面看，规定了品德端正、真诚待人、言行一致、表里如一、助人为乐、尊重他人、艰苦朴素、勤俭节约等基本原则；从仪表方面看，规定了端庄高雅、整洁朴素、美观大方的要求，站有站相、坐有坐相、走有走姿等，这些都体现了礼仪的规范化特点。从公共礼仪来看，更具有规范性特点，如古代礼仪中有“行不中道，立不中门”“登城不指，城上不呼”等公共礼仪规范，现代礼仪中同样规定了走路靠边行的交通礼仪。

（五）时代性

礼是一个时代的产物，它受某一时代的物质水平、生活方式、文化背景、民族心理等综合条件的影响，并随着这些条件的改变而改变。时代总在不断地前进，礼仪文化也不是一成不变的，而是随着社会的进步不断发展。比如中国古代礼仪最初作为维护封建统治的典章制度，已逐渐从现代礼仪中退出，礼的本质内涵“敬”和行为规范与现代社会相融合，成为现代人际交往的准则。随着我国的改革开放，国家对外交往的不断扩大，各国的政治、经济、思想、文化等诸种因素的互相渗透，我国的传统礼仪也被赋予了许多新鲜的内容。比如西方传统的女士优先原则，交际务实原则，西餐礼仪，各种节日如圣诞节、母亲节、感恩节等传入我国，逐渐被我国许多人接受和喜爱。中华礼仪对国外礼仪观念的吸纳，使现代礼仪具有了国际性特征，礼仪变革也向着符合国际惯例的方面发展。总之，礼仪规范不是一成不变的，它随着社会的发展而变化。社会的进步使礼仪不断发展完善，人类文明程度的提高，使礼仪在历史传统基础上不断被赋予新的内容，礼仪活动向着更文明、更简洁、更实用的方向发展。

第四节 礼仪的基本分类

一、古代礼仪的分类

作为传统文化的核心，礼渗透到古代社会生活、政治体制、人伦关系的各个层面，它的内容与形式极其丰富烦冗，因而对它的分类历来也是众说不一。《大学·中庸》有“礼仪三百，威仪三千”之说，《礼记·王制》有“六礼”之说，即冠礼、昏礼、丧礼、祭礼、乡礼、相见礼。《周礼·春官·大宗伯》将礼分为吉礼、凶礼、宾礼、军礼、嘉礼等“五礼”。在各种历史文献中，《周礼》因其完备性和权威性而成为后世修礼的典范，因此，“五礼”说成为人们普遍认同的分类法。

（一）吉礼

指祭祀之礼。古人为了消灾祛祸、保佑平安吉祥，于是祭祀神鬼祈求降福，故称吉礼。《周礼·春官·大宗伯》载：“以吉礼祀邦国之鬼、神、示。”吉礼分为祭天神、祭地神、祭人鬼。

(1) 祭天神：这是国家最高最隆重的典礼，只有天子可以祭天。《周礼·春官·大宗伯》载：“以禋祀祀昊天上帝，以实柴祀日、月、星、辰，以槱燎祀司中、司命、风师、雨师。”北京的天坛就是明清两朝祭天的地方。

(2) 祭地神：夏至为祭地之日。《周礼·春官·大宗伯》载：“以血祭祭社稷、五祀、五岳，以貍沉祭山林、川泽，以疈辜祭四方、百物。”地神保佑生民康泰平安、风调雨顺、五谷丰登，因此祭地仪式也是很虔诚神圣的。

(3) 祭人鬼：就是对祖先的祭祀。古人认为，人死后就变成鬼，鬼与人一样也要有居住的地方，于是就设立宗庙，宗庙就成了祖先亡灵的寄居处，祭人鬼就是祭宗庙。周朝的宗庙制度规定，天子七庙，诸侯五庙，大夫三庙，士一庙，庶人不准设庙，庶人祭祀祖宗就在居室内进行。宗庙祭的仪式很繁复，主要有“四时祭”和丧礼中诸多的祭祖仪式。天子因其宗庙多而难以在一日之内遍祭，所以就只在春季对宗庙一一祭拜，而夏秋冬三季则改为“合祭”。因为祭祖只是统治阶级的特权，平民百姓无权设庙，但受其影响，也逐渐形成了祭祖礼俗，后来出现的祠堂制就是这种礼俗的表现形式。

（二）凶礼

凶礼是指遇到灾凶等事而举行哀吊的礼仪。《周礼·春官·大宗伯》载：“以凶礼哀邦国之忧，以丧礼哀死亡，以荒礼哀凶札，以吊礼哀祸灾，以禬礼哀围败，以恤礼哀寇乱。”凶礼包括以下五种形式。

（1）丧礼：丧礼是古代礼仪中最为重要的礼仪之一。指的是与自身有着一定关系的人死后，按照特定的礼仪去吊唁、服丧以致哀。丧礼于死者是安抚其鬼魂，于生者则成为分长幼尊卑、尽孝正人伦的礼仪。与丧礼密不可分的是丧服制度，根据与死者关系的亲疏分为斩衰、齐衰、大功、小功、缌麻等五种丧服，以及三月至三年不等的服丧时间。

（2）荒礼：荒礼是指百姓或邻国在荒灾之年比如遭遇农业歉收、瘟疫流行等自然灾害而由国家实行的政治礼制措施。荒礼的内容有多种，如“散礼”“薄征”“缓刑”“移民通财”等。

（3）吊礼：吊礼指邻国遭遇水火之灾，派使者前往慰问并给予相应的救助。

（4）禬礼：邻国发生祸难、发生重大物质损失，兄弟之国应凑集钱财物品相救助。

（5）恤礼：恤是忧、悯、体恤的意思。邻国发生外患内乱，应该派使臣前往慰问。

上述五礼中，禬礼、恤礼为国家事务，只有国君或重臣才可以施行。丧礼、荒礼、吊礼可以是国君或重臣施行，也可以由贵族施行。这些礼仪制度对民间的影响也是很大的，它们逐渐成为普通百姓尤其是亲戚邻里之间互相帮助、互相哀怜、和睦相处、礼尚往来的民间礼俗。

（三）宾礼

宾礼是天子、诸侯接待宾客的礼仪。古代宗法社会中，天子与诸侯、诸侯与诸侯多为宗族、亲戚关系，为了联络感情，彼此亲附，需要有定期的礼节性会见，因而《周礼·春官·大宗伯》载：“以宾礼亲邦国。”天子会见诸侯的礼仪有八种：朝、宗、觐、遇、会、同、问、视。“春见曰朝，夏见曰宗，秋见曰觐，冬见曰遇”，此四种是六服之内的诸侯按照四时顺序轮流进京拜见天子。“时见曰会”是指如果天子有征伐之事，其他诸侯要临时来朝，因无常期，故称“时会”；“殷见曰同”是指天子十二年巡守一次，若不巡守，四方诸侯要同往京师朝见，称为“殷见”；“时聘曰问”是指天子有事，诸侯派使臣专朝聘问，因无常期，称为“时聘”；“殷覜曰视”是指凡遇仅有侯服来朝之年，因来朝者少，故诸侯使卿聘问天子，谓之“殷覜”。天子与诸侯相聘问的礼节，今已无从得知。诸侯之间的聘礼有大聘、小聘之分，两者的仪节基本相同，只是使者的身份、礼品的多少等有所不同。出使聘问国时，使者要带上礼品，临行前要举行告庙仪式，并有入境、郊劳、致飧、聘享、私觌、归饔饩、问卿、还玉、送宾、复命、告庙等一系列规范严谨的仪节。聘礼确立了我国古代一系列外交礼仪的原则与规范，如互惠互利、外交礼遇、互赠礼品、重礼轻财等，成为我国外交礼仪的渊薮。

（四）军礼

军礼是天子及诸侯为了抵御内外骚乱以及战争威胁而命将选士、进行征伐的礼仪。《周礼·春官·大宗伯》载：“以军礼同邦国。”军礼包括大师之礼、大均之礼、大田之礼、大役之礼、大封之礼五种。如大师之礼是天子御驾亲征的礼仪，威仪盛大，举国重视。《礼记·王制》载：“天子将出征，类乎上帝，宜乎社，造乎祢，祃于所征之地；受命于祖，受成于学……”意思是天子亲征是一项重大的国事，出征前要举行祭礼：祭上帝、祭社稷、祭宗庙和祭所征之地，祈求各方神明保佑天子凯旋。除上述五种之外，军礼中还包括军队的车马、旌旗、兵器、军容、行列等，对此都有严格规定。比如在军队的规模设置方面，规定天子为六军，诸侯的军队不得超过六军而又必须与国力相称，具体设置为大国三军，次国二军，小国一军。当时的军力往往用战车多少来衡量：天子万乘，诸侯千乘，大夫百乘。征伐胜利后，又有凯旋礼、告庙礼、献俘礼、献捷礼、受降礼、饮至礼等。

（五）嘉礼

“嘉”是好、善的意思。嘉礼是彼此之间为了联络感情、融洽关系所遵守的礼仪。《周礼·春官·大宗伯》载：“以嘉礼亲万民”。嘉礼包括以下六种。

（1）饮食之礼：“以饮、食之礼，亲宗族兄弟。”我国自古是一个宗法社会，各诸侯国之间大都是同宗族的亲戚关系，为了加强联系，加深亲情，宗族兄弟、四方宾朋常饮酒聚会，这就是饮食之礼。

（2）昏冠之礼：指的是冠礼和笄礼，即成年礼。古代男子20岁举行加冠礼，女子15岁举行笄礼，象征着男女都告别童年而步入成人行列，成年的男女就可以谈婚论嫁了，“以昏、冠之礼，亲成男女。”“联姻”是天子与诸侯之间、诸侯与诸侯之间相互亲和的一项重大举措，也是普通百姓家庭的一件大事。《礼记·昏义》说：“昏礼者，将合二姓之好，上以事宗庙，而下以继后世也，故君子重之。”

（3）宾射之礼：是诸侯朝见天子或诸侯相会时举行的射礼。射礼有四种：一是大射礼，是天子在重大祭祀前为挑选助祭者而举行的射礼；二是乡射礼，是每年的春秋季节各地方官为荐贤举士、敦化风俗而举行的射礼；三是燕射礼，是国君与大臣燕饮之后举行的射礼，旨在明君臣之义；四是宾射礼，是与故旧朋友的射礼。所以，《周礼》说：“以宾射之礼，亲故旧朋友”。

（4）燕飨之礼：“燕”通“宴”，意为安闲、休息。“以燕、飨之礼，亲四方之宾客。”指的是天子、贵族在政务之余为联络与下属的感情而举行宴饮活动。如天子设宴款待前来朝聘的使者，或设宴款待出使他国归来的臣僚、新建功勋的将士等；也可以是无特殊原因而宴请群臣，以示体恤、亲和。

（5）脤膰之礼：脤和膰都是宗庙社稷的祭肉，祭祀仪式结束后，将祭肉赐予同姓兄弟之国，以增进感情，所以，《周礼》说：“以脤、膰之礼，亲兄弟之国。”

（6）贺庆之礼：指的是对于异姓诸侯的喜庆之事，要致送礼品，以示庆贺，保持彼此之间的友好往来。所以，《周礼》说：“以贺庆之礼，亲异姓之国。”

嘉礼的范围非常广泛，除上述六种之外，还包括诸如乡饮酒礼、正旦朝贺礼、冬至朝贺礼、皇后受贺礼、皇太子受贺礼、尊太上皇礼、养老礼、学校礼、职官礼、会盟礼等。

随着历史的发展，古代礼仪中有许多已不再适应现代社会物质、文化、政治、道德和人们生活的要求，“五礼”的内涵发生了重大演变，其中最本质的一点“尊敬”成为中华民族的传统美德被继承下来，而其仪节的烦琐程度则被大大减化。比如，吉礼中，祭天祭地仪节在民国时就已被废止，只沿袭了祭祖祭神明的礼俗，如清明扫墓活动等；凶礼中，民间的哭丧仪式可谓古代丧礼的演化；国家政府对因地震、旱涝等自然因素造成损失的地区实行赈济措施，可谓是古代“荒礼”的现代形式；对他国因战祸而采取的国际性外交援助可谓恤礼的演化，成为现代涉外礼仪的重要内容。嘉礼中的养老、优老礼仪在现代社会中已积淀为一种美德。总之，“五礼”以其特有的文明而成为中国和世界灿烂文化的重要组成部分。

二、现代礼仪的分类

现代礼仪的内容很多，从不同的角度可以将礼仪划分为不同的类别，但无论如何划分，礼仪的本质内涵、基本特征、意义与作用是一致的。

（一）从国别的角度划分

从国别的角度，礼仪可划分为国内礼仪和国际礼仪。

（1）国内礼仪。是我国人民在中华传统礼仪的基础上，结合现代社会的政治、经济、文化特点和道德要求而形成的约定俗成的、为人们共同遵守的礼节。它广泛渗透到人们的个人生活、学习、工作、交往的各个方面。从个人礼仪修养、家庭礼仪到公共礼仪、公务礼仪、外交礼仪；从行业礼仪如服务行业礼仪、学校礼仪、军队礼仪、体育礼仪等，到具体场合的礼仪应用，如社交礼仪、会议礼仪、各种庆典仪式等，都体现了我国的文明程度。国内礼仪既具有普遍性、共同性特征，同时，由于我国幅员辽阔，民族众多又使我国礼仪带有明显的区域性和民族性特征。

（2）国际礼仪。是世界各国在长期的政治、贸易、文化、科技、体育、教育等外交活动中共同遵守的惯例性的礼貌礼节。虽然不同的国家有着各自不同的礼仪标准和模式，但在长期的外交关系中已经形成了相互尊重、和平共处、维护本国和他国形象的共同原则和礼仪规范，所以，国际礼仪带有鲜明的共同性特征。比如，遵守国际和平共处五项原则、求同存异、真诚守信、遵时守约、不卑不亢、女士优先、以右为尊等。在礼仪的具体实施中，如仪表仪容、见面礼、接待礼仪、礼宾次序、迎送礼节等都有基本的规范。比如鸣炮礼的国际惯例是，欢迎国家元首或相应级别的官员时，鸣放 21 响礼炮；欢迎政府首脑或相应级别的官员时，鸣放 19 响礼炮；欢迎副总理级官员时，鸣放 17 响礼炮。又比如交谈礼仪中也有共同的禁忌，如不涉及对方国家的机密，不涉及个人的隐私等。但由于各国的文化背景、生活习俗不同，又使国际礼仪带有明显的差异性。比如就英、德、法、美、日本、韩国等几国的见面礼节而言，一般初次见面惯行握手礼，而同中有异。英国人习惯行点头致意礼或用手指碰一碰自己的帽檐，彼此寒暄几句；女子一般行屈膝礼，而不喜欢见面拥抱。在德国和法国，亲朋好友见之间、情侣之间、夫妻之间惯施拥抱礼和亲吻礼。美国人性格随和，讲礼貌而不拘小节，熟悉的男女之间、女性之间大都可行亲吻礼，不太熟悉的人之间，也常常是点头微笑着打个招呼。日本人、韩国人的见面习惯行鞠躬礼。在韩国家庭中，还保留小孩子向尊贵的客人行跪拜礼的习俗。又比如在称呼方面，英国人、德国人、法国人一般不直呼其名，而是喜欢称呼头衔，或是“先生”“小姐”“夫人”。美国人常常对熟悉的人直呼其名，但出于礼貌，也常以“先生”“小姐”“夫人”或职衔相称。日本人在正式场合称呼名字的全称，对男子可在姓后面加“君”，只有对尊者才称“先生”，对一般人则称“桑”（桑：兼含“先生”“小姐”“同学”的意思）。

（二）从应用范围的角度划分

从应用范围的角度，礼仪可划分政务礼仪、商务礼仪、服务礼仪、社交礼仪、涉外礼仪五大类。

（1）政务礼仪指政府机关、国家公务员、行政部门工作人员在行使国家权力和管理职能所必须遵循的礼仪规范。政务礼仪除了包括工作人员的仪表仪容、言谈举止之外，主要还指上下级之间的礼仪、政务拜访与接待礼仪、政务公文礼仪、政务会议礼仪、信访礼仪、政务宴请等。

（2）商务礼仪指商务活动中彼此应遵守的礼貌礼节，是商务活动中对人的仪容仪表和言谈举止的普遍要求。商务礼仪的核心是体现人与人之间的相互尊重，主要包括商务谈判礼仪、营销礼仪、商务服务礼仪、庆典贺颂、签字仪式等。

（3）服务礼仪指服务行业的从业人员应具备的基本素质和应遵守的行为规范。主要包括酒店礼仪、通信行业礼仪、医院礼仪、银行礼仪、商业礼仪等。

（4）社交礼仪指人类在社会交往活动中约定俗成的表示尊敬的行为规范与准则，是在社会交往中使用频率较高的日常礼节。主要包括介绍礼仪、交谈礼仪、餐桌礼仪、宴会礼仪、舞会礼仪、电话礼仪、馈赠礼仪等。

（5）涉外礼仪指我国政府或团体在进行外事活动时，在长期的国际往来中逐步形成的外事礼仪规范，是参与国际交往所要遵守的惯例。比如涉外服饰礼仪、外事迎送礼仪、外事会见会谈礼仪、外事宴请礼仪、礼宾礼仪、外宾参观游览及观看晚会礼仪、涉外舞会礼仪、招待会礼仪、外交出访礼仪、对外凭吊礼仪、外事慰问或外交祝贺礼仪、外交受勋礼仪等。涉外礼仪强调交往中的规范性、对象性、技巧性。

（三）从主体与客体的内外关系的角度划分

从主体与客体的内外关系的角度，礼仪可划分为个人礼仪、公共礼仪、公务礼仪等。

（1）个人礼仪指个人在礼仪修养、仪表仪容、言谈举止等方面的礼仪，还包括家庭礼仪、邻里之间的礼仪等。

（2）公共礼仪指在公共场所应遵守的礼貌礼节。主要包括社区礼仪、乘坐交通工具时的礼仪、旅游观光礼仪、超市商场购物礼仪、在需要保持安静的场所（如图书馆、医院病房）的礼仪等，做到遵守公德，不随地吐痰，不随处乱扔果皮纸屑，不乱倒垃圾，不在不允许吸烟的场合吸烟等。

(3) 公务礼仪指社会组织在进行公务活动时应遵守的礼貌礼节。主要包括公务拜访礼仪、公务迎送礼仪、公关交谈礼仪、公关宴请礼仪、公关信函礼仪、会议礼仪、书信礼仪、听取和汇报工作礼仪等。

从上述分类不难看出，现代礼仪的类别并不是截然分开的，而是相互交叉、相互渗透的。我们在学习、应用礼仪时，要从不同的角度有所侧重地去领会、把握，真正实现礼仪美。

本章小结

由于东、西方文化的差异，中国古代礼仪在其传承沿袭的过程中不断发生着变革，从历史发展的角度来看，其演变过程经历了起源、变革和强化三个时期，每个时期礼仪的内涵都发生了变化。现代礼仪受到西方“自由”“平等”“民主”“博爱”等思想的影响，同时接受了一些国际通用的礼仪形式。随着社会的进步、科技的发展和国际交往的增多，礼仪必将得到新的完善和发展。

问题与应用

1. 谈谈你对“礼仪”的认识。
2. 礼貌与礼节之间有哪些区别与联系？
3. 结合现实生活，谈谈你对“非礼勿视，非礼勿听，非礼勿言，非礼勿动”这句话的理解。

第二章　见面礼仪

学习目标

1. 了解见面礼仪中称呼的分类和主要禁忌。
2. 了解社交场合中的自我介绍和为他人做介绍要遵循的礼仪规则。
3. 掌握握手礼的礼仪规范，了解其他常用的见面礼仪。
4. 了解现代社会名片的分类、用途、递送、接受、索取等方面需要注意的礼仪。

第一节　称呼礼仪

称呼是指人们在日常交往当中，所采用的彼此之间的称谓语。正确、适当的称呼不仅反映着自身的教养、对对方的尊重，还体现着双方关系达到的程度。生活中的称呼应当做到亲切、自然、准确、合理。

一、称呼的分类

比较常用的称呼方式有以下几种。

（一）性别性称呼

在社交场合，由于不熟悉交往对象的详细情况，或因其他原因，仅以性别区分，对男性一律称之为“先生”，对女性一律称之为“小姐”或“女士”。一般而言，对未婚女性称“小姐”，对已婚女性称“女士”，对年长但不明婚姻状况的女子或职业女性称“女士”。这是最简单、最普遍，特别是面对陌生人时最常用的称呼方式。这些称呼均可冠以姓名、职称、衔称等。如“布莱尔先生”“汉斯小姐”“怀特夫人”等。

（二）职务性称呼

以交往对象的职务相称，以示身份有别、敬意有加。这是一种最常见的称呼，要求庄重、正式、规范。通常有三种情况：①称呼职务，如“书记”“院长”等；②在职务前加上姓氏，如“李局长”“王科长”等；③在职务前加上姓名（适用于非常正式的场合），如“王斌主任”“李军处长”等。

（三）职称性称呼

对于具有职称者，尤其是具有高级职称者，在工作中直接以其职称相称。称职称时可以只称职称，在职称前加上姓氏或在职称前加上姓名（适用于十分正式的场合）。

（四）行业性称呼

在工作中，有时可按行业进行称呼。对于从事某些特定行业的人，可直接称呼对方的职业，如老师、医生、会计、律师等，也可以在职业前加上姓氏、姓名。

（五）姓名性称呼

一般来说，在年龄、职务等相仿的时候，使用单纯的姓名称呼，否则，就要将姓名、职务或职业等并称。只呼其姓，要在姓前加上“老、大、小”等前缀，如“小张”“老李”等；只称其名，不呼其姓，通常限于同性之间，尤其是上司称呼下级、长辈称呼晚辈。在亲友、同学、邻里之间，也可使用这种称呼。

二、国际交往中的称呼

国际交往中，因为国情、民族、宗教、文化背景的不同，称呼就显得千差万别。在国际交往中称呼他人时，一是要掌握一般性规律，二是要注意国别差异。

在与外国人打交道时，有些称呼方式是比较固定的，如官方的军政要员，应称阁下、职衔或先生，并可在前面加姓氏，如“总统阁下”“班达总统”“司令先生”等；对军人一般称军衔加先生，也可在前面加姓氏，如“乌克少尉”“中将先生”“韦恩大校先生”等；对有博士学位的及教授、律师、法官、医生等，可称“博士”“教授”“律师”“法官”“医生”等，也可在前面加姓氏，如“艾尔文博士”；对以同志相称的国家和地区的成年人，可一律称“同志”或姓名加同志、职衔加同志，如“阮三石同志”“部长同志”等。

以上各种称呼方式，几乎都要涉及姓名。由于国家、地区、民族等的不同，姓名有着比较复杂的情况。下面简单介绍一下俄罗斯人、日本人、英美人的姓名中一些经常遇到的情况。

俄罗斯人的姓名一般由三个字节组成。姓名的排列顺序通常是本人名字、父亲的名字、家族的姓。如弗拉基米尔·伊里奇·列宁，其中，列宁是姓，伊里奇是父名，弗拉基米尔是本人的名。未婚女性用父姓，已婚女性用夫姓，父亲和本人名字不变，口头称呼一般可只称姓，或只称名。为了表示对对方的尊重，也可称名字和父名。书写时，名字和父名都可以缩写，即分别大写其中的第一个字母。但是，姓不能缩写。

日本人的姓名排序方式是姓在前，名在后，这与我国的姓名排序是完全相同的。日本人的姓的字数普遍比我国汉族人的姓的字数要多，如岗村、田中、山口等。日本人的姓的最大特点是，许多姓与一定地区、地理环境有关。据说，这是因为日本人的祖先在立姓时多数是根据自己所住地方的位置来确定的。对日本人一般可只称姓，熟人间也可只称名。为表示尊重、文雅，称呼男士时可在姓后加“君”。如称岗村角荣为“岗村君”，称福田纠夫为“福田君”。由于日本人的姓与名之间的搭配情况比较复杂，公关人员在接到名单时应事先向熟悉情况的人了解一下，以免称呼时失礼。

英美人的姓名的排序方式是名在前，姓在后。如威廉·肯尼迪，威廉是名，肯尼迪是姓。有的英美人的姓名由三个字节组成。与两个字节姓名的不同点是，三个字节组成的姓名中间的一个字节是教名。此外，英美人中还有人自己不取名，而是延用父名或祖辈名，为了表示区别，往往在自己的姓名后面加上 Junior 或罗马序号。女性结婚，一般都不再用自己的姓，而改为丈夫的姓。如维多利亚·亚当斯（Victoria Adams）嫁给大卫·贝克汉姆（David Beckham）之后，姓名就变成了维多利亚·贝克汉姆（Victoria Beckham）。口头称呼英美人的姓名时，除正式场合外，一般只称姓。在非正式场合，很要好的朋友之间可以只称名。书写英美人的姓名时，可把名字缩写，但姓不能缩写。

三、称呼的五个禁忌

我们在使用称呼时，一定要避免以下五种失敬的做法。

（一）错误的称呼

常见的错误称呼无非就是误读或误会。

误读，也就是念错姓名。为了避免这种情况的发生，对于不认识的字，事先要有所准备，如果是临时遇到，就要谦虚请教。

误会，主要是对被称呼对象的年纪、辈分、婚否以及与其他人的关系做出了错误判断。比如，将未婚女士称为“夫人”，就属于误会。

（二）使用不通行的称呼

有些称呼具有一定的地域性，比如山东人喜欢称呼“伙计”，但南方人听来“伙计”的意思是“打工仔”。中国人把配偶经常称为“爱人”，在外国人的意识里，“爱人”是“第三者”的意思。

（三）使用不当的称呼

工人可以称呼为“师傅”，道士、和尚、尼姑可以称为“出家人”。但如果用这些来称呼其他人，可能会让对方产生自己被贬低的感觉。

（四）使用庸俗的称呼

有些称呼在正式场合不适合使用。例如，“姐们儿”“哥们儿”一类的称呼，虽然听起来亲切，但显得档次不高。

（五）称呼外号

对于关系一般的，不要自作主张给对方起外号，特别是不可称呼别人因生理缺陷或能力弱点而取的绰号，更不能用道听途说的外号去称呼对方，也不能随便拿别人的姓名乱开玩笑。

第二节　介绍礼仪

介绍是人与人进行相互沟通的出发点，最突出的作用就是缩短人与人之间的距离。在社交或商务场合，如能正确地利用介绍，不仅可以扩大自己的交际圈，而且有助于进行必要的自我展示、自我宣传，还可以使自己在人际交往中消除误会，减少麻烦。

一、自我介绍

在社交活动中，如果想结识某个人或某些人，而又没有人引见，可以自己充当自己的介绍人。

自我介绍时应先向对方点头致意，得到回应后再向对方介绍自己的姓名、身份、单位等，具体形式如下。

(1) 应酬式。适用于某些公共场合和一般性的社交场合，这种自我介绍最为简洁，往往只包括姓名一项即可。如“你好，我叫×××”。

(2) 工作式。适用于工作场合，它包括本人姓名、供职单位及其部门、职务或从事的具体工作等。如“你好，我叫×××，是×××公司的销售经理”。

(3) 交流式。适用于社交活动中，希望与交往对象进一步交流与沟通。具体应包括介绍者的姓名、工作、籍贯、学历、兴趣及与交往对象的某些熟人的关系。如“你好，我叫×××，是你表弟的同班同学，我们都喜欢摄影”。

(4) 礼仪式。适用于讲座、报告、演出、庆典、仪式等一些正规而隆重的场合，包括姓名、单位、职务等，同时还应加入一些适当的谦辞、敬辞。

(5) 问答式。适用于应试、应聘和公务交往。问答式的自我介绍，应该是有问必答。

二、他人介绍

他人介绍，又称第三者介绍，是经第三者为彼此不相识的双方引见。他人介绍通常是双向的，即对被介绍双方各自作一番介绍。有时也进行单向的他人介绍，即只将被介绍者中的某一方介绍给另一方。

（一）介绍他人的先后顺序

总的要求：必须遵守“尊者优先了解情况”规则，把地位低的人介绍给地位高的人。

根据一般规则，为他人作介绍时的礼仪顺序大致有以下几种。

（1）介绍上级与下级认识时，应先介绍下级，后介绍上级。

（2）介绍长辈与晚辈认识时，应先介绍晚辈，后介绍长辈。

（3）介绍年长者与年幼者认识时，应先介绍年幼者，后介绍年长者。

（4）介绍女士与男士认识时，应先介绍男士，后介绍女士。

（5）介绍已婚者与未婚者认识时，应先介绍未婚者，后介绍已婚者。

（6）介绍同事、朋友与家人认识时，应先介绍家人，后介绍同事、朋友。

（7）介绍来宾与主人认识时，应先介绍主人，后介绍来宾。

（8）介绍熟悉的一方与不熟悉的一方认识时，应先介绍熟悉的一方，后介绍不熟悉的一方。

（二）介绍他人的方式

（1）一般式。也称标准式，以介绍双方的姓名、单位、职务等为主，适用于正式场合。

（2）简单式。只介绍双方姓名一项，或者只提到双方姓氏，适用一般的社交场合。

（3）引见式。介绍者所要做的，是将被介绍双方引到一起即可，适用于普通场合。

（4）推荐式。介绍者经过精心准备再将某人举荐给某人，介绍时通常会对前者的优点加以重点介绍。

（5）礼仪式。是一种最为正规的他人介绍，适用于正式场合，其语气、表达、称呼上都更为规范和谦恭。

（三）注意的细节

当介绍者走上前来为你介绍时，被介绍者双方都应该起身站立，面含微笑，大方地目视介绍者或对方。当介绍者介绍完毕后，被介绍者双方应依照合乎礼仪的顺序握手或点头示意，彼此问候一下对方，说“您好”“久仰”“很高兴认识您”等问候语，也可以互递名片，创造良好友善的氛围。

第三节　握手礼仪

握手是见面时最常见的礼节，同时也是交际的一个重要部分。作为一个细节性的礼仪动作，握手的力量、姿势和时间的长短往往能够表达出对握手对象的不同礼遇和态度，显露自己的个性，给人留下不同的印象。通过握手，可以了解对方的个性，从而赢得交际的主动。

一、应当握手的场合

在下列情境中，应当握手。

(1) 遇到较长时间没见面的熟人。

(2) 在比较正式的场合和认识的人道别。

(3) 在以本人作为东道主的社交场合，迎接或送别来访者时。

(4) 拜访他人后，在辞行时。

(5) 被介绍给不认识的人时。

(6) 在社交场合，偶然遇上亲朋、故旧或上司时。

(7) 别人给予你一定的支持、鼓励或帮助时。

(8) 表示感谢、恭喜、祝贺时。

(9) 对别人表示理解、支持、肯定时。

(10) 得知别人患病、失恋、失业、降职或遭受其他挫折时。

(11) 向别人赠送礼品或颁发奖品时。

二、伸手的顺序

在正式场合，握手时伸手的先后次序主要取决于职位、身份。在社交、休闲场合，则主要取决于年龄、性别、婚否。

(1) 职位、身份高者与职位、身份低者握手，应由职位、身份高者先伸出手来。

(2) 女士与男士握手，应由女士先伸出手来。

(3) 已婚者与未婚者握手，应由已婚者先伸出手来。

(4) 年长者与年幼者握手，应由年长者先伸出手来。

(5) 长辈与晚辈握手，应由长辈先伸出手来。

(6) 社交场合的先到者与后来者握手，应由先到者先伸出手来。

(7) 主人待客时应先伸出手来，与到访的客人相握；客人告辞时，应先伸出手来与主人相握。

三、握手的标准方式

行至距握手对象1米处，双腿立正，上身略向前倾，伸出右手，四指并拢，拇指张开与对方相握，握手时用力适度，上下稍晃动三到四次，随即松开手，恢复原状。与人握手时，神态要专注、热情、友好、自然，面含笑容，目视对方双眼，同时向对方问候。

握手时的注意事项有以下两点。

（1）握手力度。握手时为了表示热情友好，应当稍许用力，但应以不握痛对方的手为限度。在一般情况下，握手不必用力，握一下即可。

（2）握手时间。初次见面者，一般应控制在三秒以内，切忌握住异性的手久久不松开。即使握同性的手，时间也不宜过长。但时间过短，会被人认为傲慢冷淡，敷衍了事。

四、行握手礼的禁忌

我们在行握手礼时应努力做到合乎规范，避免违反下述失礼的禁忌。

（1）不要用左手相握，尤其是和阿拉伯人、印度人打交道时要牢记，因为在他们看来左手是不干净的。

（2）在和基督教信徒交往时，要避免两人握手时与另外两人相握的手形成交叉状，这种形状类似十字架，在他们看来是很不吉利的。

（3）不要在握手时戴着手套或墨镜。女士在社交场合戴着薄纱手套与人握手是被允许的，而男士无论何时都不能在握手时戴着手套。除患有眼疾或眼部有缺陷者，握手时不应戴着墨镜。

（4）握手时，另外一只手不要拿着报纸、公文包等东西不放，也不要插在衣袋里。

（5）不要在握手时面无表情、不置一词或长篇大论、过分客套。

（6）不要在握手时仅仅握住对方的手指尖，好像有意与对方保持距离。正确的做法是握住整个手掌，即使对异性也应这样。

（7）不要在握手时把对方的手拉过来、推过去，或者上下、左右抖来抖去。

（8）不要拒绝握手，即使有手疾或汗湿、弄脏了，也要和对方说一下“对不起，我的手现在不方便”，以免造成不必要的误会。

（9）不要在与多人握手时争先恐后，应当按照顺序依次进行。

五、其他会面礼

在国内外交往中，除握手之外，还有以下几种常见的会面礼。

1. 点头礼

点头礼又叫颔首礼，适用的情况主要有：遇到熟人，在会场、剧院、歌厅、舞厅等不宜交谈之处；在同一场合碰上已多次见面者；遇上多人而又无法一一问候时，等等。

行礼方式：行点头礼时，不要戴帽子。具体做法是头部向下轻轻一点，同时面带微笑，不要反复点头不止，点头的幅度也不应过大。

2. 举手礼

行举手礼的场合和行点头礼的场合大致相似，最适合向距离较远的熟人打招呼。

行礼方式：右臂向前方伸直，右手掌心向着对方，四指并齐，拇指叉开，轻轻向左右摆动一两下。注意：手不要上下摆动，也不要在手部摆动时把手背朝向对方。

3. 脱帽礼

戴着帽子的人在进入他人居所，路遇熟人，与人交谈、握手或行其他会面礼，以及进入娱乐场所、升挂国旗、演奏国歌等情况下，要主动摘下自己的帽子。女士在社交场合可以不脱帽子。

4. 注目礼

在升国旗、游行检阅、剪彩揭幕、开业挂牌等情况下，适用行注目礼。

行礼方式：起身立正，抬头挺胸，双手自然下垂或贴放于身体两侧，笑容庄重严肃，双目正视被行礼对象，或随之缓缓移动。

5. 拱手礼

拱手礼是我国民间传统的会面礼，它所适用的场合主要是在过年时举行的团拜活动。

行礼方式：起身站立，上身挺直，两臂前伸，双手在胸前高举抱拳，自上而下，或者自内而外，有节奏地晃动两下。

6. 鞠躬礼

鞠躬礼主要适用于向他人表示感谢、领奖或演讲之后，演员谢幕、举行婚礼或参加追悼活动等。

行礼方式：应脱帽立正，双目凝视受礼者，然后上身弯腰前倾。男士双手应贴放在身体两侧裤线处，女士双手应下垂搭放在腹前。下弯的幅度越大，所表示的敬重程度就越高。在日本、韩国、朝鲜，鞠躬礼应用十分广泛。

7. 合十礼

在东南亚、南亚信奉佛教的国家，以及我国傣族聚居区，合十礼使用普遍。

行礼方式：双掌十指在胸前相对合，五指手指并拢向上，掌尖与鼻尖基本持平，手掌向外侧倾斜，双腿直立，上身微欠，微微低头。行礼时，合十的双手举得越高，越体现出对对方的尊重，但原则上不可高于额头。行合十礼时，以口颂祝词或问候对方，也可以面含微笑。

8. 拥抱礼

在西方，特别是在欧美国家，拥抱礼是十分常见的见面礼和道别礼。在人们表示慰问、祝贺时，拥抱礼也十分常用。

行礼方式：两人正面面对站立，各自举起右臂，将右手搭在对方左肩后面，左臂下垂，左手扶住对方右腰后侧。首先各向对方左侧拥抱，然后各向对方右侧拥抱，最后再一次各向对方左侧拥抱，一共拥抱三次。

9. 吻礼

(1) 亲吻礼：是一种西方国家常用的会面礼，它会和拥抱礼同时采用。

行礼方式：在行礼时，双方关系不同，亲吻的部位也会有所不同。长辈吻晚辈，应当吻额头；晚辈吻长辈，应当吻下颌或面颊；同辈间，同性贴面颊，异性吻面颊。贴面颊的时候，先贴一次右边，再贴一次左边。

(2) 吻手礼：欧美上流社会异性之间的一种高层次的礼仪。

行礼方式：男士要在距离已婚女士面前 80 厘米的地方，立正欠身致敬，女性先将手轻轻向左上方抬起约 60 度，作下垂姿势；男子轻轻将其握起，略俯身，低头，在对方手背上轻吻一下，再将手缓缓松开，礼毕。

第四节 交换名片的礼仪

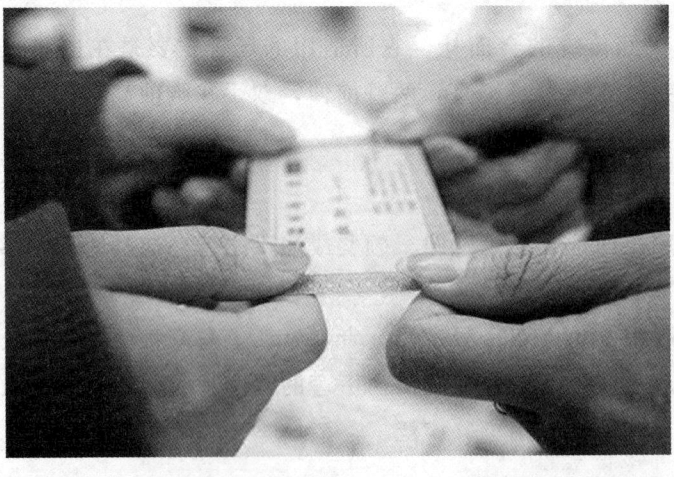

名片的使用已成为公关交往的一种重要手段。名片，是一个人身份、地位的象征，是一个人尊严、价值的一种外显方式，也是使用者要求社会认同、获得社会理解与尊重的一种方

式。名片像一个人简单的履历表，递送名片的同时，也是在告诉对方自己姓名、职务、地址、联络方式。所以，有人把它称作另一种形式的身份证。

一、名片的索取与接受

（一）名片的索取

一般而言，索取名片不宜过于直截了当。其可行之法有四：其一，交易法；其二，激将法；其三，谦恭法；其四，联络法。

1. 交易法

交易法是指“将欲取之，必先予之”。也就是说想索要别人的名片时，最简单的办法就是把自己的名片先递给对方。所谓“来而不往，非礼也”，当你把名片递给对方时，对方不回赠名片是失礼的行为，所以对方一般会回赠名片给你。

2. 激将法

激将法是指有的时候遇到的交往对象身份地位比自己高，或者身为异性，对方难免有提防之心。这种情况下把名片递给对方，对方很有可能不会回赠名片。遇到这一情况，不妨在把名片递给对方的时候，略加请求，如“王总，认识您非常高兴，不知道能不能有幸跟您交换一下名片”。这样，对方就不至于不回赠名片给你，即便他真的不想给你也会找到适当的借口不至于使你很尴尬。

3. 谦恭法

谦恭法是指在索取对方名片之前，稍做铺垫。比如见到一位研究计算机技术的专家，你可以说：“认识您非常高兴，虽然我从事计算机方面工作的已经四五年了，但是与您这种专业人士相比还是相形见绌，希望以后有机会能够继续向您请教，不知道以后如何向您请教比较方便？”

4. 联络法

谦恭法一般是对地位高的人，对平辈或者晚辈就不太合适。面对平辈和晚辈时，不妨采用联络法。联络法的标准说法是：“认识您太高兴了，希望以后有机会能跟您保持联络，不知道跟您怎么联络比较方便？”

（二）名片的接受

接受别人名片时，应有来有往，需注意以下三点。

（1）他人递名片给自己时，应起身站立，面含微笑，目视对方。

（2）接受名片时，双手捧接，或以右手接过，用双手的拇指和食指接住名片的下方两角，并视情况说：“谢谢”“能得到您的名片，真是十分荣幸”等。

(3) 接过名片后，要从头至尾把名片认真默读一遍，如果是初次见面，最好是将名片上的重要内容读出声来，表示重视对方。

二、递送名片注意的细节

由于名片在公关、交际活动中非常重要，在递送、接收、保管名片时就应格外重视细节问题，应注意以下几点。

(1) 随身携带的名片应使用较精致的名片夹，在穿西装时，名片夹只能放在左胸内侧的口袋里。左胸是心脏的所在地，将名片放在靠近心脏的地方，表示对对方的一种礼貌和尊重。不穿西装时，名片夹可放于自己随身携带的小手提包里。将名片放置于其他口袋，甚至后侧裤袋里是一种很失礼的行为。

(2) 向对方递送名片时，应面带微笑，注视对方，将名片正对着对方，用双手的拇指和食指分别持握名片上端的两角送给对方，递送时可以说一些："我叫×××，这是我的名片，请笑纳。""我的名片，请您收下。"等客气话。

(3) 名片的递送先后没有太严格的礼仪讲究。但是，一般情况下，地位低的人先向地位高的人递名片，男性先向女性递名片。当对方不止一人时，应先将名片递给职务较高或年龄较大者；如分不清职务高低和年龄大小时，则可先和自己对面左侧方的人交换名片。

(4) 当对方递给你名片之后，如果自己没有名片或没带名片，应当首先对对方表示歉意，再如实说明理由。如"很抱歉，我没有名片""对不起，今天我带的名片用完了，过几天我会亲自寄一张给您的"。

三、商务交往中发送名片应注意的细节

(1) 首先要把自己的名片准备好，整齐地放在名片夹、名片盒或口袋中，要放在易于掏出的口袋或皮包里。不要把自己的名片和他人的名片或其他杂物混在一起，以免用时手忙脚乱或掏错名片。

(2) 出席重大的社交活动时，一定要记住带上名片。参加会议时，应该在会前或会后交换名片，不要在会中擅自与别人交换名片。

(3) 处在一群彼此不认识的人当中，最好让别人先发送名片。名片的发送可在刚见面或告别时，但如果自己即将发表意见，则在说话之前发名片给周围的人，可帮助他们更好地认识你。

(4) 不要在一群陌生人中到处传发自己的名片，这会让人误以为你想推销什么物品，反而不受重视。在商业社交活动中尤其要有选择地提供名片，才不会让人以为你在替公司搞宣传、拉业务。

(5) 对于陌生人或巧遇的人，不要在谈话中过早地发送名片。因为这种热情一方面会打扰别人，另一方面有推销自己之嫌。

(6) 除非对方要求，否则不要在年长的主管面前主动出示名片。

(7) 无论参加私人还是商业餐宴，名片皆不可在用餐时发送，因为此时只宜从事社交而非商业性的活动。

(8) 破旧名片应尽早丢弃，与其发一张破损或脏污的名片，不如不发。

(9) 交换名片时，如果名片用完，可用干净的纸代替，在上面写下个人信息。

本章小结

社交场合中，恰当得体的自我介绍和为他人做介绍可进一步拉近人与人之间的关系，这也是人际交往最常用的方式。握手作为见面礼仪中最常见的礼节，其力度、姿势和时间的长短往往能够表达出对握手对象的不同礼遇和态度。名片的选择、用途、递送和索取更是能够从细节中体现出一个人的个性与礼貌。

问题与应用

1. 如何准确地称呼别人？称呼的分类有哪些？
2. 社交场合中如何做自我介绍？
3. 社交场合中如何为他人做介绍？介绍的顺序和方法有哪些？
4. 握手礼需要注意的礼仪规范有哪些？
5. 其他常用的会面礼有哪些？
6. 名片的递接礼仪中应注意哪些细节？

第三章　交谈礼仪

学习目标

1. 了解不同场合的交谈应选择的话题。
2. 理解交谈中的语言技巧。
3. 了解接打电话时应当注意的礼节。
4. 掌握倾听的艺术。

交往礼仪中有一个重要的“三 A 原则”，即接受（Accept）、重视（Attention）、赞同（Agree）。就是要以自身的实际行动，去接受对方、重视对方、赞同对方。接受对方，是要能容纳对方，不要排斥对方。重视对方，是使对方感受到你的尊重，而且让对方在感受到他在你心目中十分重要。赞同对方，是要善于发现对方的长处，并及时加以肯定，既不要自高自大，也不要刻意奉承。

第一节　交谈概述

所谓交谈，是指两个或两个以上的人进行的对话。它是人们彼此之间交流思想情感、传递信息、进行交际、开展工作、建立友谊、增进了解的最为重要的一种形式。没有交谈，人与人要进行真正的沟通几乎是不可能的。交谈在人际交往中的重要位置是难以替代的。交谈是人的知识、阅历、才智、教养和应变能力的综合体现。

一、交谈的话题

话题是交谈的中心内容，通常围绕某个特定的话题展开。在交谈中，每个人都会有一种自我表现的欲望，希望较早地把自己的想法或者自己了解的事实告诉对方。因此，很多人习惯把自己的思想、经历和感受作为交谈的主要内容，所以交谈中应注意选择可以谈论的内容和忌谈的内容。

（一）适合交谈的话题

1. 既定的话题

交谈双方业已约定，或者其中某一方先期准备好的话题。例如，求人帮助、征求意见、传递信息、讨论问题、研究工作等这一类的交谈，往往都属于内容既定的交谈。选择这类内容，最好双方商定，至少也要得到对方的认可。一般而言，它适用于正式交谈。

2. 高雅的话题

所谓高雅的话题，即内容文明、优雅，格调高尚、脱俗的话题。例如，文学、艺术、哲学、历史、地理、建筑等。

3. 愉快的话题

谈论起来令人轻松愉快、身心放松、不觉劳累厌烦的话题，属于大家都能谈的话题，具有广泛性。例如，文艺演出、流行时装、体育比赛、电影电视、休闲娱乐、旅游观光、名胜古迹、风土人情、名人轶事、烹饪小吃、天气状况等。它适用于非正式交谈，允许各抒己见，任意发挥。

4. 擅长的话题

交谈双方尤其是交谈对象感兴趣的话题，具有针对性，比如专业、特长、爱好等。话题选择之道，在于应以交谈对象为中心。例如，与医生交谈，宜谈健身祛病；与学者交谈，宜谈治学之道；与作家交谈，宜谈文学创作等。面对不同对象，交谈的话题也不同，男士喜欢讨论国际政治，女士喜欢讨论时尚、文艺；年轻人喜欢讨论未来，老年人喜欢怀旧。

（二）不适合交谈的话题

有一些话题不应该在公务场合和社交场合提出、谈论的，它们是涉及个人隐私的问题，尤其是在涉外交往的时候。

1. 个人隐私

我们都知道不应该询问女性的年龄。其实怕谈及年龄的不仅仅是女性，有不少男性也不愿意被人问及。人到中年面临事业是否有成的压力，尤其是处于提职与否的敏感年龄阶段。比如，日本人认为男性的厄运之年是 35 岁、42 岁、61 岁；女性的厄运之年是 19 岁、33 岁、37 岁。其中男性 42 岁、女性 33 岁被称为大关。正值此岁数的人，忌讳说出岁数。所以，不论是男性还是女性，都不要询问年龄。过去在社交活动当中，人们彼此问及婚姻状况、收入支出是常有的事，表明对他人的关心和关系的拉近。现在大家都知道这是个人隐私，是不可随意打听的。除此之外，身体健康与否也是一个敏感的问题，特别是关系一般的朋友，尽量不要打探别人的身体状况，除非对方主动提起。

2. 政治和宗教信仰

政治和宗教信仰是非常敏感的话题，在公务交往和涉外交往中不要谈论。如果有人涉及这些，应该用别的话题引开。在涉外活动中，这不仅是礼仪问题，更是政治问题，必须慎重对待。

3. 倾向错误

在谈话之中，倾向错误的内容也应避免。例如，违背社会伦理道德、生活堕落、政治错误、违法乱纪之类的话题。

4. 悲痛之事

有时，在交谈中因为不慎，会谈及一些让交谈对象感到伤感、不愉快的话题，或对方不感兴趣的话题，遇到这种情况，应立即转移话题，必要时要向对方道歉。这类话题常见的有灾祸、疾病、死亡、挫折、失败等。

总之，交谈时话题选择十分重要，它不是无关紧要的闲谈，而是正式交谈前的开场白。所以交谈时一定要察言观色，发现话题气氛不对时，应及时调整，使交谈顺利进行下去。

二、交谈的声音

说话的声音要适度，也就是能让所有听你讲话的人听清楚，而又不干扰与此无关的人。在交谈中，要求发音标准、清晰，音量要适中，语速适度。比如，在办公室里还有其他人的时候，谈话双方一定要压低声音。在楼道中与人打招呼、聊天，也不能大声，以免影响他人。当你对某人的做法实在不满意甚至感到气愤时，要控制自己的情绪，不要大喊大叫，以低沉的嗓音说出的话往往比大声叫喊更具震撼力。在公务场合和公共场合，大喊大叫是不合适的、失态的。

三、交谈的目光

“眼睛是心灵的窗口”，它在很大程度上能如实反映一个人的内心世界。与人交际时，目光应是坦然、亲切、和蔼、有神的。在说话时，说话人的眼睛应该看着对方，表现出诚意、专注，这是对他人的尊重。目光注视的范围因场合的不同有所变化，有公务注视、社交注视和亲密注视之分。

1. 公务注视

公务注视的位置是以两眼为底线，以额头发际线中点为最高点构成的三角形区域。这是一种严肃、郑重的注视，适用于公务活动。

2. 社交注视

社交注视的位置是以两眼为上线、以下颌为最低点的倒三角形。这种目光带有一定的感情色彩，亲切友好，适用于各种社交场合。

3. 亲密注视

亲密注视的范围是从眼部到胸部一个较大的区域内。这种注视的目光表达的情感是亲近、柔和、随意的，有时甚至是热烈、激情的。所以只适于亲朋好友或恋人之间。

四、交谈的举止

为了表示诚恳的态度，言行举止一定要相互配合。在公务场合、社交场合，坐姿要端正。谈话时可以用适当的手势加强语气，帮助表达。谈话范围越小，手势的幅度就越小，且手势频率不应过高，以免影响对方注意力。

注意控制手的小动作，如不要用笔敲击桌子、签字笔旋转等。在谈话中这些多余的动作都会影响到对方的注意力。

总得来说，谈话是表达思想及情感的重要工具，是人际交往的主要手段，因此在人际关系中起着十分突出的作用。在丰富多彩的礼仪形式中，谈话礼仪占有重要地位，从一定意义上讲，它反映着一个人的修养与素质，标志着一个社会的文明程度。

第二节　交谈的语言技巧

人际交往离不开谈话，谈话得体与否，常常决定着办事是否顺利，甚至决定着成败。可见，谈话在交际中的重要性是不容忽视的。提高语言方面的修养，学习、掌握并运用好谈话礼仪，对于我们每个人来说，都是十分重要的。

一、语言礼貌——文明用语

语言是双方信息沟通的桥梁，是双方思想感情交流的渠道。语言在人际交往中占据着十分重要的位置。同时也是一个人思想道德、文化素质和受教育程度的一种表现。

在交谈中多使用礼貌用语，是博得他人好感与体谅的最为简单易行的做法。所谓礼貌用语，简称礼貌语，是指约定俗成的表示谦虚恭敬的专门用语。例如，客人到来，要说“光临”；起身作别，要说“告辞”；中途先走，要说“失陪”；请人勿送，要说“留步”；请人批评，要说“指教”；请人帮助，要说“劳驾”；托人办事，要说“拜托”；麻烦别人，要说“打扰”；求人谅解，要说“包涵”。

（一）多使用敬语、谦语和雅语

恰当地使用敬语、谦语和雅语，是对对方的一种尊重，同时也是自身素质的一种体现。说话礼貌的关键在于尊重对方和自我谦让。

1. 敬语

敬语，也称“敬辞”，它与“谦语”相对，是表示尊敬礼貌的词语。多使用敬语，可体现一个人的道德修养。

(1) 敬语的运用场合。

第一，比较正规的社交场合。

第二，与师长或身份、地位较高的人的交谈。

第三，与人初次打交道或会见不太熟悉的人。

第四，会议、谈判等公务场合等。

(2) 常用敬语。

我们日常使用的“请”字，第二人称中的“您”字，代词“阁下”“尊夫人”“贵方”等，另外还有一些常用的词语用法，如初次见面称“久仰”，很久不见称“久违”，赞人见解称“高见”，等等。

2. 谦语

谦语也称“谦辞”，它是与“敬语”相对，是向人表示谦恭和自谦的一种词语。谦语常常是在别人面前谦称自己和自己的亲属。例如，称自己为“愚”，称自己的亲属为“家严”“家慈”“家兄”“家嫂”等。自谦和敬人，是一个不可分割的统一体。尽管日常生活中谦语使用不多，但其精神无处不在。只要你在日常用语中表现出你的谦虚和恳切，人们自然会尊重你。

3. 雅语

雅语是指一些比较文雅的词语。雅语常常在一些正规的场合、一些有长辈和女性在场的情况下，被用来替代那些比较随便甚至粗俗的话语。多使用雅语，能体现出一个人的文化修养以及尊重他人的个人素质。

在待人接物中，如果你正在招待客人，在端茶时，你应该说“请用茶”；如果用茶的同时还用点心招待，可以说“请用一些茶点”。假如你先于别人结束用餐，你应该向其他人打招呼说，“请大家慢用”。雅语的使用不是机械的、固定的。只要你的言谈举止彬彬有礼，人们就会对你的个人修养留下较深的印象。

(二) 语言要标准

1. 通俗易懂

无论哪个行业，在交谈中都应采用通俗易懂的语言，不能处处卖弄文采，不分场合和对象，常常“引经据典”甚至咬文嚼字，会引人反感。

2. 讲普通话

为了让别人听得懂，并且准确无误地理解和领会，交谈时使用的语言要清晰、标准。特别是在公共场合，尽可能多讲普通话，少用方言。

3. 内容简明

在交谈时，应力求言简意赅、简单明了。不要没话找话、短话长说，让人不明白说话人想要表达的主旨。

二、赞美心

赞美，是人际互动、人际沟通的润滑剂，赞美他人时应注意以下技巧。

（一）赞美要因人而异

不同的人要根据其具体特点，运用不同的赞美语言。人的长相有美丑之分，人的能力有高低之分，人的年龄有长幼之分，要因人而异，突出对方的个性，独到的赞美比一般的赞美更让人欢欣。

（二）赞美要恰当

赞美他人要基于事实、发自内心。只有恰当的赞美，才会使对方开心。相反，不切实际的赞美，不仅不会达到好的效果，反而会让对方觉得不真诚。

（三）赞美要适度

恰如其分、点到为止的赞美才是真正的赞美。使用过多的华丽辞藻，过度的恭维，空洞的吹捧，只会使对方感到不舒服、不自在，其结果往往适得其反。

（四）赞美要有雪中送炭的效果

俗话说，“患难见真情”，最需要赞美的不是那些早已功成名就的人，而是那些因被埋没而产生自卑感或身处逆境的人，他们平时很难听到一声赞美的话语，一旦被人当众真诚地赞美，便有可能振作精神。因此，最有效的赞美不是“锦上添花”，而是“雪中送炭”。

三、交谈的禁忌

在实际交谈中，要注意避免以下问题。

（一）不要恶语伤人

在与对方交谈的过程中，有时难免会产生分歧，但是无论双方分歧有多大，都要记住尊重对方，对其表示重视和友善，切勿恶语伤人。当对方脾气一触即发时，要临时回避，给对方冷静思考的机会，同时也证明了自身的修养。

（二）不要三心二意

与人谈话时，若眼睛四处观望，说明你三心二意，对对方不重视，这是一种极不礼貌的行为。谈话时要注意在方式、方法、表情、语言、内容等方面，并与交谈对象进行必要的互动。如果对方与你交谈时，你面含微笑、点头致意，表示若有所思，对方感觉一定很好。

（三）不要否定他人

在交谈之中，要善于聆听他人的意见，若对方所说无伤大雅，无关大是大非，一般不宜当面否定。若意见出现不合时，可以求同存异，不能过于固执，将自己的意见强加于对方。

（四）不要始终独白

既然交谈讲究双向沟通，那么在交谈中就不要目中无人，要礼让他人，多给对方表达的机会，让大家都有机会交流。

（五）不要随意插话

出于对他人的尊重，他人讲话时，尽量不要在中途打断。中途打断这种做法不仅干扰了对方的思绪，破坏了交谈的效果，而且会给人自以为是、喧宾夺主之感。当需要发表个人意见或进行补充时，应等对方把话讲完后再讲，特别是与陌生人交谈时更不应该打断或插话。

第三节　电话礼仪

电话被现代人公认为较为便利的通信工具。在日常工作中，使用电话的语言很关键，它直接影响着一个公司的声誉；在日常生活中，人们通过电话也能粗略判断对方的人品、性格。因而，掌握正确的电话礼仪是非常必要的。

一、接听电话的礼仪

接听电话时，需要注意以下几点。

（一）及时接听

尽可能 3 声之内接起电话，讲话时面带微笑，让对方在电话中感受到你的热情。一般来说，在办公室里，电话铃响 3 声之前就应接听，6 声后就应道歉："对不起，让您久等了。"尽快接听电话会给对方留下好印象，让对方觉得自己被看重。

（二）确认对方

对方打来电话，一般会自己主动介绍。如果对方没有自我介绍或者你没有听清楚对方的自我介绍，不要唐突地问"你是谁"，可以说"请问您哪位"或者可以礼貌地问："对不起，可以知道应如何称呼您吗？"但是，很多人习惯的做法是，拿起电话听筒盘问一句："喂！哪位?”这在对方听来，陌生而疏远，缺少人情味。如果是在办公场所接到对方打来的电话，拿起听筒时应首先自我介绍：“您好！我是×××。”如果对方找的人在旁边，应说：“请稍等。”然后用手掩住话筒，轻声招呼你的同事接电话。如果对方找的人不在，应该告诉对方，并且问：“需要留言吗？我一定转告!”

（三）调整心态

当你拿起电话时，一定要面带笑容，亲切、温柔的声音会使对方对你产生良好的印象。注意接听电话的语调和讲话的速度，让对方感觉到你是愉悦的。注意接听电话的措辞，不能用任何不礼貌的语言使对方感到自己不受欢迎。

（四）态度积极

注意双方接听电话的环境，当电话线路发生故障时，必须向对方确认原因。说话时，声音不宜过大或过小，吐字要清晰，保证对方能听明白。注意打电话双方的态度，当听到对方的谈话很长时，也必须有所反应，如使用“是的”“好的”等来表示你在听。

（五）准备记录工具

上班时间打来的电话几乎都与工作有关，在接听电话前，要准备好记录工具，例如笔和纸、手机、电脑等。了解对方来电的目的，如自己无法处理，应认真记录下来。尽可能左手接听，便于右手记录有用的信息。

（六）正确的姿势

如果接听电话时的姿势不正确，不小心电话从你手中滑下来，或掉在地上，发出刺耳的声音，也会令对方感到不满意。接听电话前应停止一切不必要的动作，不要让对方感觉到你在处理一些与电话无关的事情，对方会感到你在分心，这是不礼貌的表现。

（七）礼貌结束电话

结束电话时，应感谢对方来电，最好是在对方挂电话之后再挂电话。如果使用座机，在电话结束后，轻轻地把话筒放好，不可“啪”的一下扔回原处。

二、打电话的礼仪

打电话时，需注意以下几点。

（一）选择时间

打电话时，尽量避开受话人休息、用餐的时间，而且最好不要在节假日打扰对方。除非有要紧事，晚上十点后尽可能不要给任何人打电话，以免打搅别人休息。要控制响铃时长，一般情况下响铃时长并无限制，但根据受话人身份的不同，响铃时长有时也应考虑。

（二）注意通话时长

打电话前，最好先想好要讲的内容，以便节约通话时间，不要现想现说或“煲电话粥”，通常一次通话时长应少于3分钟，遵守“3分钟原则”，长话短说。

（三）态度友好

打电话时要保持良好的心情，这样即使对方看不见你，但是从你欢快的语调中也会被你感染，给对方留下良好的印象。通话时不要大喊大叫。通话之初，应先做自我介绍，不要让对方“猜一猜”。请受话人找人或代转时，应说“劳驾”或“麻烦您”，不要认为这是理所应当的。

（四）合理结束

要结束电话交谈，一般由打电话的一方提出，然后彼此客气地道别，说一声“再见”，再挂电话，不可只管自己讲完就挂断电话。

三、注意事项

在手机越来越普及的今天，我们在使用手机时，应遵循以下几点原则。

（1）尽量不要在医院或者机场使用手机，以免影响医院及机场的电子设备。

（2）使用手机打电话时，应当注意，有些地方是不允许使用手机的，比如加油站、飞机上、一些餐馆、酒吧、剧院、电影院及图书馆等。

（3）当不使用手机时，请锁住手机按钮，以防意外拨打诸如119、110、120等特殊的电话号码。

四、常用礼貌用语

常用礼貌用语有以下几种情形。

（1）您好！这里是××公司××部（室），请问您找谁？

（2）我就是，请问您是哪一位？

（3）请问您有什么事？（有什么能帮您？）

（4）您放心，我会尽力办好这件事。

（5）不用谢，这是我们应该做的。

（6）×××同志不在，我可以替您转告吗？（请您稍后再来电话好吗？）

（7）对不起，这类业务请您向×××部（室）咨询，他们的号码是…… [×××同志不是这个电话号码，他（她）的电话号码是……]

（8）您打错号码了，我是×××公司×××部（室）。
（9）再见！
（10）您好！请问您是×××单位吗？
（11）我是×××公司×××部（室）×××，请问怎样称呼您？
（12）请帮我找×××同志。
（13）对不起，我打错电话了。
（14）对不起，这个问题……请留下您的联系电话，我们会尽快给您答复好吗？

第四节　倾听礼仪

一、倾听的含义及作用

（一）倾听的含义

倾听是接收言语和非言语信息，确定其含义并对此做出反应的过程。

（二）倾听的作用

（1）倾听是信息来源的重要渠道，有利于学习各种知识。
（2）善于倾听能促进沟通与交流，有利于对话的持续进行。
（3）倾听有利于增进彼此的感情，有利于搞好人际关系。

二、有效地聆听

汉字“听”的繁体字是“聽”，它有三个重要构件，即“耳”“目”“心”，也就是说，在聆听的时候，要用耳、用眼睛、用心。

（一）用耳朵听

听别人说的时候要注意：双方保持适当距离，上身稍微前倾，表示愿意聆听；不要贸然打断对方；不要在对方说到精彩处随意接电话或者打哈欠等。

（二）用眼睛听

在聆听对方说话的时候，保持良好的视线接触，随着谈话内容和对方感情的变化，实时地通过眼神表达你的感情倾向，不宜频繁转移视线或者表情呆滞，聆听时的专注是对他人的基本尊重。

(三) 用心听

首先要能够抓住对方谈话的实质和主要观点；其次要能够运用简短的语句鼓励、引导对方往下说，如采用提问、赞同、简短评论、复述对方话语、表示同意等方法，避免出现冷场；最后是对自己没听懂的，适时询问。

三、倾听的要求

(一) 全神贯注

当别人与你谈话时，应该正视对方以示专注倾听。当别人在说话的时候，应该目视对方，不受干扰，不能出现轻敲手指，或频频看表，或烦躁不安，或打断别人说话的行为，这些是极不礼貌的，如果当时你没有空闲，可以向对方提出另找一个适合时间倾谈。

(二) 有所反应

倾听者并不是完全被动地、静止地听，而是要不时地通过表情、手势、点头，向对方表示你在认真地倾听。当对方讲到精彩的地方的时候，可以击掌响应；当对方讲到幽默的地方的时候，可以以笑回之；当对方讲到紧张的地方的时候，要避免弄出声响；为了鼓励对方说下去，可以适当地提问，或对其所说的稍加评论。这表明你不仅在聆听对方说话，而且饶有兴趣，避免让对方觉得自己的话语兴味索然而感到尴尬。

(三) 有所收获

倾听是捕捉信息、处理信息、反馈信息的需要。一般来说，谈话是在传递信息，听别人谈话是接收信息。一个好的倾听者应当善于通过交谈捕捉信息。听比说快，听者在聆听的空隙时间里，应思索、回味、分析对方的话，从中得到有效的信息。

(四) 察言观色

在与人交谈中，不仅要聆听对方说话，还要会察看对方的身体语言，例如眼神、姿态、手势等，这些都能够传递一些信息。在人际交往中，很多人口中所说并非肺腑之言，他们的真实想法往往会隐藏起来，所以我们在倾听时就需要注意琢磨对方话中的微妙感情，细细咀嚼品味，以便弄清其真正意图。当自己还不能完全摸透对方的意图时，可以提问："你的意思是说……"或"我理解你的意思是……"切不可自以为是，以免曲解或误会对方的本意。如果符合对方的意图，就会得到对方的肯定，如果不符合，对方也会给你解释，这样既明白了对方的意图，又给对方留下一个认真倾听的好印象。

总之，人在社会交往中，不仅要学会交谈，还要学会倾听。倾听是一门艺术，是尊重别人的表现，是搞好人际关系的需要。

本章小结

交谈是一门古老的艺术，是人的知识、阅历、智慧、修养和应变能力的综合表现。人际交往离不开谈话，谈话的得体与否，常常决定着办事是否顺利，甚至决定着成败。与人进行一次成功的交谈，不仅能获得知识，而且情感上也会得到很多补偿和共鸣。人在社会交往中，不仅要学会交谈，还要学会倾听。善于倾听，不仅是尊重别人的表现，也是搞好人际关系的需要。因此，提高语言方面的修养，讲文明、懂礼貌，学习、掌握并运用好谈话礼仪，对于我们每个人来说，都是十分重要的。

问题与应用

1. 思考你与人交谈当中遇到的问题。
2. 结合生活实际，谈谈哪些因素会影响交谈的效果？
3. 谈谈你是如何理解“倾听是一门艺术”这句话？
4. 找出你身边善于交谈和懂得倾听的人，观察并举例说明建立良好的人际关系需要哪些因素？

第四章　形象礼仪

学习目标

1. 了解仪容仪表的基本规范。
2. 了解不同场合的着装规范。
3. 了解男士正装和女士正装搭配时应当注意的事项。
4. 学会运用亲切的表情语提升自己的形象。

心理学家告诉人们：只要有10秒左右的时间就足以使别人形成对一个人的看法，形成第一印象。他人由此产生的对一个人的看法与评价，在此后的相互交往中将产生巨大影响。如果一个人在初次见面时给人留下良好的印象，那么人们就愿意和他接近，彼此也能较快地相互了解，并会影响人们对他以后一系列行为和表现的解释。反之，对于一个初次见面就引起对方反感的人，即使由于各种原因难以避免与其接触，人们也会对他很冷淡，在极端的情况下，甚至会在心理上和实际行为中产生对抗状态。

第一节　仪容仪表

一、仪表的概念

狭义的仪表是指一个人的外貌、外表。广义的仪表是指人的外在特征和内在素质的有机统一。既指由人的容貌、姿态、服饰打扮、言谈举止、卫生习惯等先天和习惯性因素构成的外在特征，也指人的气质、性格特征、道德品质、生活情调、学识才智、审美修养等内在素质的反映。

二、仪容仪表的基本规范

工作时，适当的化妆是一种礼貌行为和自信的表现，既能展示尊敬人的良好个人素质，又能符合出席正式场合的礼仪要求，尤其是正式社交、公关活动。工作妆可以使人显得更年轻、有朝气、更自信。工作妆的基本原则为：自然、美观、协调、得体。

（一）化妆的基本原则

(1) 化妆要视时间场合而定。在工作时间、工作场合只能画工作妆（淡妆）。外出旅游或参加运动时，不要化浓妆，否则在自然光下会显得很不自然。

(2) 不要非议他人的化妆。由于文化、肤色等差异以及个人审美观的不同，每个人化妆不可能是一样的。切不可对他人的妆容品头论足。

(3) 不要在他人面前化妆。

(4) 不要借用他人的化妆品。

(5) 吊唁、丧礼场合不可化浓妆，也不宜抹口红。

（二）发型要干练

(1) 男士头发的规范要求。男士的头发要清洁，长度要适宜，前不及眉，旁不遮耳，后不及衣领；不能留长发、大鬓角等。

(2) 女士头发的规范要求。对于女士来说，工作场合女士不宜梳披肩发，头发不可挡盖眼睛，不留怪异的新潮发型；头发过肩的，工作时要扎起，宜拢在脑后，或束或挽或盘，以深色的发夹或网罩为好。

(3) 发型的选择及护理。发型的选择要符合自己的职业，符合自己的内在气质和风度，符合自己的年龄、身材和脸型，显示和谐之美。同时，要慎重染色。

要注重头发的护理，应经常梳洗头发，保持头发无异味、无异物。

（三）体毛必须修整

(1) 避免鼻毛过长。过长的鼻毛非常有碍观瞻。可以用小剪刀剪短，不要用手拔。

(2) 避免暴露腋毛。腋毛在视觉中不美观也不雅观。白领男士和女士应有意识地不穿暴露腋毛的服饰。女士在社交活动中穿着使腋窝外现的服装，必须先剔去腋毛，以免有损整体形象。

(3) 避免暴露腿毛。在社交和公务场合中，男士不得穿短裤，不得挽起长裤的裤管。女士在穿裙装和薄型丝袜时，若露出腿毛，应先将其剃掉。

（四）保持牙齿清洁

牙齿的清洁是仪表仪容美的重要部分，不洁的牙齿会成为交际中的障碍。在社交场合进餐后，切忌当着别人的面剔牙，可以用手掌或餐巾纸掩住嘴角，然后再剔牙。如果口腔有异味，必要时，嚼口香糖可减少异味，但在他人面前嚼口香糖是不礼貌的，特别是与人交谈时，更不应嚼口香糖。

三、仪容与良好的卫生习惯

（一）注意公共场合的良好卫生习惯

（1）不当众梳洗。特别忌梳理头发、修指甲和化妆等，以及清理耳朵、眼睛、鼻子、牙齿。最好带面巾纸擦汗、擦眼、擦鼻，且用过的面巾纸不能乱丢。

（2）避免从身体发出异响、异味。打喷嚏、咳嗽，应转头避人，用手绢捂口鼻。打嗝，应小声说请原谅。打呵欠，无论用什么方式，都是失礼，若出声，动作夸张，更失礼。

（3）不要用手抓挠身体的任何部位。最好不摸手、抠手指、碰双膝、敲打桌椅、抠鼻、抠耳、剔牙等。

（4）禁止吸烟。公共场合，应自觉禁烟。若地方允许，应注意标识，且考虑是否会影响他人。不乱吐烟，烟灰要弹入灰缸内，注意防火。

（5）不当众整理衣裤。忌穿脱随意、拉领带、松腰带、拉裤腿、松鞋等。

（二）定期检查仪容

保持良好的仪容，还应经常检查牙缝里是否嵌有异物，化妆是否走样，口腔是否清新，香水是否适量，肩上有无头皮屑，拉链是否拉好，衬裙、袜口是否露出，丝袜是否跳线，衣服是否弄脏等。

（三）注意指甲的修饰

指甲应定期修剪，不宜太长，保持干净。女性应格外注意：精心修饰的指甲或指甲过长，可能会分散他人的注意力，降低职业可信度。

四、注重仪表的意义

注重仪表，不仅是个人所好的问题，而且体现出个人的自尊自爱，表现出个人的精神状态、文明程度、文化修养等良好的内在和外在素质。体现了个人对他人、对社会的尊重；体现了员工对工作的热爱和对宾客的礼貌。员工的仪表，直接反映出一个企业的管理水平和服务水平，直接关系到社会公众对其代表组织的评价和取舍。社会成员的仪表，还反映了一个民族或国家的道德水准、文明程度、文化修养和生活水平等。

第二节　服装搭配

20 世纪 60 年代，日本人提出了场合着装的“TPO”（Time、Place、Objective）原则，其基本含义就是穿衣打扮要有章法，厘清穿衣的时间、地点及目的，直到今天它仍是各国人士在着装时所遵循的基本规则。

一、TPO原则

（一）T（Time）——时间原则

要求人们着装随着时间的变化而变化。一年之中有四季，一天之中有早晚，着装应各不相同，这对女士尤其重要。男士出席各类活动有一套质地上乘的深色西装或中山装就够了，而女士的着装则要随一天时间的变化而变换。出席白天活动时，女士一般可着职业正装，而出席晚宴则需加一些修饰，如换一双高跟鞋，戴上有光泽的佩饰，围一条漂亮的丝巾等。

（二）P（Place）——地点原则

要求注意衣着与场合的协调。如果大家都穿便装，穿礼服就欠妥当。在正式的场合以及参加仪式时，要顾及传统和习惯，顺应各国或地方一般的风俗。

（三）O（Objective）——目的原则

着装的目的可以从两个方面考虑：一是做事的目的，如果去运动就要穿运动装，去商务谈判就要穿正装；二是想给人留下什么印象，是严谨可信，还是随意自然，不同的着装会给人留下不同的印象。

二、男士正装

男士商务着装中最重要的部分是西装，即商务西服套装，西装是交际场合最常见、最受欢迎的着装。它既正统又简练，不失气派风度，所以已经发展成为当今国际标准通用的礼服，在各种礼仪场合被广泛穿着。西装的穿着有相当统一的模式和要求，只有符合这种模式和要求的穿着才能被认为是合乎礼仪的。

男士西装的穿着应注意以下几点。

（一）西装须合体

合体的西装是保证西装挺拔的基本条件。合体的西装要求上衣盖过臀部，四周平整无皱褶，手臂伸直时，袖子长度应到手虎口处，领子应紧贴后颈部，衬衣的领子应露出西装上衣领子约1.5厘米，衬衣的袖口应比外衣的袖口长出约1.5厘米，以显示衣着的层次。与上衣相配的通常是面料相同的西裤，其应有合适的腰围和长度。合适的腰围应是裤子穿在身上并拉上拉链，扣好扣子后，裤腰处还能伸进一只五指并拢的手掌。合适的裤长应该是裤子穿上后，裤脚下沿正好触及脚面，并保证裤线笔直。如果裤子太长，裤线就会弯曲，从而影响西裤的挺括。实际上，一件西装上衣最好配两条裤子，因为裤子比上衣容易起皱，更应该经常更换，而裤线保持笔挺，会使人显得精神抖擞。

（二）西装的口袋

男士着西装时千万不要放太多的东西在口袋里，否则既不美观，又失礼仪，还会使西装变形。西装上衣口袋只作装饰，不放东西，必要时，也仅仅装好看的花式手帕，不应再放其他任何东西。而西装裤子侧面的口袋只能放纸巾、钥匙包或者钱包。其后侧的口袋，一般不放任何东西。

（三）西装的衬衫

社交场合穿西装，衬衫是个重点，颇有讲究。着西装时一定要穿带领的衬衣，做到挺括整洁、无皱褶，尤其是领口，衬衣最好不要太旧。衬衫下摆要塞进西裤，袖口须扣上，不得翻起。系领带时，衬衣的第一个纽扣要扣好。领子不要翻在西装外。衬袖长度以长出西装衣袖1.5厘米为合乎礼仪要求。正装衬衫要选用精纺的纯棉、纯毛面料，颜色及样式的选择以单色无任何图案为宜，在正式的商务活动中，白色衬衫是男士的最佳选择。除此之外，蓝色、灰色、棕色有时也可考虑。

（四）西装的纽扣

男士在穿西装时，务必拆除衣袖上的商标，西服要熨烫平整，同时要注意纽扣的扣法。一般而言，站立时，特别是在大庭广众之前起身而立，西装上衣的纽扣应当系上，以示郑重；就座之后，西装上衣的纽扣则要解开，以防其“扭曲”走样。系西装上衣纽扣时，单排扣上衣与双排扣上衣又有以下区别：单排两颗扣，扣上不扣下；单排三颗扣，只扣中间那颗或上面两颗；双排扣，则全扣上。

（五）领带的搭配

有人曾说："领带是西装的灵魂。"领带不仅是西装的重要装饰品，也是西装的有机组成部分。一般在正式或半正式场合，都应系扎领带。领带的宽度不宜过窄，过窄会显得小气，宽度应与人的脸型及西装领、衬衫硬领的宽度相协调。领带颜色要注意与西装、衬衫颜色搭配。

（六）领带夹的用法

穿西装时使用领带夹，应将其别在特定的位置，即从上往下数，在衬衫的第四与第五颗纽扣之间，将领带夹别上，然后扣上西装上衣的扣子，从外面一般要看不见领带夹。

（七）鞋袜的搭配

穿西装必须穿皮鞋，与西装相配只能是皮鞋，黑色最佳。男士在穿皮鞋时应做到鞋内无味、鞋面无尘、鞋底无泥。男士在穿西装、皮鞋时所搭配的袜子，以深色和单色为宜，应与西装保持同一色系，绝对不能穿白色袜子和色彩鲜艳的袜子。一般说来，男士宜着深色线织中筒袜，切忌穿半透明的尼龙或涤纶丝袜。袜子的长度不宜低于自己的踝骨，袜口不要露在裤脚之外。

（八）公文包的搭配

公文包、皮鞋、皮带被称为"男士三宝"，这三种物件的颜色最好统一。男士所选择的公文包，以黑色、棕色的牛皮或羊皮制品为最佳。在款式上，手提式的长方形公文包是最适宜的选择。

三、女士正装

职业女士的正装以西装套裙为主，使人看起来精明、干练、成熟、洒脱、优雅、文静，凸显出女士的气质和知性美。迄今为止，没有任何一种女装在塑造职业女士形象方面，能像套裙一样给人以优雅干练的第一印象。对于职业女士来说，适宜地穿好套裙，气质和风度也会随之显现出来。

（一）女士西装套裙的选择

1. 西装套裙的面料

西装套裙所选用的面料质地应当上乘，上衣与裙子应使用同一种面料。除了女士呢、薄花呢、人字呢、法兰绒等纯毛面料之外，也可选择高档的丝绸、亚麻、纺绸、麻纱、毛涤面料来制作西装套裙。应当注意的是，用来制作西装套裙的面料应当匀称、平整、滑润、光洁、柔软、挺括，其弹性一定要好，而且要不易起皱。

2. 西装套裙的颜色

西装套裙应当淡雅、清新、庄重，不宜选择过于鲜亮的色彩，整体着装颜色不得超过三种。建议穿着黑、白、米、灰四色系套装，以示自己的传统与庄重。具体来讲，西装套裙应以浅色或冷色调为主，从而体现出着装者的高雅、端庄。在正式场合穿着的西装套裙，颜色种类最多不可超过两种，避免碎花图案，否则就会显得杂乱无章。

3. 西装套裙的造型

西装套裙的造型变化无穷，其变化主要集中于长短与宽窄两个方面。在西装套裙中，上衣与裙子的长短没有明确的规定。上衣与裙子的造型，通常采用上长下长、上短下短、上长下短、上短下长四种形式，在视觉上都能取得较好的效果。西装套裙的上衣最短处可以齐腰，裙摆长度以膝盖为准。裙子最长可至小腿中部。但是上衣不能再短，裙子不宜再长，否则会给人勉强和散漫的感觉。同时，也不宜肥大或过于紧身。穿西装套裙时不能露臂、露肩、露背、露腰、露腹。

4. 西装套裙的裙子

作为西装套裙的裙子，其式样可以有不少选择：西装裙、围裹裙、一步裙、筒裙等，式样端庄、线条优美；百褶裙、人字裙、喇叭裙、旗袍裙等，飘逸洒脱、高雅漂亮，都是可以被西装套裙所接纳的裙子式样。西装套裙的裙子一般不宜添加过多的花边或饰物。因此，在选择裙子时，应当首先从自己的实际情况出发。穿西装套裙，特别是穿丝、麻、棉等薄型面料或浅色面料的西装套裙，一定要内穿衬裙。

（二）套裙的规范穿着要求

（1）职业女士在选择套裙时最好选择比较保守、经典的款式，还要注意面料良好、做工精细、剪裁合体。同时，职业女士着套裙时应注意套裙大小适度，穿着到位，注意场合，可根据年龄、形体、性格、肤色等加以选择。年轻一些的女士配职业装时尽可能线条简洁，不要有过多的装饰。成熟一些的女士则可以选择华丽的颜色。身材胖一些的女士穿上下颜色一致的套装，上身较胖的女士不要穿浅色的或横条纹的上装，上身清瘦的女士可以选择有双兜、硬面料，或开领、翻领、垫肩的上装。

（2）穿套裙一般搭配黑色的皮鞋或与套裙颜色相近的皮鞋为宜，鞋子可以选择中高跟的，露出脚趾和脚后跟的凉鞋并不适合商务场合。没有后帮的鞋子也只能在非商务场合穿着。袜子以单色或肉色最佳，高筒袜和连裤袜为标准搭配。袜口不能露在裙外。丝袜上不能有破损及装饰。不宜穿网袜。白天不能穿黑色丝袜。丝袜的长度很重要，切忌穿裙子时搭配短丝袜。穿着鞋袜应当注意大小适宜，完好无损，不可当众脱下，袜口不可暴露在外，丝袜要无皱、无脱丝。

（3）商务场合中，职业女性佩戴的饰物与服装要协调搭配，款式简单、精致，饰物不宜过多，最好保持在三件以内。套裙适当地搭配一些饰物，如丝巾、胸针、领花等，可以收到很好的效果。长头发的女士可以佩戴简单的发夹，切忌夸张的头饰。职业女性应该画淡妆，这样不仅可以让自己看起来更美丽、更精神，同时也表达了对他人的尊重。最好将长发梳起。尽量不要涂有色指甲油。

温馨小贴士

丝袜容易划破，所以女士在穿着丝袜时，手提包中应该有一两双备用丝袜。

（三）女士着装应当区分场合

在日常工作与生活中，商务人员的着装应当因场合不同而异，以不变应万变显然大为不妥。在不同的场合商务人员应该选择不同的服装，以此来体现自己的身份、修养与品位。一般而言，商务人员有三个最常涉及的场合：公务场合、社交场合和休闲场合。

1. 公务场合

所谓公务场合是指执行公务时涉及的场合，它一般包括在写字间里、在谈判厅里以及外出执行公务等。公务场合着装的基本要求为注重保守，宜穿套装、套裙，以及穿着制服。除此之外，还可以考虑选择长裤、长裙和长袖衬衫。不宜穿时装、便装。必须注意，在非常重要的场合，短袖衬衫不适合作为正装。

2. 社交场合

所谓社交场合是指工作之余和同事、商务伙伴友好地进行交往应酬的公众场合。社交场合着装的基本要求为时尚个性，宜穿着礼服、时装、民族服装。必须强调在社交场合一般不适合选择过分庄重保守的服装，比如穿着制服去参加舞会、宴会、音乐会，就往往和周围环境不协调。

3. 休闲场合

休闲是指在工作之余一个人单独自处，或者在公共场合与其他不相识者共处的时间。休闲场合着装的基本要求为舒适自然。在休闲场合，人们所适合选择的服装有运动装、牛仔装、沙滩装以及各种非正式的便装，比如T恤、短裤、凉鞋、拖鞋等。

（四）女士职业着装六禁忌

1. 忌过于杂乱

着装过于杂乱是指不按照正式场合的规范化要求着装。杂乱的着装极易给人留下不良的印象，容易使客户对企业的规范化程度产生疑虑。

2. 忌过于鲜艳

着装过于鲜艳是指商务人员在正式场合的着装色彩较为繁杂，过分鲜艳，如衣服图案过分烦琐或标新立异等。职业装的颜色搭配需要遵守三色原则，就是全身服装颜色不多于三种，不能过分鲜艳。

3. 忌过分暴露

在正式的商务场合，身体的某些部位是不适宜暴露的，比如胸部、肩部、大腿。在正式的商务场合通常要求不暴露胸部、不暴露肩部、不暴露大腿。

4. 忌过分透视

在社交场合穿着透视装往往是允许的，但是在正式的商务交往中着装过分透视就有失于对别人的尊重，有失敬于对方的嫌疑。

5. 忌过于短小

在正式场合，商务人员的着装不可以过于短小。比如不可以穿短裤、超短裙，非常重要的场合不允许穿露脐装、短袖衬衫等。

6. 忌过分紧身

正式的场合不可以穿着过分紧身的服装，衣服过于紧身，甚至显现出内衣、内裤的轮廓，既不雅观也不庄重。

第三节 目光与微笑

表情是指人的面部情感，是人心理活动的外在表现。目光和笑容是人面部表情的核心，恰当地运用目光和笑容会给对方留下美好的印象，有助于人际关系的和谐。

一、目光

眼睛是心灵之窗，眼神能准确地表达人们的喜、怒、哀、乐等情感，商务人员应学会正确地运用目光，为客户创造轻松、愉快、亲切的环境与气氛，消除与客户之间的陌生感，缩短与客户之间的距离，确立良好的合作关系。眼神运用的具体要求如下。

(1) 正视客户的眼部，向客户行注目礼。接待客户时，无论是问话答话、递接物品、收找钱款，都必须以热情柔和的目光正视客户的眼部，向其行注目礼，使之感到亲切温暖。

(2) 视线要与客户保持相应的高度。在目光运用中，正视、平视的视线更能引起人的好感，显得礼貌和诚恳，应避免俯视、斜视。俯视会使对方感到傲慢不恭，斜视易被误解为轻佻。比如站着的服务人员和坐着的客户说话，应稍微弯下身子，以求拉平视线；侧面有人问话，应先侧过脸去正视对方再答话。

(3) 运用目光向客户致意。当距离较远或人声嘈杂，言辞不易传达时，服务人员应用亲切的目光致意，不致使客户感到受冷落。

二、微笑

（一）微笑是人际交往的通行证

希尔顿集团的董事长在谈及企业成功秘诀时，自豪地说：“是靠微笑的影响力。”因此，他经常问下属的一句话便是“今天，你对顾客微笑了吗？”

微笑在人类各种文化中的含义是基本相同的，是真正的“世界语”，能超越文化而传播。微笑是人类最富魅力、最有价值的体态语言，微笑既是一种人际交往的技巧，也是一种礼节。它表达着友好、愉快等情感，微笑也是评价服务质量的重要标志。

（二）微笑的内涵

（1）微笑是自信的象征。一个人只要充分尊重、重视自己，必然重视强化自我形象。

（2）微笑是道德修养的充分体现。懂礼貌、尊重别人，为表示热情友好，常把微笑当作礼物，慷慨地赠送给别人。

（3）微笑是和睦相处的反映。见面时，微笑是问候语；客人到来时，微笑是欢迎曲；接待客人时，微笑是热情与尊重；送别时，微笑是告别词；不小心出了错，微笑便成为道歉语。

（4）微笑是心理健康的标志。一个心理健康的人，一定能将美好的情操、愉快的心境、善良的心地以微笑的方式表现出来。

微笑是对别人表示友好的表情，是社交场合中最富吸引力、最令人愉悦的，也是最有价值的面部表情。它可以与语言和动作相互配合起互补作用，不但表现着人际交往中友善、诚信、谦恭、和谐、融洽等最美好的感情因素，而且反映出交往人的自信、涵养与和睦的人际关系及健康的心理。同时，微笑不仅能传递和表达友好、和善，而且还能表达歉意、谅解。因此，微笑在社交、生活、工作中都有非常深刻的内涵。

微笑着接受批评，显示你承认错误但不诚惶诚恐；微笑着接受荣誉，说明你充满喜悦但不骄傲自满；遇见领导、老师，给一个微笑，表达了你的尊敬但无意讨好；微笑着面对困难，说明你经得住考验和磨炼，有战胜困难的勇气和信心。其实，温和、含蓄的微笑深寓着一个人的价值观。

（三）微笑的训练与运用

1. 微笑的训练

商务人员在工作中应表现出笑容可掬的神态：略带微笑，不显著、不出声，热情、亲切、和蔼，这是内心喜悦的自然流露。

根据人际关系学家的观点，笑可以分为三种。第一种哈哈大笑。哈哈大笑时，嘴巴张得较大，上牙和下牙均露出，并发出“哈哈”之声；第二种是轻笑。轻笑时嘴巴略微张开，一般下牙不露出，并发出轻微的声音；第三种是微笑。微笑时，嘴巴不张开，上牙和下牙均不露出，也不发出声音，是一种笑不露齿的笑，仅仅是脸部肌肉的运动，这也是微笑的具体要求。

2.“三度”微笑及其运用

（1）“一度”微笑。只牵动嘴角肌，适于客人刚到时。

（2）“二度”微笑。嘴角肌、颧骨肌同时运动，适用于交谈进行中。

（3）“三度”微笑。嘴角肌、颧骨肌与其他笑肌同时运动，是一种会心的微笑，适用于生意成功或欢送宾客时，一般以露出“六至八颗牙”为宜。

本章小结

仪容仪表是人与人见面留下的最直观的形象，第一印象的建立往往从仪容仪表开始。注重仪容美，不同的场合选择不同的服装搭配，是各国人着装所遵循的基本规则。目光和笑容是人面部表情的核心，恰当地运用亲切的表情语会给对方留下美好的印象，有助于人际关系的和谐。

问题与应用

1. 结合实例，谈谈你对生活中不同场合搭配不同服装的看法。
2. 选择适合自己的方法进行眼神和微笑的训练。
3. 哪些饰品适合职场佩戴？如何挑选一些既实用、有品质又百搭的饰品？

第五章　举止礼仪

学习目标

1. 了解社交场合规范的站立、行走等举止要求。
2. 了解手势使用的基本礼仪。

举止就是一个人的表情、动作、行为，以及在活动时身体各个部分所呈现出的姿态，包括站立、行走、坐、手势等方面。人们在日常生活中的举手投足，都反映出个人特有的仪态，因而举止又被称为体态语。它是一种无声的语言，不同的举止可以显示一个人不同的精神状态和文化修养，是一个人的性格、情感、气质、教养的集合。举止的得体与否，直接反映出人的内在素养；举止的规范与否，直接影响他人对自己的印象和评价。因而，良好的举止礼仪要求做到自然舒展、充满活力、端庄稳重、和蔼可亲。

第一节　站姿的礼仪

站姿即人最基本的站立姿势，是一种静态的美。站立不仅要挺拔，而且要优雅，站姿是优雅举止的基础。男士应“站如松”，刚毅洒脱；女士则应秀雅优美，亭亭玉立。站姿不仅是一个人的静态造型，同时是其他动态造型的基础。优美的站姿不仅能显示一个人的自信，还能给他人留下良好的印象。

一、站姿的礼仪

符合礼仪规范的站姿，是培养仪态美的起点，其动作要领也是培养其他优美仪态的基础。

标准的站姿是：头平正，双目平视，嘴角微闭，下颌微收，面容平和自然；双肩放松，稍向下沉，人有向上的感觉；躯干挺直，挺胸，收腹，立腰，双臂自然下垂于身体两侧，中指贴拢裤缝，两手自然放松，双腿立直、并拢，脚跟相靠，两脚尖张开约 60°，身体重心落于两脚正中。

二、常见的几种站姿

（一）肃立

头正、脖颈挺直、双目平视、嘴唇微闭、下颌微吸、面容平和自然，两肩放松并稍向下沉，自然呼吸，躯干挺直，做到收腹、立腰、挺胸、提臀；双臂自然下垂于身体两侧、手指并拢自然弯曲，中指贴拢裤缝；双膝并拢，两腿直立，脚跟靠紧，脚掌分开呈“V”字形，角度呈 45°～60°。肃立适用于隆重集会的场合，如升旗、庆典、剪彩等仪式。

（二）直立

（1）男士：两脚平行分开，两脚之间距离不超过肩宽，以 20 厘米为宜，两手手指自然并拢，右手搭在左手上，轻贴在腹部，双目平视，面带微笑；或两脚跟相靠，脚尖展开呈现 60°～70°，两手叠放在背后，双目平视，面带微笑，其余要求与肃立相同。

（2）女士：两脚并拢或两脚尖略展开，右脚在前，将右脚跟前于左脚内侧；两手自然并拢，大拇指交叉，右手放在左手上，轻贴在腹前；身体直立，挺胸收腹，身体重心可放在两脚上，也可放在一脚上，可通过重心移动减轻疲劳。这种站姿适用于商业服务，表示对客人的尊重与欢迎。

三、站姿的训练

站立是人体最基本的也是最重要的姿态，不良的站姿会影响体内血液循环，可能会压迫内脏，导致消化不良，甚至导致身体机能变差。反映在形体上，会造成含胸驼背、下腹肥胖等情况；反映在外貌上，会出现眼睛模糊无神、皮肤暗淡无光。

（一）站姿训练中需要注意的问题

（1）是否有歪头、斜眼、缩脖、耸肩、塌腰、挺腹、屈腿的现象。

（2）是否有叉腰、两手抱胸或插入裤袋的现象。

（3）是否有身体倚靠物体站立的现象。

（4）是否有身体歪斜、晃动或腿抖动的现象。

（5）是否面无表情、精神萎靡。

（6）是否身体僵硬、重心下沉等。

（二）在保持正确的站姿时，避免不正确的姿势

（1）正式场合站立时，不可双手插在裤袋里，这样显得过于随意。

（2）不可双手交叉抱在胸前，这种姿势容易给人傲慢的印象；不可随意摆弄手指或双手插入裤袋。

（3）不可歪倚斜靠，给人站不直、十分慵懒的感觉。

（4）忌过于随意、懒散的站姿，如探脖、塌腰、耸肩、抖腿、频频变换双腿姿势等动作。

第二节 坐姿的礼仪

优雅的坐姿，不仅给人以沉着、稳重、冷静的感觉，而且也是展现自己气质和风度的重要形式。坐姿总的要求是舒适自然、大方端庄。在正式交往中，对入座和落座都有一定要求。入座时，动作要轻盈和缓、自然从容。落座要轻，不能猛地坐下，发出响声，起来时要端庄稳重。

一、男士基本坐姿要求

（1）入座时要轻、稳、缓。走到座位前，转身后轻稳地坐下。如果椅子位置不合适，需要挪动椅子的位置，应当先把椅子移至欲就座处，然后入座。身体重心应该垂直向下，腰部挺直，两腿略分开，与肩膀同宽，看起来不至于太过拘束。

（2）坐在沙发上时，姿势应端正，整个身体不要往内靠。头部要保持平稳，目光平视前方，神态从容自如，脸上保持轻松和缓的笑容。

（3）双肩平正放松，两臂自然弯曲放在腿上，也可放在椅子或是沙发扶手上，以自然得体为宜，掌心向下。两膝间可分开一拳左右的距离，脚态可取小八字步或稍分开以显自然洒脱之美，但不可尽情打开双腿，那样会显得粗俗和傲慢。两脚应尽量平放在地，大腿与小腿成直角，双手以半握拳的方式放在腿上，或是椅子的扶手上。

（4）如果是侧坐，应该上半身与腿同时转向一侧，面部仍是正对正前方，双肩保持平衡。坐在椅子上时，应至少坐满椅子的三分之二，宽座沙发则至少坐二分之一。落座后至少十分钟时间不要靠椅背。时间久了，可轻靠椅背。谈话时应根据交谈者方位，将上体双膝侧转向交谈者，上身仍保持挺直，不要出现自卑、恭维、讨好的姿态。离座时要自然稳当，右脚向后收半步，而后站起。

二、女士基本坐姿要求

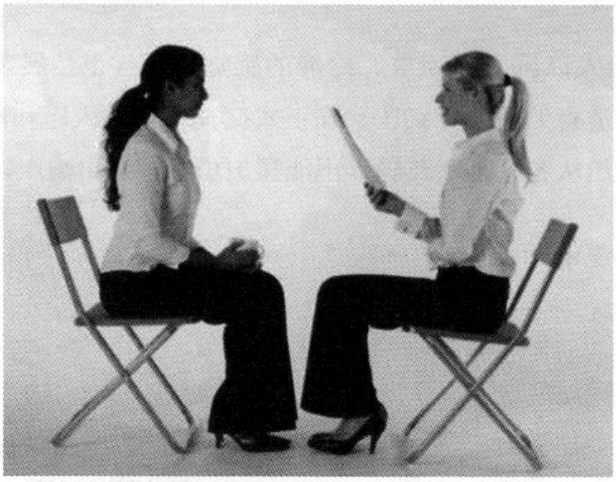

（1）入座时要轻稳，走到座位前，转身后退，轻稳地坐下。如果是衣着裙装，应用手将裙子稍稍拢一下，不要坐下后再拉拽衣裙，那样有失优雅。

（2）上体自然坐直，立腰，双肩平正放松。两臂自然弯曲放在膝上，也可以放在椅子或沙发的扶手上，掌心向下。双膝自然并拢，双脚平落在地上。坐在椅子上时，至少应坐满椅子的三分之二，脊背轻靠椅背。

（3）端坐时间过长时可换一下姿势：将两腿并拢，两脚同时向左或向右放，两手叠放，置于左腿或右腿上形成优美的“S”形，也可以两腿交叉重叠，但要注意将上面的小腿回收，脚尖向下。起立时，右脚向后收半步，而后站立。

三、入座后常见的几种坐姿

坐姿是举止的主要内容之一，是身体的一种静态造型。良好的坐姿应给人优雅、稳重、自然、大方的美感。

（一）男士常见的坐姿训练

（1）正坐式。上身挺直、坐正，双腿自然弯曲，小腿垂直于地面并略分开，双手分放在两膝或椅子的扶手上。

（2）重叠式。右小腿垂直于地面，左腿在上重叠，左小腿向里收，脚尖向下，双手放在扶手上或放在腿上。

（二）女士常见的坐姿训练

（1）正坐式。双腿并拢，上身挺直、坐正，两脚尖并拢略向前伸，两手叠放在双腿上，略靠近大腿根部。要求上身和大腿、大腿和小腿都应当形成直角，小腿垂直于地面，双膝、双脚包括两脚的脚跟都要完全并拢。入座时，若是女士着裙装，应用手先将裙摆稍稍拢一下，然后坐下。

（2）曲直式。要求上身挺直，大腿靠紧后，向前伸出一条小腿，并将另一条腿曲后，两脚脚掌着地，双脚前后要保持在一条直线上。

（3）重叠式。要求上身挺直，坐正，将双腿一上一下交叠在一起，交叠后的两腿间没有缝隙，犹如一条直线。双脚斜放在左侧或右侧，斜放后的腿部与地面成45°，双臂交叉支撑叠放在上面的腿上，特别要注意将上面的小腿回收，脚尖向下。

四、入座后的注意事项

（一）就座时的不良习惯

（1）脊背弯曲、耸肩驼背。

（2）瘫坐在椅子上或前俯后仰，摇腿跷脚，腿跨在椅子或沙发的扶手上，脚架在茶几上。

（3）上身趴在桌椅上或本人的大腿上。

（4）双脚大分叉或呈八字形。

（5）脱鞋或两鞋在地上蹭来蹭去。

（6）坐下时手中不停地摆弄东西，如头发、戒指、手指等。

（二）坐姿中腿的不当表现

（1）双腿叉开过大。双腿如果叉开过大，不论大腿叉开还是小腿叉开，都非常不雅。特别是身穿裙装的女士更不要忽略了这一点。

（2）架腿方式欠妥，坐后将双腿架在一起。正确的方式，应当是两条大腿相架，并且一定使两腿并拢。如果把一条小腿架在另一条大腿上，两者之间还留出大大的空隙，就显得不太合适了。

（3）双腿直伸出去。那样既不雅，也妨碍别人。身前如果有桌子，双腿尽量不要伸到外面。

（4）将腿放在桌椅上。有人为了舒服，喜欢把腿架在高处，甚至抬到身前的桌子或椅子上，这样的行为是非常不妥的。把腿盘在座椅上也是不妥的。

（5）腿部抖动摇晃。坐在别人面前，不停地抖动或摇晃自己的腿部，不仅会让人心烦意乱，而且也给人以极不安稳的印象。

（6）脚尖指向他人。不管具体采用哪一种坐姿，都不能将自己的脚尖指向别人，因为这一做法是非常失礼的。

（三）坐姿中手的不当表现

（1）手触摸脚部。在入座以后用手抚摸小腿或脚部是极不卫生又不雅观的。

（2）双手抱在腿上。双手抱腿，本是一种惬意、放松的休息姿势，但在工作之中是不可取的。

（3）将手夹在腿间。有人坐下来之后，习惯将双手夹在两腿之间，这一动作会令其显得胆怯或害羞。

（4）双肘支于桌上。用双肘支在前面的桌上，显然不够礼貌。

（四）入座后的其他要求

（1）在别人之后入座。出于礼貌，和客人一起入座或同时入座时，要分清主次，先请对方入座，自己不要抢先入座。

（2）从座位左侧入座。如果条件允许，在就座时最好从座椅的左侧接近座位。这样做，不仅是一种礼貌，而且也容易就座。

（3）向周围的人致意。就座时，如果附近坐着熟人，应主动打招呼。即使不认识，也应点头示意。在公共场合，要想坐在别人身旁，需征得对方的允许。动作要轻，不要碰响座椅。

（4）以背部接近座椅。得体的做法是：先侧身走近座椅，右腿后退一点，以小腿确认一下座椅的位置，然后随势坐下。必要时，用一只手扶着座椅把手。

（5）离开座椅时，身边如果有人在座，应该用语言或动作向对方先示意，随后再站起身来。

（6）要注意先后。与他人同时离座，要注意起身的先后次序，地位低于对方的，应该稍后离座；地位高于或年龄大于对方时，可先离座；双方身份相似时，可以同时起身离座。

（7）要起身缓慢。起身离座时，动作应轻缓，不要“拖泥带水”，弄响座椅，或将椅垫、椅罩弄得掉在地上。

（8）要从左侧离开。起身后，应该从左侧离座。

第三节　走姿的礼仪

走姿即步态、行走的姿势。行走是人们生活中的主要动作，走姿是一种动态的美。行走时，步态应该自然轻盈、目视前方、身体挺直、双肩自然下垂、两臂摆动协调、膝关节与脚尖正对前进方向。行走的步子大小适中、自然稳健、节奏与着地的重力一致。

一、走姿的要求

正确的走姿是：轻而稳、胸要挺、头要抬、肩放松、两眼平视、面带微笑、自然摆臂。

（一）方向明确

在行走时，必须保持明确的行进方向，尽可能地使自己犹如在直线上行走，不要突然转向，更忌讳突然大转身。

（二）步幅适中

一般而言，行进时迈出的步幅与本人一只脚的长度相近。即男士约每步 40 厘米，女士每步约 36 厘米。

（三）速度均匀

在正常情况下，男士每分钟 120～125 步，女士每分钟 125～130 步，避免突然加速或减速。

（四）重心放准

行进时身体向前微倾，重心落在前脚掌上。

（五）身体协调

走动时要以脚跟着地，膝盖在脚步落地时应当伸直，腰部要成为移动的轴线，双臂在身体两侧一前一后自然摆动，摆幅 30°～50°，不要左右横摆。

(六) 体态优美

做到昂首挺胸，步伐轻松而矫健。

男士协调、稳重、刚毅；女士轻松、敏捷、优雅。

二、行走的礼仪

(1) 靠右侧通行：在办公区、公共场所，都要靠右侧行走。把走廊左侧让给迎面而来或有急事的人。

(2) 男士走外侧：当男女一起走在路上，男士应该走外侧，因为人行道外侧靠近马路，车辆来往的地方总是比较危险，为了显示男士的风度，履行保护女士的义务，一定要让女士走在内侧。

(3) 不可冲撞他人：遇有急事可加快步伐，忌讳慌忙奔跑，冲撞别人。

(4) 不要从交谈者中间穿行：《礼记·曲礼上》中说“离立者，不出中间”，意思是有二人并行立着，不要从他们中间穿过。

(5) 不可多人并排而行：与其他同事并列行走，不可并肩同行，不可嬉戏打闹，不可闲聊，走在人行道上时，如果道路较窄，不可多人并排走，可以两人一排，靠右侧行走。

(6) 反向而行的礼仪：与同事反向而行，要靠右侧行走，离对方有 2 米处，应放慢速度，与对方打个招呼。

(7) 陪同客人的礼仪：引领客人时，位于客人侧前 2～3 步，按客人的速度行进，不时用手势指引方向，招呼客人。

三、走姿训练

(一) 走姿的基本要求

（1）规范的走姿首先要以端正的站姿为基础。

（2）双肩应平稳，以肩关节为轴，双臂前后自然摆动，摆幅以 30°～35°为宜，手臂外开不超过 30°。

（3）上身挺直，头正、挺胸、收腹、立腰，重心稍向前倾，提臀，大腿带动小腿向前迈。

（4）注意步位。脚尖略开，起步时，身体微向前倾，脚跟先接触地面依靠后腿将身体重心送到前脚掌，使身体前移，两脚内侧落地时，行走的轨迹应是一条直线。行走中身体的重心要随着移动的脚步不断向前过渡，而不要将重心停留在后脚，并注意在前脚着地和后脚离地时伸直膝部。

（5）步幅适当。一般前脚的脚跟与后脚的脚尖相距为步长，跨步时，两脚之间相距约一只脚到一只半脚，步伐稳健，步履自然，要有节奏感。保持一定的速度。速度过快容易给人以浮躁、慌张的印象；过慢则显得没有生气和活力。

男士穿西服时要注意保持身体挺拔，后背平正，走路的步幅可略大些，手臂自然放松、伸直摆动，手势要简洁、大方，步态要求舒展、矫健。

女士穿裙装时步幅不宜太大，两脚内侧要落到一条线上，脚尖略向外开，两手臂自然摆动，幅度也不宜过大，髋部可随着脚步和身体的重心移动而稍左右摆动，体现出柔和、含蓄、典雅的风格。穿高跟鞋时，由于鞋跟较高，身体重心自然前移，为了保持身体平衡，必须挺胸、收腹、提臀，膝盖绷直，全身有挺拔向上的感觉。

（二）常见的走姿训练

（1）标准走姿。需要注意的问题：避免走路时前俯、后仰或脚尖向外、向内呈“外八字”“内八字”的走步，步幅太小或双手反背。

（2）平行步。平行步走姿的注意要点是收腹、两眼平视前方、下颌微收、两臂前后摆动，两手离支撑腿的距离约 15～20 厘米，肘关节微屈。训练初期在地上画好直线，练习者以立正姿势站好，出左脚时，脚跟着地，落于离直线 5 厘米处，迅速过渡到脚尖，脚尖稍向外，右脚动作同左脚，注意立腰、挺胸、展肩。

（3）“一字步”走姿。在商务活动以及服务工作中，女士常见的走姿是“一字步”。“一字步”走姿的要领是：行走时两脚内侧在一条直线上，两膝内侧相碰，收腰提臀、挺胸收腹，肩外展、头正颈直、微收下颌。

（4）侧身步。当走在前面引导来宾时，应尽量走在宾客的左前方，上身稍向右转体，左肩稍前，右肩稍后，侧身向着来宾，与来宾保持两到三步的距离。当走在较窄的路面或楼道中与人相遇时，也要采用侧身步，两肩一前一后，并将胸部转向他人，不可将后背转向他人。

（三）行走忌讳

（1）低头看脚尖。

（2）方向不定，忽左忽右，体位失当，摇头、晃肩、扭臀。

（3）扭来扭去的“外八字”步和“内八字”步。

（4）双手反背于背后，双手插入裤袋。

（5）走路时大半个身子前倾，左顾右盼，重心后坐或前移。

（6）行走时与其他人相距过近，与他人发生身体碰撞。

（7）行走时速度过快或过慢，以至对周围的人造成一定的不良影响。

（8）边行走，边吃喝。

（9）与多人走路时，勾肩搭背，奔跑蹦跳或大声喊叫。

第四节 蹲姿的礼仪

蹲姿在工作和生活中用得相对较少，但最容易出错。人们在拿取低处的物品或拾起落在地上的东西时，不妨使用下蹲和屈膝的动作，这样可以避免弯曲上身和撅起臀部，尤其是着裙装的女士下蹲时，稍不注意就会露出内衣，很不雅观。

一、基本蹲姿要求

下蹲拾物时，应自然、得体、大方，不遮遮掩掩。两腿合力支撑身体，避免滑倒，应使头、胸、膝关节在一个角度上，使蹲姿优美。

保持正确的蹲姿需要注意三个要点：迅速、美观、大方。若用右手捡东西，可以先走到东西的左边，右脚向后退半步后再蹲下来，脊背保持挺直，臀部一定要蹲下来，避免弯腰翘臀的姿势。男士两腿间可留有适当的缝隙，女士则要两腿并紧，穿旗袍或短裙时需更加留意，以免尴尬。

二、四种蹲姿方式

日常生活中，有以下四种常见的蹲姿方式。

（一）高低式蹲姿

男性在选用这一方式时往往更为方便，女士也可选用这种蹲姿。

这种蹲姿的要求是：下蹲时，双腿不并排在一起，而是左脚在前，右脚稍后。左脚应完全着地，小腿基本上垂直于地面；右脚则应脚掌着地，脚跟提起。此刻右膝低于左膝，右膝内侧可靠于左小腿的内侧，形成左膝高右膝低的姿态。臀部向下，基本上用右腿支撑身体。

（二）交叉式蹲姿

交叉式蹲姿通常适用于女性，尤其是穿短裙的人员，它的特点是造型优美典雅。基本特征是蹲下腿交叉在一起。

这种蹲姿的要求是：下蹲时，右脚在前，左脚在后，右小腿垂直于地面，全脚着地，右腿在上，左腿在下，二者交叉重叠；左膝由后下方伸向右侧，左脚跟抬起，并且脚掌着地；两脚前后靠近，合力支撑身体；上身略向前倾，臀部朝下。

（三）半蹲式蹲姿

半蹲式蹲姿一般是在行走时临时采用。它的正式程度不及前两种蹲姿，但在需要应急时也采用。基本特征是身体半立半蹲。

这种蹲姿的要求是：在下蹲时，上身稍许弯下，但不要和下肢构成直角或锐角；臀部务必向下，而不是撅起；双膝略为弯曲，角度一般为钝角；身体的重心应放在一条腿上；两腿之间不要分开过大。

（四）半跪式蹲姿

半跪式蹲姿又叫作单跪式蹲姿。它也是一种非正式蹲姿，多用在下蹲时间较长，或为了用力方便时。双腿一蹲一跪。

这种蹲姿的要求是：在下蹲后，改为一腿单膝点地，臀部坐在脚跟上，以脚尖着地。另外一条腿应当全脚着地，小腿垂直于地面。双膝应同时向外，双腿应尽力靠拢。

三、蹲姿注意事项

（一）不要突然下蹲

蹲下来的时候，不要速度过快。当自己在行进中需要下蹲时，要特别注意这一点。

(二) 不要离人太近

在下蹲时，应和身边的人保持一定距离。和他人同时下蹲时，更不能忽略双方的距离，以防彼此“迎头相撞”或发生其他误会。

(三) 不要方位失当

在他人身边下蹲时，最好是和他人侧身相向。正面他人，或者背对他人下蹲，通常都是不礼貌的。

(四) 不要毫无遮掩

在大庭广众面前，尤其是身着裙装的女士，一定要避免下身毫无遮掩的情况，特别是要防止大腿叉开。

总之，下蹲时一定不要有弯腰、臀部向后撅起的动作；切忌两腿叉开；避免下蹲时，露出内衣裤等不雅的动作，以免影响姿态美。因此，当要捡起落在地上的东西或拿取低处物品的时候，不可有只弯上身，翘臀部的动作，而是首先走到要捡或拿的东西旁边，再使用正确的蹲姿，将东西拿起。

第五节 手势的礼仪

法国画家德拉克洛瓦指出：“手应当像脸一样富有表情。”他的话里从侧面指出了手势的重要性。手势语有两个方面的作用：一方面能表示形象；另一方面能传达感情。

在国际交往中，手势作为一种交流符号，具有十分重要的意义。手是传情达意的重要工具，它有着极强的表现力和吸引力。在人际交往中，手势运用的自然、大方、得体，能够使人感到既寓意明晰又含蓄高雅。善于判断他人手势语的真实含义，能够对沟通起到更好的作用。了解和熟悉某些常见的手势，有助于更准确地相互理解和交流。

一、手势礼仪

(一) 手势使用的基本原则

(1) 使用规范化手势。

(2) 注意区域性差异。

(3) 手势宜少不宜多。

(4) 手势力度和幅度适当。

(5) 自然而亲切。

（二）常见手势

（1）正常垂放。

（2）自然搭放。

（3）手持物品：稳妥、自然、到位、卫生。

（4）递接物品：双手为宜，递于手中，主动向前，方便接拿，尖刃向内。

（5）展示物品：便于观看，操作标准，手位正确。一是将物品举至高于双眼之处，这适用于被人围观时；二是将物品举至上不过眼部，下不过胸部的区域，这适用于让他人看清展示之物。

（6）招呼他人：面向对方，手臂上伸，掌心向外。

（7）挥手道别：身体直立，目视对方，手臂前伸，掌心向外，左右挥。

（8）握手：握手一般在相互见面、离别、祝贺、慰问等情况下使用。

（9）引导手势。

二、手势训练

手势是商业服务工作中极富表现力的一种“体态语言”，是通过手和手指活动传递信息的，它作为信息传递方式不仅远远早于书面语言，甚至早于有声语言。商业人员正确地掌握和运用手势，可以增强感情的表达，提高服务效果。

（一）手势的不同含义

要想发挥手势的交际作用，就要了解、熟悉交际对象和环境的文化特征，同样的手势，在不同文化背景下有着不同的含义。

例如，拇指向上，欧美国家表示好、赞同；中国表示称赞；日本表示老爷子。拇指向下，大多表示反对。食指上指，中国表示数字1，欧美代表打招呼，法国代表提问，而澳大利亚则表示给我一杯啤酒。

（二）引导手势的基本形式

1. 横摆式

在商业服务中，表示“请”的意思时，经常采用手臂横摆式。

以右手为例，具体动作要求如下：五指并拢伸直，掌心向上，手掌平面与地面呈45°，肘关节微曲至140°左右，腕关节要低于肘关节。做动作时，手从腹前抬起，至上腹部处，然后以肘关节为轴向右摆动。摆到身体右侧稍前的地方停住。注意不要将手臂摆到体侧或体后，同时身体和头部微微由左向右倾斜，视线也随之移动；双脚并拢或成右丁字步，左臂自然下垂或背在身后，目视客人，面带微笑。

2. 直臂式

当给客人指示方向时，可采用横摆式，也可采用直臂式。

以左手为例，具体动作要求如下：五指并拢伸直，曲肘由身前向左斜前方抬起，抬到约与肩同高时，再向要指示的方向伸出前臂，身体微向左倾。与横摆式不同的是手臂高度与肩基本同高，肘关节伸直。

3. 曲臂式

当工作人员一只手扶着门把手或电梯门，或一手拿着东西，同时又要做出“请”或指示方向的手势时，可采用曲臂式手势。

以右手为例，具体动作要求如下：五指伸直并拢，从身体的右侧前方，由下向上抬起，抬至上臂离开身体 105°时，以肘关节为轴，手臂由体侧向体前左侧摆动，摆到距身体 20 厘米处停住，掌心向上，手指尖指向左方，头部随着客人的移动从右方转向左方。

4. 双臂横摆式

来宾较多的场合如庆典活动中，向众多来宾表示“请”或指示方向时，可采用双臂横摆式。

具体动作要求如下：两手五指分别伸直并拢，掌心向上，从腹前抬起至上腹部处，双手上下重叠，同时向身体两侧摆，摆至身体的侧前方，肘关节略微弯曲，上身稍向前倾，面带微笑，头微点，向客人致意。如果来宾站在某一侧，也可将两手臂向同一侧摆动。

（三）“三位”手势训练与运用

1. “三位”

高位手势：头（客人在 5 米以外）

中位手势：肩（客人在 2～5 米）

低位手势：腰（客人在 1 米左右）

2. 常见的“三位”手势运用

（1）请进：用中位手势。迎客时，站在一旁，先鞠躬问候，再抬手到身体的右前方。微笑友好地目视来宾，直到客人走过，再放下手臂。

（2）引导：用中位手势。在客人的左前方 2～3 步前引路，尽量让客人走在路的中央，并且要与客人步伐保持一致，注意客人的反应，适当地做些介绍。如果要指引方向，先用语言回答来宾询问的内容，并用手势指出方向的位置，尽可能带来宾到适当的地方，再做手势，眼睛应同时兼顾到手指的方向和来宾，直到来宾表示清楚了，再把手臂放下。

（3）请坐：采用低位手势。接待来宾入座时，一只手由体前抬起，从上向下摆动到距身体 45°处，使手臂向下形成一条斜线，表示请入座。

（4）请往高处看，采用高位手势。

（5）里边请，采用中位手势。

三、手势禁忌

1. 易误解的手姿

由于个人习惯和文化背景不同，一些手姿有可能容易被他人所误解。如OK型手势，我国表示数字时，指的是0或3，英美表示赞同、了不起，法国表示0或没有，日本、缅甸、韩国表示钱，印度表示正确、不错，突尼斯表示傻瓜。又如V型手势，表示胜利或2，注意手掌一定向外，向内就有侮辱人的含义。

2. 失敬于人的手姿

掌心向下挥动手臂，勾动食指或除拇指外的其他四指招呼别人，或用食指指点他人（食指只能指物）。

本章小结

举止作为人的肢体语言，举手投足间传递出个人的内在修养。举止的得体与否，直接反映出一个人的内在素养；举止的规范及到位与否，直接影响他人对自己的印象和评价。良好的举止礼仪要求做到自然舒展、充满活力、端庄稳重、和蔼可亲。坚持规范的举止礼仪训练，会呈现出良好的精神状态，给别人留下美好的印象。

问题与应用

1. 思考自己在生活中有没有不良的行为举止，如何修正？
2. 了解站姿和坐姿的训练方法，以及训练中需要注意的问题。
3. 谈谈生活中常见的手势语，这些手势语对增进人们的沟通交流起到什么作用？

第六章 民俗礼仪

学习目标

1. 了解世界主要国家的民俗风情。
2. 了解中国主要传统节日和部分少数民族习俗。

第一节 世界主要国家民俗风情

不同的国家、民族，由于不同的历史、宗教等因素，各有特殊的风俗习惯和礼节，均应予以尊重。而对于同一个国家的不同民族风俗习惯，我们也应该给予一定的重视和尊重。

澳大利亚的礼俗风情

一、礼节礼仪

（一）称谓与问候

澳大利亚人与朋友偶遇于途中或相逢在其他场合，习惯轻声地说声“Hi”。与宾客相见时，总喜欢热烈握手，彼此以名相称。男人往往把他们的朋友亲密地唤作 mate（伙计）。澳大利亚有些土著居民，握手方式为两人中指相互勾住，而不是全指掌相握。

（二）款待与馈赠

邀请他人时应事先约定，他们十分重视准时赴约。应邀去吃午饭或晚饭时，给主人带上一束鲜花或一瓶酒是受欢迎的。告别时必须对主人的款待表示感谢。

（三）一般礼仪

大多数澳大利亚人，不论其地位多高，都很平易近人，他们会真诚而专注地倾听。在澳大利亚，体力劳动者能够受到较高的尊重。

在澳大利亚必须注意不要乱扔东西，因为他们希望来访的客人尊重澳大利亚人高标准的整洁要求，他们大多数人有强烈的社会责任感。

澳大利亚人在穿着方面较为随便，但却十分重视形式和礼节。

澳大利亚人的特殊习俗主要有三个：一是奉行“人人平等”的信条，遵从“女士优先”的社交原则；二是谦恭随和，遵时守约；三是喜欢在酒店进行商务交谈，且边吃边谈。澳大利亚因地广人稀，在商务活动中极其讲究效率，从而形成了澳大利亚商务谈判中的两个明显特点：一是澳方派出的商谈代表，一般都对事务具有决策权，从而他们也要求对方派出的商谈代表具有决策权，他们不喜欢不能解决实际问题的漫长“磋商”；二是对采购物品、输入劳务等，一般采用“招标”方式，以便能够用最低代价和最短时间找到合作伙伴。

二、信仰、喜好与禁忌

（一）信仰

澳大利亚的居民主要由欧洲移民组成，约63.9%的居民信仰基督教，5.9%的居民信仰佛教、伊斯兰教、印度教等其他宗教。无宗教信仰或宗教信仰不明人口占30.2%。

（二）喜好

澳大利亚人喜爱袋鼠，他们还喜欢用各种金属制成形状不同的袋鼠纪念章等物品。他们偏爱素有“篱笆树”之称的金合欢花，视它为大洋洲的象征，并尊之为国花。

（三）禁忌

澳大利亚人对兔子特别忌讳，认为兔子是一种不吉祥的动物，人们看到它会感到倒霉，因为这预示着厄运将要临头。他们对数字“13”很讨厌，认为“13”会给人们带来不幸和灾难。他们忌讳“自谦”的客套语言，认为这是虚伪、无能或看不起人的表现。

三、饮食习惯

澳大利亚国内居民74%为英国及爱尔兰裔。因此生活及饮食习惯基本与英国人相似，但他们比英国人更爱吃鱼类的菜肴，且倍加喜爱中餐。在餐具使用上，一般以刀叉取食用餐。

澳大利亚墨尔本市人十分喜爱野餐。通常人们的野餐以烤肉为主。

澳大利亚一些岛屿上的人，把黏土视为美味佳肴。他们招待远方来客的最好食物就是各色黏土。这也是他们尊敬客人的一种表示。澳大利亚土著人嗜好嚼猪笼草。因为猪笼草是当地的一种含麻醉剂的食物，每当他们友好往来或举行聚会之时，都以此来互相款待共同咀嚼。他们还有食“蜜蚁”昆虫的习惯。食用时，用手捏住它的头部，然后直接拿嘴将其腹中的“蜜汁”吮吸而食。

澳大利亚人在饮食上不吃辣味食物，个别人也不吃酸味食物。澳大利亚人在饮食嗜好上有如下特点。

（1）注重：讲究菜肴的色彩，菜品要量少质精。

（2）口味：一般不喜太咸，爱甜酸味。

（3）主食：乐于吃面食，特别爱吃中国风味的清汤饺子。

（4）副食：爱吃鸡、鸭、鸽、鱼、海鲜、牛肉、猪肉、蛋类等；也喜欢豆芽菜、西红柿、黄瓜、生菜、菜花等新鲜蔬菜；调料爱用番茄酱、味精、盐、酱油、葱、姜、胡椒粉等。

（5）制法：对煎、炒、炸、烤等烹调方法制作的菜肴偏爱。

（6）中餐：对中国的淮扬菜、浙菜、沪菜、京菜推崇。

（7）菜谱：很欣赏冷盘咸鱼、火腿、炸大虾、煎牛里脊、北京烤鸭、煎猪肝、油爆虾、烤鸡、黄油菜花、烤鱼、番茄牛肉、炒里脊丁、脆皮鸡、炒鸽脯、糖醋鱼、炒什锦等风味菜肴。

（8）水酒：喜欢喝啤酒和葡萄酒；对饮料中的咖啡很感兴趣，也爱喝红茶和香片花茶。

（9）果品：水果爱吃荔枝、苹果、枇杷、葡萄、西瓜、梨；干果喜欢花生米等。

四、其他风俗

澳大利亚土著人还有一种嚼骨告别的礼俗。每当亲朋好友之间彼此告别，即要在口中放一根骨头，并用牙齿使劲地咬嚼它，使它发出“咯咯”的声音，人们以此来互相珍重，盼望重逢。

美国的礼俗风情

一、礼节礼仪

（一）称谓与问候

美国人一般不用先生、太太、小姐、女士等称呼他人，也不以行政职务去称呼他人，认为对关系较深的人直呼其名是一种亲切友好的表示。美国人与客人见面时，一般都以握手为礼。他们习惯手要握得紧，眼要正视对方，微弓身。认为这样才算是礼貌的举止。美国人在社交场合与客人握手时，还有这样一些习惯和规矩：如果两人是异性，要待女性先伸出手后，男性再伸手相握；如果是同性，通常应年长者先伸手给年轻人，地位高的人伸手给地位低的人，主人伸手给客人。美国人的另外一种礼节是亲吻礼，这是在彼此关系很熟的情况下施的一种礼节。

（二）款待与馈赠

美国人的待客之道从家里开始，大多数美国人都认为好的家常菜胜过餐馆的菜。非正式的晚餐，应该穿舒适、轻便的衣服，尽量准时到。可以称赞女主人烹调的美食，而对于美食最大的赞美就是多吃。在美国人的文化中，客人并不一定要带礼物，为了表示感谢，可以带花或者糖果，家里有小孩的可以带小玩具，这些都是不错的选择。

（三）一般礼仪

在美国等西方国家乃至世界上许多国家，都有付小费的习惯，有的叫服务费。在美国付小费被认为是对服务人员提供服务的尊重和酬劳，付小费的方式可根据当地习惯灵活运用。例如不必找零钱，或将小费置于茶盘、酒杯下面，或塞在招待员手中。有些旅馆、饭店账单上列有10%～15%的服务费，可不付小费。但其他服务，如帮助叫出租车、开车门、取存衣帽、代搬行李等服务，还要付不低于1美元的小费。而对政府公务员、客机上的机组人员等，是不付小费的。美国人在进行商务谈判时，喜欢开门见山，答复明确，不爱拐弯抹角；在谈判中谈锋甚健，不断地发表自己的见解和看法；商务谈判前准备充分，且参与者各司其职，分工明确；一旦认为条件适合即迅速做出是否合作的决定，通常在很短的时间内就可以做成一大笔生意。

二、信仰、喜好颜色与禁忌

（一）信仰

美国人口中约46.5%信仰基督教，20.8%信仰天主教，1.9%信仰犹太教。美国人的价值准则、生活态度及道德准则在相当大的程度上是受这三大宗教思想影响的。

（二）喜好颜色

美国人喜欢白色，认为白色是纯洁的象征；偏爱黄色，认为黄色是和谐的象征；喜欢蓝色和红色，认为蓝色和红色是吉祥如意的象征。

（三）禁忌

美国人忌讳“13”“星期五”。认为这些数字和日期，都是厄运和灾难的象征。忌讳黑色，认为黑色是肃穆的象征，是丧葬用的颜色。还忌讳有人在自己面前挖耳朵、抠鼻孔、打喷嚏、伸懒腰、咳嗽等，认为这些都是不文明的，是缺乏礼教的行为。若喷嚏、咳嗽实在不能控制，则应避开客人，用手帕掩嘴，尽量少发出声响，并要及时向在场人表示歉意。他们忌讳有人冲他伸舌头，认为这种举止是污辱人的。他们讨厌蝙蝠，认为它是吸血鬼和凶神的象征。

美国人还有三大忌：一是忌有人问他的年龄；二是忌问他买东西的价钱；三是忌在见面时说“你长胖了”。因为年龄和买东西的价钱都属于个人的私事，他们不喜欢他人过问和干涉。至于“你长胖了”这句中国人习惯的“赞赏话”，在美国人看来是贬义的。因为在美国有“瘦富胖穷”的观念，一般富人有钱游山玩水，身体练得结实，容貌普遍消瘦；穷人没多少钱，更无闲暇去锻炼，体型偏胖。

美国人对握手时目视他方很反感，认为这是傲慢和不礼貌的表示。他们忌向妇女赠送香水、衣物和化妆用品。因有化妆的习惯，所以美国妇女不欢迎服务人员送香巾擦脸。他们不喜欢吃饭时在餐碟里剩下食物，认为这是不礼貌的。

三、饮食习惯

美国人在饮食上比较随意，没有过多的讲究。但目前他们越来越重视食品的营养，海味及谷类蔬菜越来越受他们的青睐。他们喜欢“生”“冷”“淡”：“生”是爱吃未经烹饪的生菜，重视菜肴的鲜、嫩；“冷”是乐于吃凉菜，不喜欢过烫过热的菜肴；“淡”是喜欢少盐，味道忌咸，稍以偏甜为好。

美国人不习惯厨师烹调中多用调料，而习惯在餐桌上备用调料自行调味。美国人惯用西餐，一般一日三餐中，早、午餐从简，晚餐内容比较丰富，但也不过是一两道菜，加上点心和水果。美国人在使用刀叉餐具方面，一改欧洲人惯于刀叉不换手的习惯，他们好以右手用刀割食品后，再换叉子取食用餐。他们特别愿意品尝野味和海味菜肴，尤其对蛙肉和火鸡偏爱。

美国人饮食上忌食各种动物的脚趾和内脏；不吃过辣食品；不爱吃肥肉；不喜欢清蒸和红烩菜肴。

美国人在饮食嗜好上有如下特点。

（1）注重：讲究菜品的合理搭配，注重食品的营养价值。

（2）口味：一般口味喜清淡，以微带甜味为适口。

（3）主食：惯以面食为主，如面包、点心一类的。

（4）副食：爱吃鸡、鸭、鱼、牛肉、猪肉、禽蛋、海味和野味；喜欢吃土豆、黄瓜、生菜、西红柿、青豆、蘑菇、卷心菜等；调味品爱用酱油、醋、盐、味精、胡椒面、辣椒等。

（5）制法：对炸、炒、煎等烹调方法制作的菜肴偏爱。

（6）中餐：喜爱中国的苏菜、川菜、粤菜。

（7）菜谱：很欣赏香酥鸡、炸茄盒、炸里脊、炸大虾、糖醋鳜鱼、干烧鱼、五柳鱼、元宝肉、西红柿炒鸡蛋、奶汁干贝、冬瓜球、拔丝苹果等风味菜肴。

（8）水酒：爱喝白兰地、威士忌酒，也爱喝葡萄酒、桑果酒和甜味酒，以及啤酒；汽水、咖啡、牛奶、可可和中国的香片花茶都是他们常用的饮料。

（9）果品：对果品中的广柑尤为偏爱，柠檬、荔枝、猕猴桃、白兰瓜、枇杷、番石榴、香蕉、菠萝、苹果和葡萄也是他们喜欢的水果；爱吃糖炒栗子、核桃等干果。

四、其他风俗

在美国堪萨斯州法律规定：星期天不准公民吃蛇肉，违犯者要被处以监禁。在印第安纳州的威诺纳湖区规定：星期天不准在柜台吃冰淇淋。在新泽西州，如果谁在餐馆里喝汤时发出咕嘟咕嘟的声音，就会被警察拘留。在内布拉斯加州沃特卢法律规定：上午七时到下午七时之内，理发师吃洋葱是违法的。

日本的礼俗风情

一、礼节礼仪

（一）称谓与问候

日本人在见面时一般都互致问候，脱帽鞠躬，稍微低头，眼睛向下，表示诚恳、可亲。初次见面，互相鞠躬，互换名片，一般不握手。行礼时双手平摊膝前，同时表示问候。没有名片就自我介绍姓名、工作单位和职务。如是老朋友或比较熟悉，就主动握手，甚至拥抱。若遇女宾，女方主动伸手就可握手，但不应用力或久握。遇到年长者亦然。日本人十分重视礼节，每日鞠躬很多次，特别是妇女，温柔体贴，对他人很尊重。日本人平时见面最常见的语言是“您早”“您好”“再见”“请休息”“晚安”“对不起”“拜托您了”“请多关照”“失陪了”等。

在日本，“先生”不是随便称呼的。就狭义而言，它是指教育者（教授、讲师、教员、师傅）和医生；就广义而言，则是对年长者、国家与地方领导人及有特殊技术者才能的尊称。即使被称为“先生”，也应有受之有愧的表示，否则会给人傲慢的感觉。对于普通的人，一般都不称“先生”，只要在其姓名后加上职称即可，等于我们通常称呼“小张”或“老王”的意思。

日本人相互见面多以鞠躬为礼。比较熟悉的人见面互相鞠躬以两三秒钟为宜；如果遇见好友，腰弯的时间要稍长些；在遇见社会地位比较高的人和长辈的时候，要等对方抬头以后再把头抬起来，有时候甚至要鞠躬几次。他们在社交场合上也施握手礼。日本的乡村礼节礼仪方式也较多，女子在送亲友告别时，一般多施跪礼（即屈膝下跪）；男子的告别礼是摇屐礼（即手持木屐在空中摇动）。日本虾夷族（阿伊努）人相会的礼节是先双手合十，然后缓缓举向额前，掌心向外，男拍胡须，女拍上唇，再相互握手。

（二）款待与馈赠

日本商人经常邀请他们的商业伙伴赴宴，宴席几乎总是设在日本饭店或夜总会里，十分丰盛，往往要延续好几个小时。

在私人家里招待客人是难得的事。如果真去日本人家里做客，那么一踏进门就要先脱下帽子手套，然后脱下鞋子。按习惯，要给女主人带上一盒糕点或糖果，而不是鲜花。

如果日本人送你礼物，要对他表示感谢，但要等他再三坚持相赠后再接受。收受礼物时要用双手接取。礼物要用色彩柔和的纸包装好，不用环状装饰结。他们特别喜欢白兰地酒和冻牛排。成双作对的礼物被认为是好运的兆头，所以衬衫袖口的扣子和配套成对的钢笔和铅笔这类礼物特别受欢迎。任何东西不能送 4 件，因为日文中的“4”字发音与“死”字相同。

（三）一般礼仪

日本有进屋脱鞋的习惯，但若是西方式的住房就可以不必脱鞋。所以在日式酒店或餐厅，需要穿着清洁的鞋袜。

一般公共场所均禁烟，只能在放置有烟灰缸的指定吸烟区或标有“吃烟所”的地方吸烟。行走时不能吸烟，在某些地方行走吸烟会被罚款。

温泉酒店均禁止穿着泳衣进入公用浴池。在进入公用浴池前，要在休息室内宽衣，将衣服放在筐子里面，围上备用毛巾进入浴池。入浴的方式是：先坐在花洒前的小凳上将身体洗干净；如果没有花洒，可用小浴盆装水洗干净身体后入浴。

与日本人约会要提前 5～10 分钟到达，不能失约。有事拜访应事先通知，贸然登门被视为极不礼貌的行为。

二、信仰、喜好与禁忌

（一）信仰

日本人的主要宗教为神道教和佛教。

（二）喜好

日本人喜欢白色和黄色，认为黄色是阳光的颜色，给人以生存的喜爱和安全感。喜欢乌龟和仙鹤，认为是长寿的象征。喜爱樱花，视樱花为本民族的骄傲，把樱花作为勤劳、勇敢和智慧的民族精神的象征。日本人对奇数颇为偏爱，认为奇数是可以给人带来幸福和财富的数字，在庆祝节日、结婚典礼、婴儿起名等喜庆活动中，都用奇数进行庆贺。

（三）禁忌

日本人不喜欢紫色，认为紫色是悲伤的色调；最忌讳绿色，认为绿色是不祥之色。日本人忌讳“4”，因为日语中“4”和“死”的发音相似，很不吉利；他们对送礼特别忌讳“9”，会误认你把主人看作强盗。还忌讳 3 个人一起合影。他们认为中间的人被左右两人夹着，这是不幸的预兆。

日本人对送花有很多忌讳：忌讳赠送或摆设荷花；在探望病人时忌用山茶花、仙客来花及淡黄色和白色的花，因为山茶花凋谢时整个花头落地，不吉利；仙客来花在日文中读音为“希苦拉面”，而“希”与日文中的“死”发音类同；日本人对菊花或装饰花图案的东西有戒心，因为它是皇室家庭的标志，一般不敢也不能接受这种礼物或礼遇。

日本人对装饰有狐狸和獾图案的东西很反感，认为狐狸“贪婪”和“狡猾”，獾“狡诈”。他们还很讨厌金、银眼的猫。认为见到这样的猫，会丧气。他们忌讳触及他人的身体，认为这是失礼的举动。他们忌讳重复使用盛过东西的容器；忌讳在洗脸水中再加热水；忌讳晚上剪指甲；忌讳洗过的东西晚上晾晒；忌讳睡觉或躺卧时头朝北（据说停尸才头朝北）。日本人对朋友买的东西，一般不愿问价钱，因为这是不礼貌的，同样若评价对方买的东西便宜，也是失礼的。因为日本人不愿让对方认为自己经济实力差，只会买便宜货等。

三、饮食习惯

日本的饮食包括日本固有的“日本料理”，从中国传去的“中华料理”，从欧洲传去的“西洋料理”等。日本人一般不吃肥肉和猪内脏；也有人不吃羊肉和鸭子。

日本的特殊地理环境决定了他们独特的饮食习惯，“日本料理”的最大特点就是以鱼、虾、贝类等海鲜品为烹饪主料，或热吃，或冷吃，或生吃。他们的主食是大米，其他的主要粮食有小麦、小米、玉米、荞麦、糯米、大豆、小豆、甘薯等。这些主要粮食有的做成蒸饭、煮饭、稀粥、杂烩粥、炒饭、豆沙饭团、粽子等；有的则做成米粉团、年糕、面包、烤饼、面条、馒头等。他们逢年过生日总喜欢吃红豆饭，以示吉祥。他们很喜欢酱和酱汤，因为含有大量的蛋白质和铁质，且容易消化，适于老年人和病人食用，同时也是日本人家庭中不可缺少的食物之一。

日本人使用筷子有很多忌讳：忌把筷子直插饭中，认为这有供奉死者的含义；忌用舌头舔筷子，认为这样极不雅观；忌用筷子穿、插着食物吃，认为这不该是饭桌上应有的举动；忌用筷子从菜中扒弄着吃，认为这是一种不良习气，被视为缺乏礼教；忌用筷子动了一个菜不吃，又动另一个菜，认为这种挑剔的举止会让人耻笑；忌把筷子跨放在碗碟上面，认为这会令人联想起不幸的事情；忌以筷子代牙签剔牙，认为这样既不卫生，又会使人作呕；忌扭转筷子，用嘴舔取粘在筷子上的饭粒，认为这是一种坏毛病，是没出息的表现；忌拿筷子在餐桌上游找食物，认为这是缺乏教养的表现；忌用同一双筷子让大家依次夹拨食物，认为这样会使人联想起佛教火化仪式中传递死者骨殖的场面。

日本人在饮食中礼仪忌讳也颇多：招待客人忌讳将饭盛过满过多，也不可一勺就盛好一碗；忌讳客人吃饭一碗就够，第二碗也应象征性地再添点，因为只吃一碗，他们认为是象征无缘；忌讳用餐过程中整理自己的衣服或用手抚摸、整理头发，因为这是不卫生和不礼貌的举止。

日本人在饮食嗜好上有以下特点。

(1) 注重：讲究菜肴质精量小，注重菜品的营养价值。

(2) 口味：一般口味不喜太咸，爱甜、酸和微辣味。

(3) 主食：习惯以米饭为主食。对炒饭、赤豆饭、什锦炒饭、八宝饭、小笼包、水饺、汤面、炒面等都很感兴趣。

(4) 副食：爱吃鱼类，尤为爱吃生鱼片；他们喜食牛肉、野禽、蛋类、虾、蟹、瘦猪肉；也爱吃紫菜、海带、青菜、茄子、白菜、黄瓜、萝卜、竹笋、芹菜、西红柿、菠菜、豆芽、青椒、菜花、洋白菜、鲜蘑、木耳和豆腐等；调料喜用生姜、白糖、芝麻、酱油等。

(5) 制法：对凉拌、煎、炒、蒸、炸、串烤等烹调方法制作的菜肴偏爱。

(6) 中餐：喜爱中国的京菜、沪菜、粤菜和不太辣的川菜。

(7) 菜谱：很欣赏凉拌海蜇、口蘑锅巴汤、生煸草头、糟溜鱼片、冬瓜盅、蟹肉鲜菇、鲜笋肉丝、芙蓉鸡脯、炒山鸡片、蚝油牛肉、青豆虾仁、干烧鲳鱼、软炸鸡、北京烤鸭、咕噜肉等风味菜肴。

(8) 水酒：对中国的绍兴酒、茅台酒极感兴趣；一般人都爱饮绿茶、红茶和香片花茶。

(9) 果品：偏爱哈密瓜、白兰瓜、西瓜、柑橘、苹果、梨、葡萄、香蕉、菠萝、桃、杏、草莓等；爱吃核桃、杏仁、腰果等干果。

四、其他风俗

在日本，很多街道没有名字，迷路了可求助于警察。市区的公共汽车路线四通八达，而坐出租车费用很高。在日本不流行付小费，如果拿不准，就不要给小费。付小费应把钱放在信封里或用纸巾包裹着，日本人认为收现钞是一件很难堪的事。

各个国家由于文化背景和生活习惯不同，手势表达的意思也不同，中国人伸出大拇指表示称赞，有“顶呱呱”的意思，而对日本人来说，这个动作表示骂他“你这个老爷子”，毫无赞赏之意；在中国伸出小拇指表示“差劲、落后”之意，而在日本则指“女朋友”。

印度的礼俗风情

一、礼节礼仪

（一）称谓与问候

印度人相互见面的礼节，有合掌、举手示意、拥抱、摸脚、吻脚。一般两手空着时，口念敬语“纳马斯堆”，同时要施合掌礼。合掌时，对长者宜高，两手至少要与前额相平；对晚辈宜低，可齐于胸口；对平辈宜平，双手位于胸口和下颌之间。若一手持物，则口念“纳马斯堆”，同时要举右手施礼。对于长辈，或对某人表示恳求时，则施摸脚礼（即用手摸长者的脚，然后再用手摸一下自己的头，以示自己的头与长者的脚相接触）。摸脚跟和吻脚礼是印度的最高礼节。印度东南部的一些少数民族与客人相见时，总把自己的鼻子和嘴紧紧贴在对方的面颊上，并用力吸气，嘴里还要叨念着“嗅一嗅我”，以示其对客人的崇敬。印度安达曼群岛上的森蒂耐尔人，在与久别挚友重逢时，双方要交替互坐膝头，并热烈地拥抱数分钟，以表示相逢后的喜悦心情。印度伊斯兰教徒的见面礼节是按其传统宗教方式，用右手按胸，同时点头，口念“真主保佑”。现代在社交场合上的印度男人们，也开始运用握手礼节了，但印度妇女除在重大外交场合外，一般与不与男人握手。见面与分别时，男人与男人握手。如被引见妇女，男人不与她握手而应双手合十，微微弯腰。男人不能触碰女人，在公共场所不能与单身女人说话。

（二）款待与馈赠

虽然正统的穆斯林妇女通常不与男人见面，但如果邀请男人参加社交活动时应邀请他们携夫人同来。来到印度人家里时，主人会给你戴花环，你应马上把它取下来以示谦让。做客时可以带水果和糖果作为礼物，或给主人的孩子们送点礼品。

（三）一般礼仪

正统的锡克教信徒头戴包头巾，不抽烟，不吃牛肉并且不剪头发。

进入印度人的住所要脱掉鞋子。

印度人喜欢谈论他们的文化业绩、印度的传统、有关其他民族和外国的情况。与印度人交谈时，不应谈及个人私事、印度的贫困状况、军事开支及大量的外援。

二、信仰、喜好与禁忌

（一）信仰

在印度，印度教徒和穆斯林分别占总人口的80.5%和13.4%。

（二）喜好

印度人认为红色代表生命、活力、朝气和热烈，蓝色表示真诚，黄色表示光辉壮丽，绿色代表和平、希望，紫色表示心境宁静。牛在印度教徒眼中被视为神圣不可侵犯的，称为“圣牛”。在印度，牛可以到处自由游荡，任何人不得伤害它们，牛奶更是圣洁之物。印度人一般不用牛皮鞋和牛皮箱，进入印度教的寺庙时，身上决不可穿着取材于牛的衣物或配饰。

（三）禁忌

印度教徒忌讳白色，认为白色表示内心的悲哀，习惯用百合花当作悼念品。他们忌讳弯月的图案。他们把1、3、7视为不吉利的数字，所以总要设法避免这些数字的出现。他们忌讳左手传递东西或食物，接受或传递食品时，一定要用右手，也不愿见到有人使用双手与他们打交道。印度阿萨姆邦的居民，对来访客人不接受品尝他们敬让的槟榔果是极为不满的，认为这样是对主人的不友好和不信任。

三、饮食习惯

由于印度南部气候炎热，当地人一般口味重，嗜好辛辣食物，北部印度人的口味相对就轻多了。印度是个香料之国。印度菜的烹调也极重视对香料的运用，主要调料就有十几种，几乎做每种菜肴都离不开。印度北部人烹制羊肉和家禽最为拿手，一般的炮制方法是将鸡肉、羊肉或其他肉类切成小块，腌好后用铁签串起来挂在壁炉内，用火烘烤制熟。印度人喝茶的方法别具一格，一般都是把茶斟入盘中，用舌头舔饮。他们一般都不爱喝汤，认为任何一种汤都无法与无色无味、冰凉爽口的白开水相比。他们喜欢吃中餐，喜欢分餐制，不习惯用刀叉和筷子，一般用手抓食。

印度人不爱吃蘑菇、笋、木耳、面筋、烤麸等，也不喜欢旺火爆炒的菜肴。

印度人在饮食嗜好上有如下特点。

（1）注重：喜欢分餐进食，注重菜品酥烂。

（2）口味：不喜太咸，偏爱辣味。

（3）主食：以米饭为主，对面食中的饼类也颇感兴趣。

（4）副食：爱吃鸡、鸭、鱼、虾和羊肉；喜欢西红柿、洋葱、菜花、鸡蛋、豌豆、土豆、圆白菜、菠菜、茄子等；调料喜用黑茴香、黑芥末子、黑胡椒、小豆蔻、丁香、咖喱汁、玉桂枝、芫荽、辣椒粉、茴香、豆蔻皮、姜、玫瑰香精、黄豆粉等。

（5）制法：对炸、烤、烩、烧、煮等烹调方法制作的菜肴偏爱。

（6）中餐：喜爱中国的粤菜、苏菜。

（7）菜谱：很欣赏咖喱鸡、糖醋鳜鱼、烤鸭、干炸明虾、烩鸡丝、红烧茄子、糖醋里脊、青椒鸡丝、炒辣椒、黄油炒豌豆、鸡火煮干丝、番茄鱼片等风味菜肴。

（8）水酒：印度教徒、锡克教徒、伊斯兰教徒均戒酒，喜爱咖啡、酸奶、白开水等。印度人最爱饮奶茶，有的则习惯喝加姜或小豆蔻的“马萨拉茶”。

（9）果品：爱吃香蕉、橘子、枇杷、西瓜、甜橙、番木瓜、椰子、荔枝、芒果等水果；喜欢杏仁、花生米等干果。

四、其他风俗

印度妇女喜欢在前额中间点吉祥痣，其颜色不同，形状各异，在不同情况下表示不同意思，它是喜庆、吉祥的象征。

德国的礼俗风情

一、礼节礼仪

（一）称谓与问候

德国人比较注重礼节形式。德国人在社交场合与人见面时，一般惯行握手礼。他们在握手时惯于坦然注视对方，以示友好。他们与熟人、亲朋好友相见时，一般惯施拥抱礼；情侣和夫妻间见面惯施拥抱礼和亲吻礼。他们总乐于在打招呼时对方称呼他们的头衔，特别尊重博士（Doctor）等头衔；若非对方主动提出，决不要贸然以名字相称。在与不熟悉的客人谈话时，通常称 Sie（您），书写时 S 要大写。在双方同意的基础上，才能用较亲密的 du（你），并以名字相称。但在年轻人和革新派之间一般用 du（你），表示他们不拘礼节。

（二）款待与馈赠

被邀请到德国人家里做客是一种殊荣，准时是十分必要的。如果不能赴约，应该用电话通知取消或改期。男客应带鲜花，在门厅里解开包装纸，见到女主人就献上花。不要送带有浪漫色彩的红玫瑰，切忌送十三之数与偶数的花。宴会用餐席位原则是“以右为上”，一般男士要坐在妇女和职位较高男士的左侧，当女士离开饭桌或回来时，男士一定要站起来，以表示礼貌。他们很讲究会客或宴请的地点，注重设备的豪华和现代化程度。他们还乐于在幽雅、卫生的厅堂里用餐。他们很注重衣冠的整洁。在接受任何款待之后几天内应送去表示感谢的短柬。交谈时，不要谈及棒球、篮球或橄榄球，可以谈谈德国的乡村生活、业余爱好及足球之类的体育运动。

（三）一般礼仪

德国人勤勉矜持，讲究效率，崇尚理性思维，时间观念强。在商务活动中，德国商人讲究穿着打扮。一般男士穿深色的三件套西装，打领带，并穿深色的鞋袜。女士穿长过膝盖的套裙或连衣裙，并配以高筒袜，化淡妆。不允许女士在商务场合穿低胸、紧身、透明的性感上衣和超短裙，也不允许她们佩戴过多的首饰（最多不超过三件）。与德国人打交道时，如在这些方面加以注意，会有助于赢得好感和信任。反之，则会被视为待人无礼和不自重。

香肠、火腿、土豆是德国人最爱吃的食品。他们还爱饮啤酒，但在吃饭、穿衣、待客方面都崇尚节俭。给德国人赠送礼品，务须审慎，应尽量选择有民族特色、带文化味的物品。不要给德国女士送玫瑰、香水和内衣，因为它们都有特殊的意思，玫瑰表示“爱”，香水与内衣表示“亲近”，即使女性之间，也不宜互赠这类物品。刀、剪子和餐刀、餐叉等西餐餐具送人，有“断交”之嫌，也是德国人所忌讳的。

二、信仰、喜好与禁忌

（一）信仰

德国人大多信奉基督新教和罗马天主教，另有少数人信奉东正教和犹太教。

（二）喜好

德国人最爱蓝色的矢车菊，并视之为国花，用以启示人们小心谨慎、虚心学习。他们还认为矢车菊象征日耳曼民族爱国、乐观、俭朴等特征。他们对白鹳倍加喜爱，并视其为国鸟。人们还把白鹳在屋顶筑巢看成吉祥之兆。

（三）禁忌

德国人忌讳“13”和“星期五”。认为“13”是厄运的数字，如“13”与“星期五”在同一日，就更为不吉利。他们认为核桃是不吉祥之物。他们忌讳四人交叉握手，认为这是不礼貌的做法。他们忌讳蔷薇、菊花，认为这些花是为悼念亡者所用的，因此，是不能随意作为礼品送人的。他们忌讳他人过问自己的年龄、工资、信仰、婚姻状况等问题，认为这些都是个人的私事。

德国人不喜欢听恭维话。他们认为过分的恭维实际上是对人的看不起，甚至是对人的污辱。他们忌讳在公共场合窃窃私语（夫妻和恋人间除外），因为这容易引起他人的疑心。忌讳用目光盯视他人，认为这有不轨之嫌。他们忌讳交叉式的谈话，认为这是不礼貌的。他们对红色和掺有红色或红黑色相间的颜色都不感兴趣。

三、饮食习惯

德国人注重摄取维生素，也吃些蔬菜，但比起对肉类的兴趣来，那可就差多了，大餐的主食大多为炖或煮的肉类。除北部沿海地区外，大多数人不习惯吃鱼。他们有个特有的饮食风俗，就是吃鱼不准说话，这恐怕是怕鱼刺扎嗓子或其他原因。他们对早餐、午餐较为重视，早餐不喜欢喝牛奶，爱喝咖啡或可可茶，晚餐较为简单，一般都是香肠或火腿吐司。他们用餐时喜欢关掉电灯，只点些小蜡烛，在幽暗的烛光下促膝谈心、进餐饮酒。

德国人用餐时讲究餐具的使用，宴请宾客时，桌上要摆满酒杯、刀叉、盘碟。德国人习惯不同的酒使用不同的酒杯，吃鱼的刀叉不能用来吃肉和奶酪等。

德国人在饮食嗜好上有如下特点。

（1）注重：讲究菜肴与酒的搭配，注重菜肴质量要精。

（2）口味：一般不喜太咸，爱酸、甜味道。

（3）主食：以面食为主，很爱吃蛋糕和巧克力点心等。

（4）副食：爱吃鸡、鸭、蛋类、牛肉、猪肉、香肠、火腿及火鸡、鹿肉等；喜欢土豆、洋葱、胡萝卜、青豆、豌豆、西红柿、豆苗等；调味品爱用胡椒面、芥末、番茄酱、味精等。

（5）制法：对红烧、煎、煮、清蒸等烹调方法制作的菜肴偏爱。

（6）中餐：喜爱中国的京菜、鲁菜、苏菜。

（7）菜谱：很欣赏什锦拼盘、叉烧肉、北京烤鸭、奶油黄瓜、香酥鸡、中式牛排、咕噜肉、烩果羹、汾酒牛肉、灌肠、拔丝苹果、冬瓜盅等风味菜肴。

（8）水酒：喜欢酒，而最喜欢的是啤酒；爱喝咖啡、可可、牛奶、红茶等饮料。

（9）果品：喜欢吃荔枝、苹果、巴梨、香蕉、瓜类等水果；爱吃花生米、腰果等干果。

四、其他风俗

德国人认为谁在路上遇到烟囱清扫工，便预示着一天都会交好运。据说这一说法源于过去清扫工为居民清扫烟囱，避免了一些灾祸。这样，烟囱清扫工也就成了给人们带来幸福的人。

俄罗斯的礼俗风情

一、礼节礼仪

（一）称谓与问候

俄罗斯人在社交场合与客人见面时，一般惯行握手礼。拥抱礼也为他们常见的一种礼节。他们还有行吻礼的习惯，但对不同人员，在不同场合，所行的吻礼也有一定的区别。一般朋友之间，或长辈与晚辈之间，以吻面颊者为多，不过长辈对晚辈以吻额为更亲切和慈爱。男子对特别尊敬的已婚女子，一般多施吻手礼，以示谦恭和崇敬之意。吻唇礼一般只是在夫妇或情侣间流行。朋友之间见面问候时常拥抱和亲吻面颊，总要相互问好并道："早安""日安"或"晚安"。言谈中"对不起""请""谢谢"时常"挂在嘴边"。他们在待客中，常以"您"字表示尊敬和客气；而对亲友则往往用"你"字相称，认为这样显得随意，同时还表示出对亲友的亲热和友好。他们外出时，总习惯衣冠楚楚，衣扣要扣得完整。

（二）款待与馈赠

应邀去俄罗斯人家里做客时可带上鲜花或烈性酒，女主人对来访客人带给她的单数鲜花是很欢迎的；男主人则喜欢高茎、艳丽的大花。除此之外，送艺术品或图书作礼品是受欢迎的。他们时间观念很强，对约会总习惯准时赴约。

（三）一般礼仪

俄罗斯人对妇女颇为尊敬。“女士优先”在他们的国家里很盛行。

决不能在街上丢弃任何东西，连一张过期的电影票也不行。这种行为有损俄罗斯的整洁，而且是违规的。

二、信仰、喜好与禁忌

（一）信仰

俄罗斯主要宗教为东正教，其次为伊斯兰教。

（二）喜好

他们对马怀有特殊的感情，认为马能驱邪，会给人带来好的运气。故有不少农民非常喜欢把马头形的木雕钉在屋脊上，以示吉祥，求得四季平安。他们一般都偏爱“7”，认为“7”预兆会办事成功，“7”还可以给人们带来美满和幸福。他们喜欢红色，把红色视为美丽和吉祥的象征。他们很讲究餐桌陈设的艺术性，认为美好的餐台设计会让人心情愉悦，并有增进人们食欲的作用。由于受地理环境的影响，他们一般都怕热不怕冷，夏天尤其喜欢带有空调设备的餐厅。

（三）禁忌

他们有“左主凶右主吉”的传统思想观念，认为左手握手或左手传递东西及食物等，都属于一种失礼的行为。他们忌讳数字“13”，认为“13”是个凶险和预示灾难的数字。他们对兔子的印象很坏，认为兔子是一种怯弱的动物，若看到兔子从自己眼前跑过，那便是一种不祥的兆头。他们忌讳黑色，认为黑色是丧葬的代表颜色。因此，他们对黑猫更为厌恶，并视黑猫从自己面前跑走为不幸的象征。

俄罗斯人在饮食上，一般都不吃乌贼、海蜇、海参和木耳等食品；还有些人对虾和鸡蛋不感兴趣。境内的鞑靼人忌吃猪肉、驴肉和骡子肉。境内的犹太人不吃猪肉，不吃无鳞鱼。

三、饮食习惯

俄罗斯人总的饮食特点是菜汤加稀粥，餐餐上饭桌，菜肴、小吃、饮料丰富多彩。他们主食普遍偏爱面食；肉类偏爱牛肉；蔬菜偏爱白菜、蘑菇；饮料偏爱格瓦斯；酒类偏爱伏特加；水果偏爱苹果；干果偏爱葡萄干。

俄罗斯各民族的饮食嗜好各不相同：俄罗斯人爱吃黑麦面包、黄油、酸牛奶、酸黄瓜、咸鱼等食品；喜欢用盐来招待客人，常用面包夹盐待客，以示热情和礼貌。鞑靼人以烤面饼、抓饭、面条、馅饼等为主食，以牛奶、羊奶、马奶为饮料。境内的巴什基尔人主要吃奶、肉和面粉制品，也吃土豆、蔬菜；爱吃酸面包、无盐面包、面片抓肉丝、马肉香肠等；喜欢酸乳、马奶酒和茶，茶中喜欢加些奶。莫尔多瓦人爱吃油煎薄饼、奶渣饼、馅饼、麦粥、豌豆和白菜，喜欢喝蜜制啤酒。俄罗斯境内的犹太人只吃反刍的、有分趾蹄的动物，如牛、羊肉等。

俄罗斯人一般对晚餐要求较为简单，对早餐、午餐较为重视，一般用餐时间都习惯拖得很长，并且以吃俄式西餐为主，大多都使用刀叉用餐，也有个别人习惯用手抓饭吃。他们对中餐极为欣赏，一般都乐于品尝不同风味的菜肴。

俄罗斯人在饮食嗜好上有如下特点。

（1）注重：讲究餐台设计，注重菜品要量大、实惠。

（2）品味：一般以咸、甜、酸、辣、油大为适口，天热时吃菜喜欢清淡些。

（3）主食：以面制品的烤食为主。

（4）副食：喜欢猪肉、羊牛肉、禽类、蛋类和鱼、虾等水产品；白菜、西红柿、黄瓜、胡萝卜、圆白菜、生菜、豌豆、洋葱、紫菜头、蘑菇、土豆是他们常用的蔬菜；调料爱用橄榄油、番茄酱、鱼子酱、月桂叶、丁香、番红花、茴香籽、胡椒、醋、酱油、芥末、味精、姜、葱、蒜等。

（5）制法：对炸、煎、炒、烤、焖、煮、烩等烹调方法制作的菜肴偏爱。

（6）中餐：对中国的京菜、粤菜、川菜推崇。

（7）菜谱：很欣赏什锦拼盘，冬瓜盅、糖醋鳜鱼、辣子鸡丁、干炸肉卷、脆皮鸡、砂锅白肉、蟹肉鲜菇、酱肘子、煎鲳鱼、北京烤鸭、香酥鸡、鱼香肉丝、酱爆鸡丁等风味菜肴。

（8）水酒：由于受地理环境的影响，特别爱喝烈性酒，而且酒量都偏大，一般人爱喝伏特加，也愿意喝啤酒、中国的白酒；喜欢喝的饮料有柠檬汁、红茶、可可、咖啡、橘子汁等。

（9）果品：爱吃苹果、梨、草莓、蜜桃等水果，喜欢葡萄干、核桃、花生米等干果。

四、其他风俗

俄罗斯人对盐十分崇拜，并视盐为珍宝和祭祀用的供品，认为盐具有驱邪除灾的力量。如果有人不慎打翻了盐罐，或是将盐撒在地上，便认为是家庭不和的预兆。为了摆脱凶兆，他们总习惯将打翻在地的盐拾起来撒在自已的头上。

埃及的礼俗风情

一、礼节礼仪

（一）称谓与问候

埃及人与宾朋相见或送别时，一般都惯以握手为礼，或施拥抱礼。此外，时兴亲吻礼，并有多种亲吻礼节："亲吻礼"有男女间亲昵性的亲吻、抚爱性亲吻、敬重性亲吻、崇敬性亲吻。"亲手礼"往往是对恩人的亲吻礼的另一种形式。"飞吻"是情人间的一种亲吻礼。"亲脸"多是妇女们相见时的一种礼节，即先亲右颊，后亲左颊，若亲戚或关系密切者，再亲一下右颊；男人间也亲吻，不过他们是先亲左颊，再亲右颊，若亲戚或关系密切者，再亲一下左颊。

（二）款待与馈赠

社交活动的时间通常比较晚，晚餐可能要在10：30或更晚一些时候。应邀去吃饭时，习惯要带鲜花或巧克力作礼物。递送或接受礼物时要用双手或右手，切忌用左手。招待埃及客人时，一定要备有非酒类饮料。吃饭时不能把盘子里的食品吃光，这被认为是不礼貌的。

（三）一般礼仪

埃及人认为，在生意成交之前建立友谊和信任是很重要的。

进入清真寺之前要记住脱掉鞋子。

通常在埃及人面前尽量不要打哈欠或打喷嚏，如果实在控制不住，应转脸捂嘴，并说声"对不起"。埃及人讨厌打哈欠，认为哈欠是魔鬼在作祟。

二、信仰、喜好与禁忌

（一）信仰

伊斯兰教为国教，信徒主要是逊尼派，占总人口的84%，科普特基督徒和其他信徒占16%。

（二）喜好

埃及人最喜爱被其称为"吉祥之色"的绿色与"快乐之色"的白色。在数字方面，"5"与"7"深受埃及人的青睐。在他们看来，"5"会带来吉祥，"7"则意味着完美。埃及人十分热爱莲花。他们不仅将其称作"埃及之花"，而且还正式将其定为国花。埃及人以猫作为本国国兽。他们认为，猫是神圣的精灵，是女王在人间的象征，同时也是幸运的吉祥物。埃及人还很喜欢美丽华贵的仙鹤，认为它代表着喜庆与长寿。

（三）禁忌

埃及人在吃饭时，一般都不与人随意交谈。他们认为边谈话边吃饭会浪费粮食，是对“安拉”的不敬。他们忌讳黑色与蓝色，把这两种颜色看成是“不祥”的色彩。因此，他们常把蓝天说成是绿色的。埃及人还忌讳黄色，认为黄色为叛逆、嫉妒、怀疑、不信任、色情、忧郁、缺乏理智的代表色。埃及人不喜欢大熊猫，他们认为大熊猫的样子与猪的形象很近似。他们忌讳左手传递东西或食物。埃及人认为“右比左好”，右是吉祥的，做事要从右手和右脚开始，握手、用餐、递送东西必须用右手，穿衣先穿右袖，穿鞋先穿右脚，进入家门和清真寺先迈右脚。他们用左手与他人握手或递东西是极不礼貌的，甚至被视为污辱性的。他们忌讳称赞女人窈窕，否则会招来对方的斥责，因为他们认为体态丰庚才算美。他们忌讳当众吐唾沫，因为在他们看来，吐唾沫是对仇人的诅咒举动。

三、饮食习惯

由于受宗教的影响，埃及人用餐惯用手抓饭取食。埃及人喜欢品尝冷盘风味菜、带馅的菜，以及奶油烧制的菜肴。他们在闻风节时，特别喜欢吃鸡蛋。他们认为在此期间吃鸡蛋预兆着吉祥，不吃眼睛就会凸出来。他们对蔬菜中的生菜尤为偏爱，认为它象征着春天的葱绿，人吃了会强壮身体、促进生育。对中国菜肴非常喜欢，认为中国的烹饪技术在世界上堪称一流。

他们不吃海参、蟹等怪状海味品；对动物内脏，除肝可以吃外，其余均不吃。埃及人还不吃红烩带汁和没熟透的菜；他们也不喜欢吃整鱼和带刺的鱼。

埃及人在饮食嗜好上有如下特点。

（1）注重：讲究菜肴的香、脆，注重菜品的质量和花色。

（2）口味：一般偏浓重，喜麻辣味道。

（3）主食：以面为主，有时也吃米饭。

（4）副食：爱吃牛肉、羊肉、鸡、鸭、鸽、蛋品；喜欢生菜、豌豆、洋葱、黄瓜、南瓜、茄子、西红柿、卷心菜、蚕豆、辣椒、萝卜、马铃薯等蔬菜；常用调料有盐、胡椒、辣椒、豆蔻、咖喱和番茄酱等。

（5）制法：对煎、烤、炸等烹调方法制作的菜肴偏爱。

（6）中餐：喜爱中国的鲁菜、京菜、川菜、粤菜。

（7）菜谱：很欣赏冷拼盘、酸黄瓜、香酥鸭子、洋葱炒牛肉丝、奶油煨菜心、辣子鸡、咖喱牛肉片、烤鸭、咖喱牛肉、炸丸子、炸八块、鸡清汤等风味菜肴。

（8）水酒：虽说忌饮酒，但不戒啤酒；他们喜欢喝酸牛奶、咖啡、红茶、果汁、矿泉水、凉开水等。

(9) 果品：喜欢吃苹果、桃、橘子、荔枝、哈密瓜、西瓜以及香蕉等水果，爱吃腰果等干果。

四、其他风俗

针是缝衣的工具，几乎是家家必备的日常用品，但在埃及人的心目中却有几分神秘的色彩。每天下午3～5点，埃及人决不卖针，这已成为他们生活中的一条不成文的戒律。据传说，每天的这段时间里，有天神下凡赐给人们一些生活必需品，但天神要亲自体察人们各自的境遇。越富有的人，得到的赏赐会越多；越贫穷的人，得的赏赐则越少。而穷人整天总是穿针引线，缝缝补补，为了使穷人得到的赏赐多一些，免于窘困终身，人们在这个时候绝不卖针。在这个神话传说的影响下，埃及的一些人甚至连夜晚也不敢做针线活，认为夜晚做针线活会给自己的母亲带来灾祸。农村里有些妇女把借针看作忌讳之事，在非借不可时，出借人要把针插在面包里递给借针人，借针人也不敢当面用手把针取出来。针有时也成为一些妇女相互对骂的口头语，如果一个妇女被人骂作针，那她便会感觉受了奇耻大辱。

如今，针在埃及人的心目中仍有其独特的、传奇般的地位，对针的忌讳也沿袭下来，成为埃及民间的一个习俗。

荷兰的礼俗风情

一、礼节礼仪

（一）称谓与问候

荷兰人在官方场合与客人相见时，一般惯行握手礼，见面时要与在场的人一一握手，包括孩子；与一般朋友相见时，大多惯施拥抱礼；在与亲密好友相见时，有人也行吻礼（一般是亲吻双颊）；正式信函来往要用头衔称号，在其他情况下的信函可以不拘形式。

（二）款待与馈赠

送鲜花、巧克力或类似的礼物是当地的习俗。新颖别致的礼物最受欢迎，礼物都要精心包装。喝酒时，在喝第一口酒之前或之后进行祝酒。

（三）一般礼仪

荷兰出租车司机不收小费。

荷兰人的家具、室内装饰闻名于世，所以荷兰人喜欢别人恭维他们的家具、艺术品、地毯和家中摆设。谈话时避免谈论钱和物价，比较受欢迎的谈话内容包括政治、旅行和体育。

荷兰人的时间观念很强。他们对各种社交活动都很重视，对约会讲究信义，并有准时赴约的好习惯。

荷兰人在交谈时，不喜欢交叉式谈话，女子入座时，双腿要并拢；男子就座时也不宜抖腿。

二、信仰、喜好与禁忌

（一）信仰

荷兰人信奉的宗教主要为天主教和新教，本土居民中23.7%信奉天主教，15.5%信奉新教，10.6%信奉佛教、伊斯兰教等其他宗教，50.2%无宗教信仰。

（二）喜好

荷兰人把风车视为国宝。风车既是排水、磨面和锯木加工的工具，又是具有观赏价值的特殊工艺品，还是用以传递各种不同信息和感情的特殊机器：若把风车摆成十字形，表示这部风车正在等待顾主上门；若出殡的行列经过风车时，风车会立即停止转动，以示哀悼。每年五月份的第二个星期六是“风车日”，全国所有的风车都会启动旋转，以供游人观赏。荷兰人酷爱鲜花，对宴会中摆设鲜花是极为欣赏的。无论在城镇或街头，到处可见艳丽多姿的各种鲜花。荷兰人最爱郁金香，并喻其为国花，人们不仅用它来作装饰品，而且是表示友情的最好赠礼花。荷兰的阿尔克马城男人最喜欢蓄胡须，人们都以蓄胡须为美为荣，一般胡须都呈英文字母V字形，以示男子气概。反之，不蓄胡须的男子到此城，极容易受到当地居民的歧视。荷兰人在赞赏他人“很有头脑”之时，常以手指敲太阳穴来表示。

（三）禁忌

他们忌讳“13”“星期五”，认为“13”象征着厄运，“星期五”象征着灾难。他们忌讳交叉式握手和交叉式的谈话，认为这些都是极不礼貌的举止。荷兰的古城史塔荷斯特被视为“神秘的女人村”，这里的妇女对现代化设施、器械以及社会风尚都很反感，甚至表示憎恶。另外，还特别忌讳别人对她们的拍照。

荷兰忌讳有人询问他们的宗教信仰、工资情况、婚姻状况、个人去向等问题。认为私人事宜不需要他人过问。他们喝咖啡忌讳一杯倒满，视倒满为失礼的行为和缺乏教养，认为只有倒到杯子的三分之二处才合适。

三、饮食习惯

荷兰人对早餐、午餐要求简单，重视晚餐，一般他们在餐前都习惯喝些饮料。他们用餐习惯使用餐巾；餐桌上要有调味品。他们的国菜不是山珍海味，而是胡萝卜、土豆和洋葱混合烹调而成的“大烩菜”。据说这是为了纪念前人的难忘历史，故被誉为国菜。

荷兰人在饮食嗜好上有如下特点。

（1）注重：讲究菜肴嫩滑清爽，注重菜多、量足、质高。

（2）口味：一般不喜太咸，爱甜、酸味道。

（3）主食：以面食为主，也爱吃米饭。对奶油炒饭、什锦炒饭、银丝卷、炒面等都极感兴趣。

（4）副食：爱吃猪肉、羊肉、牛肉、鸡、火腿、腊肠、奶酪、鸡蛋等；蔬菜喜欢圆白菜、土豆、西红柿、洋葱、胡萝卜、豌豆、辣椒等；调味爱用精盐、胡椒粉、番茄酱等。

（5）制法：对煎、炸、烧、炒等烹调方法制作的菜肴偏爱。

（6）中餐：喜爱中国的苏菜、粤菜。

（7）菜谱：很欣赏拌生菜、烤乳猪、茄汁对虾、松鼠鳜鱼、炸虾排、烤羊肉串、金钱炸虾盒、锅烧鸡、叉烧肉、炸鱼饼、咕噜肉、蛋花酸辣汤等风味菜肴。

（8）水酒：爱喝啤酒；对汽水、酸牛奶等饮料也非常喜欢；茶类中对红茶比较偏爱。

（9）果品：爱吃葡萄、苹果、菠萝、柠檬、柑橘等水果；爱吃杏仁、核桃、葡萄干等干果。

四、其他风俗

荷兰居民中76.8%是荷兰族，他们在婚恋生活中保持了许多传统而奇特的习俗。求婚是一件相当浪漫的事情，荷兰人在这方面很富有诗意，当女儿到了婚嫁年龄时，家长便在女儿卧室的窗台上，放置一盆色彩鲜艳的玫瑰花，示意青年男子可以前来求婚。

依照荷兰人的传统，青年男女订婚时，新郎要送新娘一双木鞋，这一传统流行至今已有几百年的历史。木鞋用整块木头雕成，厚底硬边，削成尖尖的头，涂上艳丽的色彩，朴拙可爱又防潮。

男青年有意向一位姑娘求爱时，先要敲开姑娘的家门，等姑娘的父母出来时，便请姑娘的父母为他点燃一根雪茄，姑娘的父母便对青年提出各种问题，以考察他的品行和能力；当他再次要求点燃一根雪茄时，即可给他一个十分明确的答复。

马来西亚的礼俗风情

一、礼节礼仪

（一）称谓与问候

马来西亚在社交场合同客人见面时，一般是行握手礼。男人与男人见面时通常握手，而在男人与马来西亚妇女之间则稍稍弯腰或点头招呼更为适宜，特别是对老一代的马来西亚妇女。年轻人见到老年人时，一般要相互紧握双手，然后再双手朝胸前作抱状，身体朝前弯下（如鞠躬）。马来西亚妇女见到男子，行礼前要先用手巾盖住手掌，再同男人的手掌相接触，然后把手伸至胸前作抱状，同时身体稍向前弯下鞠躬。这是马来西亚女人对男人的一种传统礼节方式。此外，他们还有一种奇特的行礼方式：双方见面时，要先互相朝前稍微靠拢，然后再相互伸出手掌交叉角摩，再用手从脸部由上而下轻轻一抹，再向胸前一点，与此同时彼此互相说，“愿真主保佑你”。

（二）款待与馈赠

马来西亚人对外宾一般都很热情友好。商务活动中，请客吃饭是一个重要组成部分，通常是在饭店里以午宴或晚宴招待。在穆斯林式的宴席上，千万不要用左手去触碰食物。穆斯林不吃猪肉，也不喝带酒精的饮料；印度教徒不吃牛肉。按传统习惯，马来西亚人和印度人用手取食，华裔则用筷子和汤匙。送礼的习俗也随着华裔、马来西亚人和印度人各自不同的民族文化而有所不同。但不论受礼者属于哪个族群，用左手递送礼物或马上打开礼物来看都被认为是不礼貌的。

（三）一般礼仪

马来西亚最大的族群是马来人，在进入马来人的家里或清真寺时必须脱鞋并取下太阳镜。在马来西亚的首都吉隆坡，乱扔纸屑杂物会被处以重罚。马来语是马来西亚的国语，但他们广泛使用英语，特别是在商界。

二、信仰、喜好与禁忌

（一）信仰

马来西亚人大多信奉伊斯兰教，少部分人信奉佛教、印度教和基督教等。

（二）喜好

马来西亚信奉伊斯兰教的人比较偏爱星、月图案；茶叶罐上的梅、兰、荷花和牡丹图案很受华人的欢迎；“十二生肖”图案用于购物袋及礼品包装也颇受青睐。马来西亚人大多喜欢红、橙等鲜艳色彩。黄色为王室所用，不轻易用于服装和商业包装。

（三）禁忌

马来西亚人忌讳摸头，认为摸头是对人的一种侵犯和侮辱。他们忌讳双腿分开坐和跷着“二郎腿”，认为这是极不文明的举止。他们忌讳左手递送东西或食物。认为左手是卑贱和不洁净的，使用左手是对人的极大不敬，是令人不能接受的。马来西亚的马来人认为，宾客若在主人家不吃不喝，是对主人的不尊敬，并会引起主人的反感，有的甚至会被视为不受欢迎的人。

三、饮食习惯

马来西亚人的食物一般以米饭、糕点、椰浆、咖喱为主，喜欢带有辣味的菜肴。马来西亚风味“沙嗲”（即烤鸡肉或羊肉串），是宴席必备的佳肴。他们吃中餐的兴趣似乎要比吃西餐更浓些。他们用餐一般都以手抓食，只有在西式宴会时，才偶尔用勺和叉。定居在马来西亚的华人，吃饭一般都习惯使用筷子和勺子做餐具；马来西亚的印度人吃饭一般惯用手抓饭或用勺子取食。

马来西亚人在饮食嗜好上有以下特点。

（1）注重：讲究饭菜量少质精，注重饮食及餐具的洁净卫生。

（2）口味：一般不喜太咸，爱香辣味道。

（3）主食：以米饭为主，也爱吃花卷、豆沙包、炒面、什锦饭、锅烙、馄饨等食品。

（4）副食：喜欢吃牛肉、羊肉、鸡、鸭、鱼等，也爱吃蔬菜中的黄瓜、西红柿、菜花、土豆、青椒、菠菜、豆角等；调味爱用咖喱粉、胡椒粉等。

（5）制法：对煎、炒、炸、烧、烩等烹调方法制作的菜肴偏爱。

（6）中餐：喜爱中国的粤菜、川菜。

（7）菜谱：很喜爱咕噜肉、香酥鸡、辣子鸡丁、干烧鳜鱼、番茄里脊、青椒炒肉、鲜蘑菜花、糟熘鱼片等风味菜肴。

（8）水酒：他们禁酒，喜欢红茶、咖啡及一些软饮料，尤为爱喝椰子水。

（9）果品：最爱吃槟榔果，也喜欢菠萝、椰子、木瓜、香蕉等水果；爱吃核桃、花生米等干果。

四、其他风俗

马来西亚不禁止“一夫多妻”，所以不要随便闲谈他人的家务事。

马来西亚人不喜欢别人问自己的年龄，若问年龄会被视为不礼貌。

希腊的礼俗风情

一、礼节礼仪

（一）称谓与问候

希腊人在社交场合与客人见面时，常以握手为礼，较为熟悉的朋友、亲人间还常相互拥抱。亲吻礼在希腊也较为常见。上了年纪的人很有威望，受到尊敬，对他们要用恭敬的称号并要优先招待。在初次见面或每次见面时，他们可以握手、拥抱或亲吻对方。

（二）款待与馈赠

希腊人的好客是真诚的，慷慨得惊人，有时使对方不知所措。注意不要对某样东西赞不绝口，否则主人可能会坚持把它送给你。如果你应邀去希腊人家里做客，准时赴约并非必须做到。做客时，可给女主人送鲜花或蛋糕。一天中的主餐是午饭，一般在中午至下午 2 时。

（三）一般礼仪

希腊人在高兴之时爱大笑，发怒之时也爱大笑。他们对手帕的运用很讲究，主要用在外出散步时，夹在白色的短衫中央，以表示有气派，还喜欢挥舞着手帕跳舞；妇女如果用手帕擦鼻涕，男人就可以据此离婚。他们有些表达方式很独特，如手语、头语；表示“告别”，是把手背朝向对方招手；表示“招呼别人来”，是将右手腕弯拢，朝自己胸前来回晃动；表示“不是”“没有”“不同意”，是稍向上昂头（即微微将下巴一抬），同时将眉毛一扬；他们的咋舌动作，并没有轻视人的意思，而是引起别人注意的一种信号，但对于长辈或朋友都不使用这种信号。头部微微向下点一下表示“不”，而非“是”；头朝任何一边倾斜则表示“是”或“当然”。

二、信仰、喜好与禁忌

（一）信仰

东正教是希腊的国教，另外还有居民信奉天主教、伊斯兰教、犹太教等。

（二）喜好

在希腊，橄榄树是和平与智慧的象征。橄榄枝是平安、和平、友好的吉祥物。他们把马蹄铁视为最灵验的护身符，认为它是幸运的象征，并具有驱魔辟邪的神奇力量。他们普遍喜用黄、绿、蓝、白色，认为这些都是积极向上的色彩。希腊马其顿地区的妇女，习惯以上衣装饰的颜色来显示她们的“身份”。一般穿着绿色花边紧身上衣的为待嫁少女；穿着白色花边上衣的为新娘；穿着淡紫色花边上衣的为寡妇。

（三）禁忌

希腊人把人的头部看成是灵魂的“灵府”，鼻孔为灵魂的孔道，故若打喷嚏则会使灵魂不安，还有可能造成灵魂出窍。因此，他们认为打喷嚏是不吉利的。尤其是清晨起床时，若听到喷嚏声，更会感到不安，有的还要立即上床睡卧，以此来躲避晦气，认为不这样做一天之内随时都可能遇到不愉快的事情。希腊民间传统崇拜蛇，并喻其为神。还把盐视为圣物，在祭神的时候，盐是绝对不可少的。希腊品都山区还有个崇拜狼的民族。他们在每年的 7 月 15 日，都要载歌载舞庆祝自己的“狼节”。他们忌讳“13”“星期五”，视“13”为厄运的数字，若“13”日恰逢“星期五”，更是个灾难的日子。他们把久久凝视别人，看成是不怀好意的和蔑视人的一种行为。对猫很忌讳，无论是养猫还是玩猫，他们都很看不惯，因为在他们的传统观念中，这样做猫会把人引至阴间。他们忌讳黑色，认为黑色象征死亡。

三、饮食习惯

希腊人喜食牛肉、羊肉，“煮羊头”在当地是一道佳肴大菜。他们还喜欢吃在火上烤制的不加调料的鱼肉。最爱吃干炸的食品。他们特别喜欢在阳光下喝冰镇白葡萄酒。希腊人嗜饮浓咖啡，一般每天早起的第一件事都是煮咖啡，而且煮的咖啡非常浓稠。并喜欢细细地品尝咖啡的味道。他们有嗜烟草的民族传统，无论男女老少，大多数人都喜欢烟草，烟瘾通常还非常大。他们一般吃西餐，也乐于品尝中国菜肴。希腊人不喜欢油腻的食品，也不爱吃有甜汁的菜肴。

希腊人在饮食上有如下特点。

（1）注重：讲究菜肴的营养成分，注重菜品要香、脆。

（2）口味：一般口味浓重，喜爱微酸味道。

（3）主食：以面食为主，米饭也可作调剂食品。

（4）副食：喜欢鱼、牛肉、羊肉、猪肉、虾、蟹、火鸡等；蔬菜爱吃土豆、豌豆、番茄、辣椒等；调料爱用番茄汁、辣椒粉、胡椒粉、橄榄油、蒜、盐等。

（5）制法：对炸、煎、烧等烹调方法制作的菜肴偏爱。

（6）中餐：喜爱中国的不太辣的川菜及京菜。

（7）菜谱：很欣赏冷拼盘、烤肉、宫保鸡丁、干烧鱼、烤鸭、西瓜盅、干炸大虾、烤羊肉串、软炸鸡、鲜菇青笋尖等风味菜肴。

（8）酒水：一般每日午餐和晚餐都喝些酒，尤其爱喝白葡萄酒；饮料则喜欢喝煮的咖啡和橘子汁等。

（9）果品：喜欢石榴、桃、哈密瓜、西瓜、葡萄、菠萝、草莓、苹果等水果；偏爱炒栗子、南瓜子、葵花子、核桃、盐水花生等干果。

四、其他风俗

希腊有个规定：立三脚架的拍摄，必须获得官方的准许。希腊有许多名胜古迹，国家不允许未纳税的职业摄影师随意承揽拍照生意，不允许他们印售风景明信片。

泰国的礼仪风情

一、礼节礼仪

（一）称谓与问候

当泰国人互相打招呼时，通常双手合十于胸前，稍稍低头，互致问候。合十分为三种：晚辈见长辈双手举得较高，一般到前额；平辈相见举到鼻子高度；长辈对晚辈还礼到胸前为止。双手举得越高，表示尊敬的程度越深。当别人向你合十致意，你要合十回敬，否则便是失礼。当然现在泰国的政府官员和知识分子有时也握手问好，但男女之间见面是不握手的。

（二）款待与馈赠

作为客人，应对主人的家庭和住房表示感兴趣，但不要过分赞美某样东西，以免主人觉得非把它送给你不可。

在一般情况下，小小的纪念品可作为礼物相赠。礼物通常应用纸包装好。鲜花也是合宜的礼物。

（三）一般礼仪

进入泰国人家里按习俗要脱鞋。不要踩在门槛上，按泰国的传统说法，门槛下有神灵栖居。

在泰国人的社交聚会中，年轻人都尽量使自己处于比年长者矮一截的位置，以免别人感觉他们对年长者“不敬”。

公然表示男女之间的爱恋之情会受到非议。

发脾气，特别是在公开场合发脾气，会被认为没有礼貌和缺乏教养。

泰国商人总要考虑很久才能做出决定，所以与他们打交道要有耐心。

二、信仰、喜好与禁忌

（一）信仰

佛教是泰国的国教。马来族信奉伊斯兰教，还有少数民众信仰基督教、印度教和锡克教。

（二）喜好

泰国人喜爱红色、黄色，黄色是象征泰国王位的颜色。泰国人习惯用颜色表示不同日期。星期日为红色，星期一为黄色，星期二为粉红色，星期三为绿色，星期四为橙色，星期五为淡蓝色，星期六为紫红色。群众常根据不同的日期，穿着不同色彩的服装。

（三）禁忌

泰国人认为头是人最神圣的部位，随意摸别人的头被视为莫大的无礼。小孩子的头只让国王、高僧和父母摸。别人坐下时，切忌将物越过其头顶。递送东西给别人须用右手；正式场合递送东西要双手奉上。用左手则会被认为是鄙视他人。不得已而使用左手时，要说一句“请原谅，左手”。晚辈给长辈递东西用双手，长辈接东西时可用一只手。他们认为，右手是清洁的，左手是肮脏的。至于抛东西给别人则更不允许。坐时跷腿被认为不礼貌，把鞋底对着别人，意即将别人踩在脚下，被认为是一种侮辱性举止。妇女坐时要双腿并拢，否则会被认为缺乏教养。走过别人面前，必须弓着身子，以示歉意，妇女尤须这样。就餐按辈分入座，长者在上首。喝酒吃菜都由长者先动手。

在泰国的公众场合，不要做出有损风俗的举动，如拥抱、亲吻或握手，这被认为是不符合当地风俗的。另外，仅在某些海滩允许裸体晒日光浴，在其他地方，泰国人不喜欢这种行为，尽管未构成犯法，但是违背泰国人的佛教理念。泰国男女间讲究授受不亲，即使在公开场合跳舞，身体也不可接触。

三、饮食习惯

泰国传统饮食都以辛辣以及酸甜为其特色。

泰国人习惯围着低矮圆桌进食，右手抓食。因为有佛教背景，所以泰国人避免食用大块动物的肉。吃肉时，大块的肉被切碎，再拌上草药和香料。泰国传统的烹饪方法是蒸煮、烘焙或烧烤。由于受到中国影响，引入了煎、炒和炸的方法。自 17 世纪以来，烹饪方法受到葡萄牙、荷兰、法国和日本的影响。在 17 世纪后期，葡萄牙传教士在南美洲习惯了红辣椒的味道，于是在泰国菜中引入了红辣椒。

口味：讲究菜品要鲜嫩，注重风味特色。偏辣及鲜嫩，不喜过甜和红烧食物。一般口味喜咸，爱辛辣味。

主食：以米饭（糯米）为主食，面食吃得不多，对水饺和汤面也感兴趣，乐于吃小蛋糕及干点心。喜爱中国的川菜、粤菜、京菜、沪菜。

酒水：喜欢啤酒、葡萄酒；爱喝矿泉水、橘子水、橙汁、咖啡、可乐、牛奶等；尤其喜欢喝冰红茶。不喝热饮，爱加冰，习惯在果汁里加少许盐。

四、其他风俗

泰国人不用红笔签名，因为泰国人死后，要在棺材口写上其姓氏，写时用的是红笔。在人经常走过的地方，如门口、房顶等禁止悬挂衣物。在一些农村，忌赞美别人小孩子长得漂亮。不能拣水灯。泰国人在泰历的每年 12 月月圆时要举行水灯节，这是泰国最热闹的一个节日，在观看水灯时一定要注意，无论水灯多么精致美丽，都绝对不能捡起来，否则就会受到严厉的惩罚。

韩国的礼俗风情

一、礼节礼仪

（一）称谓与问候

韩国人注重礼仪。韩国人见面时的传统礼节是鞠躬。见面必互致问候，男子见面微鞠躬，互握右手或双手，分别时也要鞠躬。男子不得主动与女子握手。初次见面，交换名片。韩国人崇尚儒教，尊重长者，长者进屋时大家都要起立，和长者谈话时要摘去墨镜。男人之间见面打招呼互相鞠躬并握手，女人一般不与人握手。

（二）款待与馈赠

在韩国，如有人邀请你到家吃饭或赴宴，你应该带小礼品。送礼不宜送香烟，酒是送韩国男人最好的礼品，但不能送酒给妇女，除非你说清楚这酒是送给她丈夫的。韩国男性多喜欢名牌纺织品、领带、打火机，电动剃须刀等。女性喜欢化妆品、提包、手套、围巾等物品和厨房里用的调料。孩子则喜欢食品。接物时必须用双手，不能把礼品当场打开。

韩国人多以软饮料待客，客人必须接受主人提供的茶点。席间敬酒时，要用右手拿酒瓶，左手托瓶底，然后鞠躬致祝词，最后再倒酒，且要一连三杯。敬酒人应把自己的酒杯举得低一些，用自己杯子的杯沿去碰对方的杯身。敬完酒后再鞠个躬才能离开。做客时，主人不会让你参观房子的全貌，不要自己到处逛。与年长者同坐的，坐姿要端正。席地盘腿而坐或跪坐在自己的脚底板上，无论是谁，在任何场合的坐姿都不能叉腿，否则会被认为是不懂礼貌或侮辱人。

（三）一般礼仪

韩国人自尊心极强，不容公开被人批评或异议。在社交场合，男女必须分开。在公开场合，要让男士先行，各种会议发言者致辞都把“先生们”放在“女士们”之前。尊敬师长，使用敬语，不得当长者面抽烟、戴眼镜。

二、信仰、喜好与禁忌

（一）信仰

韩国居民多信奉佛教、基督教、天主教等宗教。

（二）喜好

韩国人珍爱白色。木槿花为国花，松树为国树，喜鹊为国鸟，老虎为国兽。

（三）禁忌

韩国人忌讳数字是“4”，是因为“4”的发音与“死”相似，相似的“私”“师”“事”等最好不要使用。

照相在韩国受到严格限制，军事设施、机场、水库、地铁、博物馆以及娱乐场所都是禁照对象，在空中和高层建筑拍照也都在被禁之列。

未征得同意前，不能在上级、长辈面前抽烟。在大街上吃东西被认为是粗鲁的行为。

三、饮食习惯

韩国饮食风格介于中国和日本之间，多数人用餐使用筷子。饮食以高蛋白食物为主，辅以蔬菜。喜食汤和饭，习惯将牛肉汤、排骨汤等和在饭中食用，此外，火锅、汤面、冷面、生鱼片、生牛肉、什锦饭等都是他们喜欢的食物。喜欢热辣口味。在宴会上，韩国人习惯互相斟酒；受人劝酒时不可拒饮；不胜酒力时杯中应留点酒；对于醉酒者，他们多持宽容的态度。受人敬菜时要礼貌地推让两次，第三次才欣然接受。饭后被人邀歌时不可拒唱。韩国人不喜欢较油腻的炒菜，喜欢清淡的生菜、熬菜和炖菜等。其中泡菜被当作韩国人每顿必备的菜。

四、其他风俗

韩国人的民族自尊心很强，反对崇洋媚外，倡导使用国货。在赠送礼品时，最好的选择是鲜花、酒类和工艺品。

英国的礼俗风情

一、礼节礼仪

（一）称谓与问候

英国人的见面礼是握手礼，戴着帽子的男士在与英国人握手时，最好先摘下帽子再向对方示敬。与英国人交谈时，应注视着对方的头部，并不时与之交换眼神。与人交往时，注重用“请”“谢谢”“对不起”等敬语。

（二）款待与馈赠

受到英国人的邀请，应欣然而往。在拜访时，最好不要涉及商务，不要忘记给女士带上一束鲜花或巧克力。给英国女士送鲜花时，宜送单数（除 13 之外），不要送双数，不要送英国人认为象征死亡的菊花和百合花。

（三）一般礼仪

英国人崇尚“绅士风度”和“淑女风范”，讲究“女士优先”。在日常生活中，英国人注意仪表，讲究穿着，男士每天都要刮脸，凡外出进行社交活动，都要穿深色的西服，但忌戴条纹的领带；女士则应着西式套裙或连衣裙。

英国人奉行“不问他人是非”的信条，也不愿接纳别人进入自己的私人生活领域，把家当成“私人城堡”，不经邀请谁也不能进入，甚至邻里之间也很少来往。非工作时间即为“私人时间”，一般不进行公事活动，若在就餐时谈及公事更是不合时宜。日常生活绝对按事先安排的日程进行，时间观念极强。

二、信仰、喜好与禁忌

（一）信仰

英国居民多信奉基督教新教（占总人口的 59.5%），主要分英格兰教会（也称英国国教、圣公会）和苏格兰教会（也称长老会）。另有天主教会及伊斯兰教、印度教、锡克教、犹太教和佛教等较大的宗教社团。

（二）喜好

英国人把蔷薇作为国花，喜欢淡雅的颜色。

（三）禁忌

不要以英国皇室的隐私作为谈资。英国女王被视为其国家的象征。

忌用人像作为商品的装潢，忌白象、猫头鹰、孔雀商标图案。

忌随便将任何英国人都称英国人，一般将英人称“不列颠人”或具体称为“英格兰人”“苏格兰人”等。

切勿与英国人交叉握手，因为那样会构成晦气的十字形，也要避免交叉干杯。英国人最忌讳打喷嚏，他们一向将流感视为一种大病。

除此之外，英国还有以下三大禁忌。

不能插队：英国人有排队的习惯。你可以看到他们一个挨一个地排队上公共汽车、火车或买报纸。插队是一种令人不齿的行为。

不能问女士的年龄：英国人非常不喜欢谈论女人的年龄，如果你问了一位女士的年龄，是很不合适的，因为她认为这是她自己的秘密，而且每个人都想永葆青春，没有比对中年妇女说一声“你看上去好年轻”更好的恭维了。

不能砍价：在英国购物，最忌讳的是砍价。英国人不喜欢讨价还价，认为这是很丢面子的事情；如果你购买的是一件贵重的艺术品或数量很大的商品，你也需要小心地与卖方商定价钱。

三、饮食习惯

英国人不吃动物的头、足和内脏器官，所以他们形象地称只吃动物的肉，而不吃动物。在英国人的食物中，马铃薯替代米饭作为主要的碳水化合物。安静地吃东西并且吃完自己餐盘里所有食物是礼貌的行为。

在英国人的饮食习惯里，他们早餐大多喝牛奶、麦片粥，吃鸡蛋、面包片，间或有火腿、咸肉或熏鱼等。上午茶点在10点半左右，喝杯咖啡、奶茶或可乐，吃些饼干或甜点。午餐在下午一两点之间，一般在快餐店用餐，以炸薯片、汉堡包、热狗、三明治、意大利馅饼、可乐为主，即使居家午餐也较为简单，往往吃前一天晚上剩下的冷肉、蔬菜沙拉、面包等。下午四五点钟又是茶点休息，时间为20分钟左右，喝杯奶茶，吃些点心。一天当中最丰盛的是晚餐，也称正餐，至少三道菜，最常见的主菜是烤炙肉类浇肉汁，以及牛排、火腿、鱼类等，还有土豆泥、蔬菜沙拉等，一般还要喝啤酒或葡萄酒。饭前要先喝汤，饭后吃水果。

四、其他风俗

盥洗室一词的本意为洗手或洗脸的地方，但其实际含义则是厕所，英国人上厕所时不会直截了当地说“去上厕所”，在提醒别人时也是如此，都不直接提到“厕所”二字。如果你想要上厕所，可以说“去男人的房间”，或“去女人的房间”，也可以说“请原谅几分钟”或“我想洗手”等。小孩子们想要大小便时便说“我要去那个地方”，在朋友之间和家庭内部，“100号”则是最常用的说法。

加拿大的礼俗风情

一、礼节礼仪

（一）称谓与问候

加拿大人比较随和友善，易于接近，他们讲礼貌但不拘于繁缛礼节。加拿大人在社交场合与客人相见时，一般都惯行握手礼。亲吻礼和拥抱礼虽然也是加拿大人的礼节方式，但它仅适合于熟人、亲友和情人之间。一般认识的人见面时要互相问候。男女相见时，一般由女子先伸出手来。女子如果不愿意握手，也可以只是微微欠身鞠一个躬。如果男子戴着手套，应先摘下右手手套再握手。女子间握手时则不必脱手套。许多加拿大人喜欢直呼其名，以此表示友善和亲近。

（二）款待与馈赠

加拿大人热情好客。亲朋好友之间请吃饭一般在家里而不去餐馆，认为这样更友好。客人来到主人家，进餐时由女主人安排座位，或事先在每个座位前放好写有客人姓名的卡片。在加拿大还有一种请吃饭的方式更加随意，即“自助餐”或“冷餐会”形式。由主人把饭菜全部摆在桌上后，客人可各自拿一只大盘子（或由主人发给），自己动手盛取自己喜欢吃的食品，可以离开餐桌到另一房间随便就座进餐，这样客人与主人，客人与客人之间便可以有更多的时间交谈。在加拿大应邀去友人家里吃饭，一般不需送礼物。但如去亲朋家度周末或住几天，则应给女主人带点礼品，如一盒糖等。离开主人家后，回到家中应立即告诉女主人已平安到家，并对受到的款待表示感谢。节假日访问亲友，通常也需要带一点礼物。

（三）一般礼仪

加拿大是由许多不同族群组成的，尽管其习俗在全国大致相同，但仍有某些差别。按照常情，最好的办法是客随主便。

与美国人相比，加拿大人较为保守。

二、信仰、喜好与禁忌

（一）信仰

加拿大人中45%的人信奉天主教，36%的人信奉基督教，少数人信奉犹太教和东正教。

（二）喜好

加拿大人喜欢枫叶，国旗上就印有五个叶瓣的枫叶，有“枫叶之国”之称。枫叶点缀了加拿大的国土，加拿大人对枫叶产生了极其深厚的感情。他们视枫叶为国宝和祖国的骄傲，还把枫叶喻为友谊的象征。他们还偏爱白雪。他们视白雪为吉祥的象征。常用筑雪墙、堆雪人等方式来助兴。他们认为这样可以防止邪魔的侵入。他们特别喜欢客人赞扬他们美好的国家和勤劳智慧的人民。他们喜欢现代艺术、酷爱体育运动，尤其是冬季冰雪运动。

（三）禁忌

加拿大人忌讳“13”“星期五”，认为“13”是厄运的数字，“星期五”是灾难的象征。日常生活中忌白色的百合花，白色的百合花只在开追悼会时才使用。切勿将加拿大与美国相比较，这是加拿大人的一大忌讳。听到加拿大人自己把加拿大分为讲英语和讲法语的两部分人时，切勿发表意见，因为这是加拿大国内民族关系的一个敏感问题。

三、饮食习惯

加拿大由于历史的原因和人种的构成因素，生活习俗及饮食习惯与英、法、美相仿。其独特之处是他们养成了特别爱吃烤制食品的习惯。他们在餐具使用上，一般都习惯用刀叉。他们极喜欢吃家乡风味烤牛排。他们习惯饭后喝咖啡和吃水果。

（1）注重：讲究菜肴的营养和质量，以及菜肴的鲜和嫩。

（2）口味：一般不喜欢太咸，偏爱甜味。

（3）主食：一般以米饭为主。

（4）副食：喜欢吃牛肉、鸡肉、鸡蛋、沙丁鱼、野味等；喜欢西红柿、洋葱、青菜、土豆、黄瓜等蔬菜；调料爱用番茄酱、盐、黄油等。

（5）制法：对煎、烤、炸等烹调方法制作的菜肴偏爱。

（6）中餐：喜爱中国的苏菜、沪菜、鲁菜。

（7）菜谱：很欣赏咕噜肉、拔丝苹果、炸土豆条、糖醋鱼、香酥鸡、洋葱土豆片、炒山鸡片、软炸鸡、银芽鸡丝等风味菜肴。

四、其他风俗

加拿大的节日比较多。1 月 1 日是元旦，除夕夜举行欢庆活动。2 月上旬至中旬有狂欢节，庆祝活动持续 10 天，是魁北克省居民最盛大的节日，具有法兰西色彩。他们用白雪筑城堡，戴着红缨小绒帽，扎着红、绿、白三色腰巾，载歌载舞，选举“狂欢节王”和“狂欢节女王”，然后乘坐彩车游行，举行各种冰雪体育比赛。3 至 4 月举行枫糖节，这是加拿大特有的节庆，人们欢歌曼舞，品尝枫糖糕和太妃糖。

法国的礼俗风情

一、礼节礼仪

（一）称谓与问候

法国人天性浪漫好动，喜欢交际。在商务交往中，常用的见面礼是握手。而在社交场合，亲吻礼和吻手礼则比较流行。法国人使用的亲吻礼，主要是相互之间亲面颊或贴面颊。至于吻手礼，则主要限于男士在室内象征性地吻一下已婚妇女的手背，但少女的手不能吻。在与法国人的社交中，称呼对方时宜称其姓，并冠以“先生”“小姐”“夫人”等尊称。唯有区别同姓之人时，方可姓与名兼称。熟人、同事之间，可直呼其名。

（二）款待与馈赠

被邀请到某人家里做客是难得的，即使相识很久。若有这类邀请，给女主人送上鲜花（不要送玫瑰花或菊花）或巧克力之类小礼品是受欢迎的。法国人注重烹调艺术，因此中午和晚上的两餐是日常生活中的重要组成部分，不容忽视。

在人际交往之中，法国人对礼物十分看重，但又有其特别的讲究。宜选具有艺术品位和纪念意义的物品，不宜以刀、剑、剪、餐具或是带有明显广告标志的物品。男士向关系一般的女士赠送香水，也是不合适的。在接受礼品时若不当着送礼者的面打开包装，则是一种无礼的表现。

（三）一般礼仪

第一，爱好社交，善于交际。对于法国人来说社交是人生的重要内容，没有社交活动的生活是难以想象的。

第二，诙谐幽默，天性浪漫。他们在人际交往中大都爽朗热情。善于高谈阔论，好开玩笑，讨厌不爱讲话的人，对愁眉苦脸者难以接受。受传统文化的影响，法国人不仅爱冒险，而且喜欢浪漫的经历。

第三，渴求自由，纪律较差。法国人是最著名的“自由主义者”。“自由、平等、博爱”不仅被法国宪法定为本国的国家箴言，而且在国徽上明文写出。他们虽然讲究法制，但是一般纪律较差，不大喜欢集体行动。与法国人打交道、约会，必须事先约定，并且准时赴约，但是也要对他们可能的姗姗来迟事先有所准备。

第四，自尊心强，偏爱“国货”。法国的时装、美食和艺术是有口皆碑的，在此影响之下，法国人拥有极强的民族自尊心和民族自豪感，在他们看来，世间的一切都是法国最棒。与法国人交谈时，如能讲几句法语，一定会让对方热情有加。

第五，骑士风度，尊重妇女。在法国，男女相见之时，男士必须要对女士先伸出手，才可以伸手。如果女士并没有意愿和男士握手，男士就要点头鞠躬致歉。在饭店一同就餐时，男士应走在前面为女士打开门，帮女士把椅子摆好，与女士同乘小汽车时听广播，开窗户等，均应事先征得女士的同意。

二、信仰、喜好与禁忌

（一）信仰

天主教是大多数法国人的信仰。除此之外，还有伊斯兰教、东正教等。

（二）喜好

法国人爱花，生活中离不开花，在他们看来，不同的花可表示不同的含义。法国的国花是鸢尾花。而菊花、牡丹、玫瑰、杜鹃、水仙、金盏花和纸花，一般不宜随意送给法国人。

法国人喜欢有文化和美学素养的礼品，唱片、艺术画册等是法国人最欣赏的礼品。他们非常喜欢名人传记、回忆录、历史书籍，对于鲜花和外国工艺品也颇有兴趣。

公鸡是法国的国鸟，它以其勇敢、顽强的性格而得到法国人的青睐。野鸭商标图案也很受法国人喜爱。

对于色彩，法国人有着自己独特的审美观。他们忌黄色、灰绿色，喜爱蓝色、白色和红色。

（三）禁忌

法国人忌讳黄色的花，认为是不忠诚的表现。忌讳黑桃图案，认为不吉祥；忌讳墨绿色，因在第二次世界大战期间德国纳粹军服是墨绿色；他们讨厌孔雀、仙鹤，认为孔雀是淫鸟、祸鸟，并把仙鹤当作蠢汉和淫妇的代称。他们忌送给别人菊花、杜鹃花、牡丹花、康乃馨和纸做的花。也不送香水或化妆品给恋人、亲属之外的女人，因为他们认为这些象征着过分亲热或是图谋不轨。

三、饮食习惯

法国人十分讲究饮食，在西餐之中，法国菜可以说是最讲究的。

法国人爱吃面食，面包的种类很多；他们大都爱吃奶酪；在肉食方面，他们爱吃牛肉、猪肉、鸡肉、鱼子酱、鹅肝，不吃肥肉和肝脏之外的动物内脏、无鳞鱼和带刺的鱼。

法国人特别善饮，他们几乎餐餐必喝饮品，而且讲究在餐桌上要以不同品种的酒水搭配不同的菜肴；除酒水之外，法国人平时还爱喝生水和咖啡。

法国人用餐时，两手允许放在餐桌上，但却不允许将两肘支在桌子上，在放下刀叉时，他们习惯于将其一半放在碟子上，一半放在餐桌上。

四、其他风俗

在商务活动中，法国人若发现跟自己交谈的人会说法语，却使用了英语，他肯定会生气。同时，也忌讳别人讲蹩脚的法语，认为这是对其祖国语言的亵渎，若对法语不纯熟，最好讲英语或借助翻译。

在商务活动中，法国商人特别注重“面子”，在与之交往时，如有政府官员出面，会使他们认为有“面子”而更加通情达理，有利于促进商务活动的进行。在商务谈判中，法国商人对双方提交的各方面材料十分重视。他们通常对对方要求较高，而对自己却极少“求全责备”。合同在法国商人眼里极富有“弹性”，所以他们经常会在合同签订后，还一再要求修改它。

法国人最爱美，这是举世公认的，尤其妇女，称得上为世界上最爱打扮的人。就连他们国家的老年妇女也是如此，每天全都离不开化妆和美容，为的是把自己打扮得更年轻些。“女士第一”在法国极为盛行。他们时间概念很强。他们无论出席什么集会，都习惯准时到达，从不拖拉迟到。

第二节　中国主要的传统节日和部分少数民族习俗

中国传统节日作为传统文化的重要组成部分，蕴含丰富的德育资源。传统节日中蕴含的德育资源及其重要价值，已经引起了国家的高度重视。2005 年，中宣部等部门明确指出：“中国传统节日，凝结着中华民族的民族精神和民族情感，承载着中华民族的文化血脉和思想精华，是维系国家统一、民族团结和社会和谐的重要精神纽带，是建设社会主义先进文化的宝贵资源。”

一、中国主要的传统节日

（一）春节

春节即农历正月初一，是中国人一年中最隆重的节日。传统意义上的过年，一般从农历腊月二十三开始至次年正月十五，常用新春佳节或过大年来形容。过年（或叫过春节）的习俗相当热闹，包括祭灶神、祭祖先、扫房子、清庭院、贴春联、挂年画、备年货、做年饭等。全国各地节日期间的欢庆活动丰富多彩，别具特色，最热闹的是除夕夜的家庭团圆、共吃年夜饭和各类联欢活动。中国传统有守岁的习惯，直到新年钟声响过，放了鞭炮才睡觉。

春节期间，晚辈给长辈拜年，也从长辈那里收到压岁钱。人们贴福字、吃年糕，也开展舞狮、舞龙等庆祝活动。除夕晚上多数北方地区喜好包年夜饺子，南方地区多喜好做年夜饭。为了除旧迎新，人们喜按语音的吉祥比喻烧菜，如吃鱼意年年有余，吃橘子意来年吉利等，祝福新的一年日子更红火。

（二）元宵节

农历正月十五叫上元节，这一天晚上叫“元宵”，也叫“元夜”，传统意义上它是过年的最后一天。自唐代以来有观灯的风俗，所以又叫“灯节”。这一天人们张灯结彩，扭秧歌、跑旱船、猜灯谜、耍龙灯，同时按照旧俗要吃汤圆，取“团团圆圆”的意思。通常北方人打元宵，南方人包汤圆。

（三）清明节

清明是二十四节气之一。每年 4 月 5 日前后太阳到达黄经 15 度时开始。这一节气开始的第一天为清明节。这时，我国大部分地区气候开始回暖，春雨绵绵、草木萌动，改变了冬季寒冷枯黄的景象，人们开始春耕春种、植树造林。清明节是我国传统的祭祀的节日。古代人们有寒食禁火、踏青扫墓、祭拜祖先的习俗，如今成为纪念革命先烈、缅怀英雄业绩、祭奠逝去的亲友家人的日子。这一天，人们常全家相聚，带着清扫工具去墓地打扫修整，并敬献鲜花、食品或洒酒祭拜，寄托哀思。

（四）端午节

农历五月初五的端午节（又称端阳节）是中国传统的、富有特色的节日。每当端午节来临，都要按照中国古老的传统制作各式各样的粽子，许多地方有吃粽子、饮雄黄酒、熏艾叶的习俗，还要举行龙舟竞赛等庆祝活动。相传节日是为了纪念战国时期伟大的爱国诗人屈原。

（五）中秋节

农历八月十五是中国民间的传统佳节——中秋节，也称为“团圆节”“秋节”。人们常把这一天作为全家欢聚、团团圆圆的节日。通常在这一天全家会聚集在一起，边吃月饼边赏月亮，享受中秋月夜的凉爽、舒适。

（六）重阳节

我国农历九月初九叫“重阳”，又叫“重九”。来自“积阳为天，天有九重，故曰重阳”。旧习这一天人们上山登高，佩戴茱萸，以躲避瘟疫。同时这一天也是敬老节，人们吃重阳糕，向老年人祝贺。由于我国已进入老龄化阶段，目前在城市里很重视这一节日，把它作为敬老爱老日，呼吁人们关爱老年人。

二、中国部分少数民族习俗

（一）北方少数民族的习俗

1. 满族

分布地区：分布于全国各地，以辽宁、河北、黑龙江、吉林和内蒙古、北京等省、自治区、直辖市为多。

特色民居：口袋房、曼子炕。

传统服饰：旗袍。

饮食习惯：爱吃饽饽、萨其玛等糕点，爱吃白煮猪肉、酸菜熬白肉、粉条、白肉血肠、火锅、酸汤子。

主要禁忌：室内西面的炕不可以随意坐人和堆放杂物。满族爱犬、敬犬，忌打狗、杀狗。忌食狗肉，不戴狗皮帽、不铺狗皮褥，忌讳戴狗皮帽或狗皮套袖的客人。

传统节日：农历二月初二为“龙抬头”日；农历十月十三日，举办“颁金节”。

2. 蒙古族

分布地区：主要分布于内蒙古自治区和新疆、辽宁、吉林、黑龙江、青海等省、自治区的各蒙古族自治州、县。

名称含义：永恒的部落。

特色民居：蒙古包。

传统服饰：蒙古袍。

饮食习惯：“白食”（奶制品），“红食”（肉食）。手抓羊肉和清水煮全羊。有饮红茶、饮奶茶的习惯，能饮酒，有豪饮的习惯。

传统节日：那达慕（意为“娱乐”或“游戏”）等。

主要礼仪如下所述。

（1）崇白尚九。

（2）敬客。弹酒礼，献哈达。

（3）到牧民家做客，要带适当的礼品。见老人要问安，对小孩不可斥责或打骂。

主要禁忌如下所述。

（1）禁食驴、狗、白马及自死动物的肉。

（2）骑马、驾车接近蒙古包时忌重骑快行，以免惊动畜群。对迎面狂吠的牧羊狗仅可以呵斥，不可以打。

（3）进蒙古包禁忌。门前有火堆或挂有红布等记号，表示这家有病人或产妇，忌外人进入。进包要从火炉左侧走，进包后可席地而坐，不必脱鞋。客人不能坐西炕（西面是供佛的方位），也不能坐在门槛上。

（4）解手需至蒙古包南方较远处，不可到蒙古包东、西侧（有羊圈）、北侧（气味会随风刮入包内）。冬天不要到蒙古包的北、西侧乱踩，因为那里的雪是化水食用的。

（5）办丧事时忌红色、白色，办喜事时忌黑色、黄色。禁止在参观寺院经堂、佛殿时吸烟、吐痰、大声喧哗及乱摸宗教器皿，也不得在寺院附近打猎。

3. 藏族

分布地区：主要分布于西藏、青海、甘肃、四川、云南等省、自治区。

特色民居：农区多垒石建房，房屋平顶多窗，形如碉堡。牧区用帐篷。

传统服饰：藏袍。肥腰、长袖、大襟。男女都爱戴藏式金花帽，均穿氆氇或用牛皮制作的藏靴。

饮食习惯：糌粑、酥油茶、奶茶和甜茶，嗜饮青稞酒。爱吃牛奶制成的酸奶、奶渣等。

传统节日：藏历年、萨噶达瓦节、雪顿节、望果节等。

主要礼仪：互献哈达，敬青稞酒，唱酒歌，有弹酒礼俗。

主要禁忌如下所述。

（1）饮食禁忌。忌吃狗肉、驴肉、马肉，有些地区也不吃鱼肉；忌讳用脚蹬踩灶台或坐于灶台上；忌讳用有裂缝或豁口的碗、碟等器皿待客；饮食用的碗和茶具忌扣着放；互不熟悉的男女忌讳在同一个碗内揉、吃糌粑。

（2）宗教禁忌。佛像、佛寺里的经书、钟鼓及喇嘛随身佩带的护身符、念珠等宗教器物，忌别人随便触摸；忌讳在参观寺庙时吸烟及大声喧哗；转经筒、转寺院、叩长头要按顺时针方向进行。

（3）社交禁忌。忌男女混坐，男女入室后男坐左、女坐右，就座时忌双脚伸直，脚底朝人；忌讳在别人背后吐唾沫、拍巴掌；忌讳别人对自己的孩子过分夸奖；忌讳当着当事人的面谈及其婚事；家有病人或产妇时，忌生人来访；接羔犊季节非亲属不能进入帐篷；天葬时忌外人在旁边看或在远处偷看。

4. 维吾尔族

分布地区：新疆维吾尔自治区。

名称含义："维吾尔"是民族自称，含有"团结""联合""协助"的意思。

特色民居：住房一般用泥土筑成，屋顶平坦，用天窗采光，爱在墙上挂壁毯。屋内有壁炉，烧柴做饭和取暖。房前屋后，喜栽果树，门前往往种植葡萄，形成凉棚。

传统服饰：男子习惯穿长袍，妇女多在宽袖连衣裙外面套穿黑色对襟背心，男女老少爱戴四楞小花帽。耳环、手镯、项链是妇女喜爱的装饰品。

饮食习惯如下所述。

（1）日常的食品有馕、面条等，喜食牛、羊肉，喜喝奶茶。

（2）烤全羊、手抓羊肉、烤羊肉串、手抓饭、薄皮包子等是著名的风味菜肴和小吃。喜食水果，人均食用干鲜瓜果每年达五六十公斤。

传统节日：古尔邦节、肉孜节、诺鲁孜节等。

主要礼仪如下所述。

（1）待人讲究礼貌。路上遇到尊长或朋友时，习惯于把右手按在前胸中央，身体前倾，连声问好。走路、谈话、入座、吃饭都以长者为先。

（2）待客和做客都有讲究。如果来客，要请客人坐在上席，给客人倒茶水或奶茶，摆上馕、糕点、冰糖等。夏天还要摆上一些瓜果。

主要禁忌如下所述。

（1）做客禁忌。吃饭时，客人不可以随便拨弄盘中的食物，不可随便到锅灶前去，一般不把食物剩在碗中，同时注意不让饭屑落地，如不慎落地，要拾起放在自己跟前的“饭单”上。共盘吃抓饭时，不将已抓起的饭粒再放盘中。吃完饭后，由长者领作“都瓦”，此时客人不能东张西望或立起。饭前饭后必须洗手，洗完手只能用手帕或布擦干，忌讳顺手甩水。

（2）忌食猪、狗、驴、骡肉和自死的禽兽及动物的血。

（3）吃饭和交谈时忌擤鼻涕、打哈欠、吐痰，忌双腿伸直脚底朝人，不能随便和妇女开玩笑，忌在背后议论他人短处。

（4）门上有红布条外人不可入内。

5. 回族

分布地区：全国大部分地区均有分布，宁夏回族自治区是其主要聚居区。

特色民居：采纳了中国传统的殿宇式四合院为主的建筑式样，但布局和装修独具民族风俗。

传统服饰：男子戴礼拜帽（白色圆形平顶小帽），妇女习惯戴披肩盖头。年轻姑娘用绿色，已婚中年妇女用青色，老年用白色。

饮食习惯如下所述。

（1）分布较广，食俗也不完全一致。如宁夏回族偏爱面食，甘肃、青海的回族则以小麦、玉米、马铃薯等为日常主食。肉食以牛、羊肉为主，有的也食用骆驼肉。

（2）饮料较讲究。不流动的水、不洁净的水均不饮用。也喜欢饮茶和以茶待客，西北地区回族的盖碗茶很有名。

传统节日：开斋节、古尔邦节、圣纪节等。

主要礼仪：见面要问安；客人来访，要先沏茶，还要端上瓜果点心，所有家庭成员，都要与来客见面；若遇老年客人，要烧热炕恭请其就座，并敬“五香茶”或“八宝茶”。

主要禁忌如下所述。

（1）严禁食猪肉，忌养猪，忌别人提着猪肉进回族的商店和住处；不吃马肉、驴肉、骡肉、狗肉，不吃动物血液和自死动物。

（2）凡供人饮用的水井、水塘等，一律不准牲畜饮水，也不许任何人在附近洗脸、洗澡或洗衣服；取水前一定要洗手；回族所用的水井或水塘，非信伊斯兰教的人不能动手取水，如有需要必须请回族人代取或征得主人的允许，但一定要保持清洁，取水容器中若有剩水忌倒回井中或水塘；尤忌到回族人的住房里洗澡。

(3) 禁止在人前袒胸露臂；男女外出必须戴帽、头巾或盖头，严禁露顶。

(4) 忌在背后诽谤和讨论他人短处；忌别人在自己家里吸烟、喝酒。

6. 朝鲜族

分布地区：东北三省，以吉林为主。

特色民居：瓦房和草房，外墙多为白色，门窗为推拉式。

传统服饰：有“白衣民族”之称。男装衣短，裤长肥大，加穿坎肩，也有外面穿着道袍或朝鲜长袍者，现多改穿制服或西服；女装一般短衣长裙，短衣有长布带在右肩下方打蝴蝶结，长裙多有长皱褶。

饮食习惯：主食一般是大米、小米及各种用大米做成的糕、冷面等。名菜主要有狗肉火锅、铁锅里脊、打糕、朝鲜泡菜、生拌牛肉、大酱汤等。

传统节日：节日与汉族基本相同，如春节、清明、端午、中秋等。此外有三个家庭节日，即“回甲节”“回婚节”“婴儿生日节”。

主要礼仪：崇尚礼仪，注重卫生，尤忌随地吐痰。尊老爱幼是传统的美德，尤其尊重老人。

主要禁忌：喜食狗肉，但婚丧、佳节期间不杀狗、不食狗肉。

(二) 南方少数民族的习俗

1. 壮族

分布地区：全国大部分地区均有分布，主要聚居在广西壮族自治区。

特色民居：住房多数与当地汉族相同，部分地区的居民住干栏式建筑。

传统服饰：服装各地不一。壮族男子多扎绣花纹的头巾，穿对襟上衣，下裤短而宽大，有的缠绑腿。蓝黑颜色是妇女共同的喜好。

饮食习惯：壮族的主食是大米和玉米。喜欢吃腌制的酸食，以生鱼片为佳肴，妇女有嚼槟榔的习俗。

传统节日：节日多与当地的汉族相同，比较有特点的民族节日是“三月三”歌节、“牛魂节”、“中元节”等。

主要礼仪：壮族人好客，客人到家，必在力所能及的情况下给客人以最好的食宿，对客人中的长者和新客尤其热情。尊老爱幼是壮族的传统美德。

主要禁忌如下所述。

(1) 忌食牛肉和蛙肉，忌筷子掉地上，吃饭时忌用嘴把饭吹凉，更忌把筷子插到碗里。

(2) 家里有产妇时，门上悬挂草帽一顶，忌讳外人进入，忌生孩子尚未满月的妇女到家中串门。

（3）夜间行走禁止吹口哨。

2. 土家族

分布地区：主要分布在湘、鄂、川、黔交界地带的武陵山区。

特色民居：依山而建，成虎坐形，独特的“吊脚楼”。

传统服饰：自织土布。男装扣子很多的对襟衫，下着长裤，青布包头；女装短衣大袖，左衽开襟，下着滚镶花边的筒裤，缠头帕。

饮食习惯：以玉米、大米为主食，喜饮酒，擅做腊肉、甜酒、团馓、糍粑，忌食狗肉。

传统节日：过赶年、元宵节、牛王节、女儿会、尝新节等。

婚姻习俗：“陪十兄弟”“陪十姐妹”“哭嫁”。

主要禁忌：客人不能与土家妇女坐在一起，但可以与姑娘坐一条长凳。

3. 苗族

分布地区：全国大部分地区均有分布，主要聚居在贵州、湖南、云南、重庆、广西、湖北等省、自治区。

特色民居：苗族住宅因地而异，一般都在依山傍水处建寨，聚族而居。住房一般为木制平房或楼房，楼房多为吊脚楼。

传统服饰：苗族服饰多达130多种，男装比较简朴，一般分对襟大褂和左衽长衫两大类，下穿长裤，束大腰带，头裹青色头巾。苗族姑娘穿百褶裙，喜戴银饰，盛装的银饰常常有数公斤重，素有“花衣银装赛天仙”的美称。手工艺有刺绣、蜡染。

饮食习惯：喜吃糯米，嗜好饮酒。喜食酸味菜肴，以辣椒为主要调味品。不吃羊肉，忌狗肉上灶，忌在屋里煮蛇肉。

传统节日：苗年、龙船节、跳花节、芦笙节、赶秋节等。

婚姻习俗：青年男女通过“游方”“跳月”等社交活动，自由对歌，恋爱成婚。

主要礼仪：待客热情，讲究真情实意。主人不走在客人前面，交谈中用敬语称呼，迎客穿节日服装，客人到家门，男主人要叫门，告知在家的女主人，女主人要唱歌开门迎客，在客人面前，女主人不登高上楼，宴会上以鸡、鸭为待客佳肴。

主要禁忌如下所述。

（1）苗族人不吃羊肉，父母去世，一个月内忌食辣椒。

（2）忌刀口朝上或用凶器指人，险恶环境中忌嬉笑，火炕上的三脚架不能用脚踩，忌讳在家里或夜间吹口哨。

（3）遇门上悬挂草帽、树枝或婚丧祭日，不要进入。

（4）不能坐苗家祖先神位的地方。做客时，切记不能去夹鸡头吃，客人不要称主人“苗子”，他们喜欢自称“蒙”。

4. 彝族

分布地区：主要分布在四川、云南、贵州、广西四省（区）。

特色民居：传统住房为木结构或是板顶、土墙，大多低矮、无窗。住房一端有碉楼。

传统服饰：服饰各地风格不同。妇女一般戴黑色包头、耳环，上身穿镶边或绣花的大襟右衽上衣，下穿长百褶裙子或长裤，有的长裤脚上还绣有精致的花边。男子以无须为美，左耳戴大耳珠，头顶留有一绺头发“天菩萨”，外出时男女都穿披风，形如斗篷，称“察尔瓦”。

饮食习惯：主食主要有土豆、玉米、荞麦、大米、小麦等。肉食以牛、羊、猪、鸡为主。忌食蒜。风味饮食是托托肉、转转酒。彝族喜喝酒饮茶，饮茶每次只斟浅浅的半杯，徐徐而饮。

传统节日：彝族年和火把节等。

主要礼仪如下所述。

(1) 有“客人长主三百岁”之俗语，待客非常热情；

(2) 彝族文武并重，讲究文明礼貌，非常尊敬长辈。

主要禁忌如下所述。

(1) 禁食狗、马、熊等动物的肉，妇女忌食难产而死的家畜之肉，忌餐后把汤匙扣于碗盆的边沿上；

(2) 严禁触摸男子头顶的“天菩萨”，忌讳女人跨过男人的衣物、身体等，忌讳女客上楼，忌脚踏火塘上的三脚架，忌掏火灰；

(3) 祭祀“神树”时忌外人观看。

5. 白族

分布地区：主要分布在云南、四川、湖南等省。

名称含义：自称为“白伙”“白尼”等，即“白人”的意思。

饮食习惯如下所述。

(1) 平坝地区的白族以大米、小麦为主食，山区多以玉米、荞麦为主食，都以蒸制为主，喜食鲜菜和各种腌菜，肉食以猪肉为主，喜腌制火腿、腊肉等。

(2) 风味菜肴很多，如砂锅弓鱼、毛驴汤锅、柳蒸猪头、生皮等。

(3) 白族喜欢饮酒、饮烤茶。

传统节日：三月街、火把节、绕三灵、耍海节等。

主要礼仪如下所述。

(1) 崇尚白色，以白色为尊贵。

(2) 对人的称谓前喜欢加个“阿”字表示亲切和尊敬，以“三道茶”招待客人，“三道茶”有一苦二甜三回味的特点。

(3) 喝酒方面很文雅，通常是各自随意。

主要禁忌如下所述。

(1) 为客人斟茶，不能斟满，有“酒满敬人、茶满欺人”之说。

(2) 访友或探病忌在上午，家有产妇时，忌人上门。

(3) 农历七月十五接送祖先亡灵，不能出门；火把节晚上，女婿不能上岳父家。

(4) 忌坐、踏门槛，忌用刀砍门槛。

6. 纳西族

分布地区：主要聚居于云南省丽江纳西族自治县等。

名称含义：汉文文献中称“摩沙”“摩娑”“麽些”“摩梭”等，有“牧牛人”的意思。

主要礼仪：尊老爱幼，注重礼节，讲求信义，谨慎行事，热情好客。

主要禁忌如下所述。

(1) 骑马到寨前必须下马，也不能把马拴在祭天堂的地方。

(2) 不能蹬踏架锅做饭用的三脚架，也不能翻弄灶里的灰。

(3) 祭天堂、祖先、战神时，忌外人观看。

(4) 不能主动进入老人、女人的卧室和女孩的“花楼”，不能询问“阿夏”的情况。

(5) 不许杀耕牛、驮马和报晓的雄鸡，忌食狗肉。

(6) 有的地方还忌讳在家里唱山歌。

特色民居：住房多是土木瓦结构，采用三房一照壁的形式。丽江古城是世界文化遗产，有“东方威尼斯”的美誉。

传统服饰：男子服饰与汉族传统服饰基本相同；妇女服饰中最具特色的是七星羊皮披肩。

饮食习惯：饮食以玉米、大米、小麦为主食。爱吃酸、辣、甜味的食品，喜欢喝酒、饮浓茶。

特色食品有丽江的火腿粑粑、宁蒗的琵琶猪、泸沽湖的鱼干等。

传统节日：新年、棒棒会、三朵节、火把节等。

婚姻习俗：部分地区保持原有的母系制婚姻遗俗——对偶婚（阿注婚），如永宁“摩梭人”和泸沽湖畔的部分纳西族。

7. 傣族

分布地区：主要聚居在云南省西双版纳傣族自治州、德宏傣族景颇族自治州以及耿马和孟连两个自治县。

名称含义：“傣”意为酷爱自由、和平的人。

特色民居：村寨大多建于平坝近水的地方，干栏式建筑，屋里的家具多为竹制。

传统服饰：男子多穿无领对襟或大襟小袖短衫，肥筒长裤，也有少数人穿深色筒裙，多用白布或青布包头，有文身的习俗。妇女上穿白色、绯色或淡色紧身窄袖短衫，下着各种花样、长及脚面的筒裙，束银腰带。

饮食习惯：以大米和糯米为主食。日常肉食有猪、牛、鸡、鸭，不食或少食羊肉。喜饮酒和食酸辣，普遍有嚼槟榔的习惯。

传统节日：关门节、开门节、泼水节等。

主要礼仪：到傣家做客，会受到主人“泼水”和“栓线”的礼遇。

主要禁忌如下所述。

(1) 忌讳外人骑马、赶牛、挑担和蓬乱着头发进寨子。进入傣家竹楼，要把鞋脱在门外，卧室严禁外人窥看。

(2) 忌讳在家里吹口哨、剪指甲。

(3) 不能用衣服当枕头，晒衣服时上衣要晒到高处，裤子和裙子要晒在低处。不能进入主人内室。

(4) 进佛寺要脱鞋，忌讳摸小和尚的头及佛家圣物。

本章小结

不同的国家、民族，由于历史、宗教等因素的不同，长期以来形成了不同的风俗和礼节，我们应当给予一定的重视和尊重。了解中国传统节日的由来，以及部分民族地区的习俗、信仰和礼仪禁忌是十分必要的，这些习俗、信仰和礼仪禁忌作为传统文化的重要组成部分，蕴含着丰富的德育资源。

问题与应用

1. 谈谈你所知道的一些国家的风俗民情。

2. 中国的传统节日与外国的主要节日相比，有哪些特点？

3. 你了解哪些少数民族？这些少数民族在宗教信仰、服饰、饮食、礼仪和禁忌等方面有什么不同？

第七章　餐饮礼仪

学习目标

1. 了解常见的宴请形式和组织礼仪。
2. 了解中餐礼仪中座次和桌次的顺序。
3. 了解西餐的餐序和餐具的使用。
4. 了解有关咖啡和酒水的礼仪。

第一节　餐饮的一般礼仪

现在的社会交往活动中，宴请是最常见的交际活动，在整个社交礼仪中占有非常重要的地位。

一、常见的宴请形式

（一）宴会

宴会是最正式、最隆重的宴请。宴会种类复杂，名目繁多。

按规格划分：有国宴、正式宴会、便宴、家宴。

按餐型划分：有中餐宴会、西餐宴会、中西合餐宴会。

按用途划分：有欢迎宴会、答谢宴会、节庆宴会、告别宴会、招待宴会。

按时间划分：有早宴、午宴和晚宴，以晚宴档次最高。

其他：如鸡尾酒会、冷餐会、茶会，都可列为宴会。

（二）招待会

招待会不备正餐，是一种较为灵活的宴请方式，通常备有食品、酒水、饮料，由客人自取，客人或坐或站，或与他人一起，或独自一人用餐，一般不排座次，客人可以自由活动。常见的招待会主要有冷餐会、酒会。

（三）茶会

茶会是一种简便的接待形式，通常安排在上午 10 点或下午 4 点左右，一般在客厅举行，内设茶几、座椅，备有茶、点心或地方风味小吃，请客人一边品尝，一边交谈。茶会上，茶叶的品种、沏茶的用水和水温以及茶具都颇有讲究。茶叶的选择要照顾到客人的嗜好和习惯，茶具要选用陶瓷器皿，不要用玻璃杯，也不要用热水瓶代替茶壶。欧洲人一般喜欢饮红茶，日本人喜欢饮乌龙茶。另外，有外国人参加的茶会还可以准备咖啡和冷饮。

（四）工作餐

工作餐是现代生活中一种经常采用的非正式宴请形式，利用进餐的时间和形式，边吃边谈工作。在国外，工作进餐通常实行“AA 制”，由参加者各自付费。

二、宴请的组织礼仪

（一）明确宴请对象、目的、范围、形式

（1）对象：明确宴请对象的身份、国籍、习俗、爱好等，以便确定宴会的规格、主陪人、餐式等。

（2）目的：宴请的目的是多种多样的。可以是为表示欢迎、欢送、答谢，也可以是为表示庆贺、纪念、节庆聚会、工作交流、会议闭幕，还可以是为某一事件、某一个人等。明确了宴请目的，也就便于安排宴会的范围和形式。

（3）范围：宴请哪些人参加，请多少人参加，都应当事先明确。主客双方的身份要对等，主宾如携夫人，主人一般也应以夫妇名义邀请。邀请哪些人作陪，也应认真考虑。

（4）形式：宴会形式要根据规格、对象、目的确定，可以此分为正式宴会、冷餐会、酒会、茶会等形式。不同的宴请形式有各自不同的做法，在实际活动中具体选择哪一种形式应根据具体情况决定。

（二）选择时间、地点

时间：不选重大节日、假日或禁忌的时间；先和主宾协商，再发邀请。

地点：环境幽雅，交通方便。

（三）制作发送请柬

凡是正式宴请，都应该发送请柬或请帖，这既是礼节，也能够起到提醒被邀请者与备忘的作用。请柬应注明邀请人姓名、被邀请人姓名、尊贵的称呼、宴请的方式，以及时间、地点、着装要求、提示等。

请柬应提前一两周发出，以便被邀请人及早安排时间。需要安排座次的宴请必须在请柬上注明要求被邀请人答复能否出席，正式宴会应在请柬上注明席次号。

为了表达主人的真诚，减少活动的失误，在宴请的前夕，还应打电话给被邀请者，进行确认，询问一下请柬是否收到、对方能否出席等。如果对方能出席，应向对方表示感谢；即

使对方不能前来，也应表示理解。

非正式的宴请通常只需口头打个招呼，在得到对方明确答复后进行。

（四）拟订菜单和用酒

宴请菜肴的确定也要周密考虑宾客的爱好与禁忌。菜单应精致可口、赏心悦目、特色突出。应当尊重客人饮食习惯、禁忌。还要注意冷热、甜咸、色香味搭配。

（五）安排好席位

凡正式的宴会，都应事先为每个赴宴者安排好桌次和位次，并且事先通知到每位宾客，以便宾客心中有数。有的宴会只安排部分主要宾客的席位，其他人只排桌次或自由就座。

（六）宴请的程序及服务

非正式宴请当然无须讲究什么程序，只要双方能彼此呼应就行。而正式宴会一般有特定流程，如下所述。

1. 迎宾

宴会开始前，主人应站在大厅门口迎接客人。对规格高的贵宾，还应组织相关负责人到门口列队欢迎，组成迎宾线。客人来到后，主人应主动上前握手问好。

2. 引导入席

主人陪主宾进入宴会厅主桌，接待人员引导其他客人入席后，宴会即可开始。

3. 致辞、祝酒，宴会正式开始

正式宴会一般都有致辞和祝酒，但时间不尽相同。我国习惯是在开宴之前讲话、祝酒、致辞。在致辞时，全场人员要停止一切活动，聆听讲话，并响应致辞人的祝酒，在同桌中间互相碰杯。致辞、祝酒后，宴会正式开始。

西方国家致辞、祝酒习惯安排在热菜之后，甜食之前，至于冷餐会和酒会的致辞则更加灵活。

4. 服务

服务人员侍应，要从主宾开始，有女主宾的，从女主宾开始，没有女主宾的，从男主宾开始，接着是女主人或男主人，由此向顺时针方向进行。规格高的，由两名服务员侍应，一个按顺序进行，另一个从第二主人右侧的第二主宾进行至男主宾前一位止。斟酒在客人右侧，上菜在客人左侧。斟酒只需斟至酒杯三分之二即可。

5. 用餐

主人应努力使宴会气氛融洽、活泼有趣，要不时地找话题进行交谈，还要注意主宾用餐时的喜好，掌握用餐的速度。

6. 送别

热情相送，感谢光临。

第二节 中餐的餐饮礼仪

我国古代就有所谓的站有站相、坐有坐相、吃有吃相、睡有睡相的说法。这里说的进餐礼仪就是指吃相，吃相应优雅，既要符合礼仪的要求，也要有利于我国饮食文化的继承和发展。

一、几种常见的用餐方式

（一）宴会

宴会通常指的是以用餐为形式的社交聚会，可以分为正式宴会和非正式宴会两种类型。正式宴会是一种隆重而正规的宴请，它往往是为宴请专人而精心安排的，在比较高档的饭店或是其他特定的地点举行的，讲究排场、气氛的大型聚餐活动。对于到场人数、穿着打扮、席位排列、菜肴数目、音乐演奏、宾主致辞等，往往都有十分严谨的要求和讲究。非正式宴会也称为便宴，虽也适用于正式的人际交往，但多见于日常交往。它的形式从简，偏重于人际交往，而不注重规模、档次。一般来说，它只安排相关人员参加，不邀请配偶，对穿着打扮、席位排列、菜肴数目往往不作过高要求，而且也不安排音乐演奏和宾主致辞。

（二）家宴

家宴也就是在家里举行的宴会。相对于正式宴会而言，家宴最重要的是要制造亲切、友好、自然的气氛，使赴宴的宾主双方轻松、自然、随意，彼此增进交流，加深了解，促进信任。

通常，家宴在礼仪上往往不作特殊要求。

（三）便餐

便餐也就是家常便饭，用便餐的地点往往不同，礼仪讲究也最少。只需要用餐者讲究公德，注意卫生、环境和秩序，在其他方面就不用过多介意。

（四）工作餐

工作餐是在商务交往中具有业务关系的合作伙伴，为进行接触、保持联系、交换信息或洽谈生意而以用餐的形式进行的商务聚会。它不同于正式宴会和亲友们的会餐。工作餐是借用餐的形式继续进行的商务活动，把餐桌充当会议桌或谈判桌。工作餐是主客双方“商务洽谈餐”，所以不适合有主题之外的人加入。

（五）自助餐

自助餐是源自西方的现代用餐方式。它不排席位，也不安排统一的菜单，而是把能提供的全部主食、菜肴、酒水陈列在一起，用餐者根据个人爱好，自己选择、加工、享用。

采取自助餐这种方式，可以节省成本，而且礼仪讲究不多，宾主都自由方便；在举行大型活动，招待为数众多的来宾时，这样安排用餐，也是明智的选择。

自助餐的特点是不设固定席位，可以任选座位，形式活泼，便于彼此的交流。菜肴、食品连同餐具都摆设在桌上，任由客人自取。

二、座次和桌次

中餐的席位排列，关系到来宾的身份和主人给予对方的礼遇，所以是一项重要的内容。在不同情况下，中餐席位的排列有一定的差异，可以分为桌次排列和位次排列两方面。

（一）中餐宴会的桌次排列

决定餐桌高低次序的原则是：主桌排定之后，其余桌次的高低以离主桌的远近而定，近者为高，远者为低；平行者以右桌为高，左桌为低。

在正式的宴会厅内安排桌次时，主要有以下几个原则。

（1）以右为上：即各桌横向并列时，以面对宴会厅正门为准，右侧的餐桌高于左桌的餐桌。

（2）以远为上：即各桌纵向排列时，以距离宴会厅正门的远近为准，距其越远，餐桌的桌次越高。

（3）居中为上：即各桌围绕在一起时，居于正中内的那张餐桌应为主桌。

（4）临台为上：即宴会厅内若有专用的讲台时，背靠讲台的餐桌为主桌。若宴会厅内没有专用讲台，有时也可以背临主要画幅的那张餐桌为主桌。

（二）中餐宴会的位次排列

宴请时，每张餐桌上的具体位次也有主次尊卑的分别。排列位次的基本方法有四条，它们往往会同时发挥作用。

（1）主人在主桌面对正门之位就座。所谓“面门为主”，是指在每一张餐桌上，以面对宴会厅正门的正中那个座位为主位，通常应请主人在此就座。若宴会厅无正门，则一般以面对主屏风的正中的那个座位为主位。

（2）多桌宴请时，每桌都要有一位主人的代表在座。位置一般和主桌主人同向，有时也可以面向主桌主人。所谓“各桌同向”，是指在举行大型宴会时，其他各桌的主陪之位，均应与主桌主位保持同一方向。

（3）各桌位次的尊卑，以距离该桌主人的远近而定，以近为上，以远为下。

（4）各桌距离该桌主人相同的位次，讲究以右为尊。所谓“右高左低”，是指在每张餐桌上，除主位之外，其余座位位次的高低，应以面对宴会厅正门为准，右侧的位次高于左侧的位次。如果就某一侧的座位而言，距离主位越近，位次越高。一般情况下，可将主宾排在主人右手，而将主宾的夫人排在其左手。主人的夫人则往往被安排在主宾的右侧就座。

三、用餐的注意事项

（一）中餐的上菜顺序

标准的中餐，不论是何种风味，上菜的顺序大体相同。通常是冷菜、热菜、主菜、点心和汤、果盘。当冷菜已经吃了一多半时，开始上第一道热菜，一般每桌要安排 10 个热菜。宴会上桌数再多，各桌也要同时上菜。

（二）餐具的摆放与使用

1. 餐具的摆放

中餐的餐具主要有杯、盘、碗、碟、筷、匙等。在正式宴会上，水杯应放在餐盘上方，酒杯放在右上方，筷子与汤匙放在专用的架子上。

2. 餐具的正确使用

（1）筷子。

筷子是中餐最主要的餐具。筷子虽然用起来简单、方便，但也有很多规矩。用筷子取菜、用餐的时候要注意，不论筷子上是否残留着食物，都不要去舔。和人交谈时，要暂时放下筷子。不能举着筷子和别人说话，说话时要把筷子放到筷架上，或将筷子并齐放在饭碗旁边。不要把筷子竖插放在食物上面，因为这种插法，只在祭奠死者的时候才用。

用餐前筷子一定要整齐码放在饭碗的右侧，用餐后则一定要整齐地竖向码放在饭碗的正中。

（2）勺子、汤匙的正确用法。

勺子、汤匙的主要作用是舀取菜肴、食物。有时，用筷子取食时，也可以用勺子来辅助。尽量不要单用勺子去取菜。用勺子取食物时，不要过满，免得溢出来弄脏餐桌或自己的衣服。在舀取食物后，可以在原处“暂停”片刻，汤汁不会再往下流时，再移回来享用。

暂时不用勺子时，应放在自己的碟子上，不要把它直接放在餐桌上，或是让它在食物中“立正”。用勺子取食物后，要立即食用或放在自己的碟子里，不要再把它倒回原处。如果取用的食物太烫，不可用勺子舀来舀去，也不要用嘴对着吹，可以放到自己的碗里凉了再吃。不要把勺子塞到嘴里，或者反复吮吸、舔食。

（3）盘子。

盘子在餐桌上一般要保持原位，而且不要堆放在一起。除此之外，有一种用途比较特殊的被称为食碟的盘子。食碟是用来暂放从公用的菜盘里取来享用的菜肴的。用食碟时，一次不要取放过多的菜肴，不要把多种菜肴堆放在一起，不吃的残渣、骨、刺不要吐在地上、桌上，而应轻轻取放在食碟前端，放的时候不能直接从嘴里吐在食碟上，要用筷子夹放到碟子旁边。如果食碟放满了，可以让服务员更换。

（4）水杯。

水杯主要在盛放清水、果汁、可乐等软饮料时使用。一般餐桌上会为每位用餐者准备酒水饮料。

（三）进餐时的注意事项

（1）上菜后，不要先拿筷子，应等主人邀请，主宾动筷时再拿筷子。取菜时要相互礼让，取菜要适量。进餐时，先请客人、长者动筷子，夹菜时每次少一些，离自己远的菜就少吃一些。在重要的宴会上，特别是在涉外宴会上，吃东西不能发出声音。从国际礼仪的角度来讲，吃东西发出声音是没有教养的标志之一，这一点尤其需要注意。

（2）为表示友好、热情，彼此之间可以让菜，让对方品尝，但不要擅自做主为他人布菜；不论对方是否喜欢，主动为其夹菜、添饭，会让人为难。如果要给客人或长辈布菜，最好用公用筷子，也可以把离客人或长辈远的菜肴送到他们跟前。按我们中华民族的习惯，菜是一个一个往上端的，如果同桌有领导、老人、客人的话，每当上来一个新菜时，就请他们先动筷子，或者轮流请他们先动筷子，以表示对他们的尊敬和重视。

（3）不要挑菜，取菜时，要看准后夹住立即取走。不能夹起来又放下。吃到鱼头、鱼刺、骨头等物时，不要往外面吐，也不要往地上扔，要慢慢用手拿到自己的食碟里，或放在紧靠自己的餐桌边，或放在事先准备好的纸上。

（4）要适时地抽空和左右的人聊几句风趣的话，以调和气氛。不要只低着头吃饭，更不要贪杯。最好不要在餐桌上剔牙，如果要剔牙，应当用餐巾挡住自己的嘴巴。最后离席时，必须要向主人表示感谢，或者邀请主人以后到自己家做客，以示回谢。

温馨小贴士

餐巾的用途

如今很多餐厅都为顾客准备了餐巾，通常，要等坐在上座的尊者拿起餐巾后，其他人才可以取出平铺在腿上。餐巾很大时可以叠起来使用，不要将餐巾别在领口上或背心上。餐巾的主要作用是防止食物落在衣服上，所以只能用餐巾的一角来印一印嘴唇，而不能用餐巾来擦餐具。如果暂时离开座位，要将餐巾叠放在椅背或椅子扶手上。用完餐，要将餐巾叠一下放在桌子上。

第三节 西餐的餐饮礼仪

一、西餐的礼仪

中餐和西餐的差异，实际上从某种意义上来讲，是难以区分的。一般我们所讲的西餐，是以刀叉所取食的菜肴；一般我们讲的中餐，是由中国人所烹饪的用筷子所取食的菜肴。从形式上来讲，中餐和西餐的区别主要就是这些。当然，从口味上来讲，就菜单的安排而论，中餐和西餐有较大的差异。作为中国人，不管爱不爱吃西餐，在社交场合都有可能去参加一些别人所邀请的西餐宴会。倘若在现场表现不当，是非常失礼的。

（一）西餐的餐序

正式的西餐宴会和自助的便餐西餐是不同的。一次正式的西餐宴会，程序较为复杂，餐具颇有讲究，时间较为漫长，大体上需要两个小时。比如正式的西餐宴会首先要上头牌菜，头牌完了之后需要喝汤，喝完汤之后要吃主菜，吃完了主菜之后，需要吃甜品，还要吃水果，最后喝咖啡。而吃便餐就较为简洁，一个沙拉、一份汤、一个主菜即可。

西餐菜单上有几大分类，分别是开胃菜、汤、肉类、沙拉、点心等。正式的全套餐点上菜顺序是如下。

1. 头盘

西餐的第一道菜是头盘，也称为开胃品。开胃品的内容一般有冷头盘和热头盘之分，常见的品种有鱼子酱、鹅肝酱、熏鲑鱼、鸡尾杯、奶油鸡酥盒、焗蜗牛等。因为是要开胃，所以开胃品一般都有特色风味，味道以咸和酸为主，而且数量少，质量高。

2. 汤

和中餐不同的是，西餐的第二道菜就是汤。西餐的汤大致可分为清汤、奶油汤、蔬菜汤和冷汤四类。品种有牛尾清汤、各式奶油汤、海鲜汤、美式蛤蜊汤、意式蔬菜汤、俄式罗宋汤、法式焗葱头汤。冷汤的品种较少，有德式冷汤、俄式冷汤等。

3. 副菜

鱼类菜肴一般作为西餐的第三道菜，也称为副菜，品种包括各种淡、海水鱼类、贝类等。通常水产类菜肴与蛋类、面包类、酥盒菜肴品都称为副菜。因为鱼类等菜肴的肉质鲜嫩，比较容易消化，所以放在肉类菜肴的前面，在叫法上也和肉类菜肴主菜有区别。西餐吃鱼菜肴讲究使用专用的调味汁，品种有鞑靼汁、荷兰汁、酒店汁、白奶油汁、美国汁和水手鱼汁等。

4. 主菜

肉、禽类菜肴是西餐的第四道菜，也称为主菜。肉类菜肴的原料取自牛、羊、猪等各个部位的肉，其中最有代表性的是牛肉或牛排。牛排按其部位又可分为沙朗牛排（也称西冷牛排）、菲利牛排、“T”骨型牛排、薄牛排等。其烹调方法常用烤、煎、铁扒等。肉类菜肴配用的调味汁主要有西班牙汁、浓烧汁、蘑菇汁、白尼斯汁等。禽类菜肴的原料取自鸡、鸭、鹅，通常将兔肉和鹿肉等野味也归入禽类菜肴。禽类菜肴品种最多的是鸡，有山鸡、火鸡、竹鸡，可煮、炸、烤、焖，主要的调味汁有黄肉汁、咖喱汁、奶油汁等。

5. 蔬菜类菜肴

蔬菜类菜肴可以安排在肉类菜肴之后，也可以和肉类菜肴同时上桌，所以可以算作一道菜，或称为一种配菜。蔬菜类菜肴在西餐中称为沙拉。和主菜同时服务的沙拉，称为生蔬菜沙拉，一般用生菜、西红柿、黄瓜、芦笋等制作。沙拉的主要调味汁有油醋汁、法国汁、千岛汁、奶酪沙拉汁等。沙拉除了蔬菜之外，还有一类是用鱼、肉、蛋类制作的，这类沙拉一般不加味汁，在进餐顺序上可以作为头盘。还有一些蔬菜是熟的，如花椰菜、煮菠菜、炸土豆条。熟食的蔬菜通常和主菜的肉食类菜肴一同摆放在餐盘中上桌，称为配菜。

6. 甜品

西餐的甜品是主菜后食用的，可以算作是第六道菜。从真正意义上讲，它包括所有主菜后的食物，如布丁、煎饼、冰激凌、奶酪、水果等。

7. 咖啡、茶

西餐的最后一道菜是饮料、咖啡或茶。喝咖啡一般要加糖和淡奶油。茶一般要加香桃片和糖。西方人通常是用袋泡茶或把茶叶先放在茶壶里泡，然后把茶水倒出来喝，茶杯里不留茶叶。

（二）西餐座次以及位次

西餐有个比较特殊的地方，就是往往以女主人为第一顺序。但凡有过正式参加西餐宴会的人，都有这样一个经验，在西餐宴会上，女主人不就座别人是不能就座的。女主人把餐巾铺在腿上是宴会开始的信号，女主人拿起餐具，别人才可以开始用餐。而女主人把餐巾放到桌子上，就是宴会到此结束的一种暗示。总而言之，女主人是第一位的，其他的客人包括男主人，都应该唯女主人是从，不能够在她前面贸然而行。

（三）餐具的使用

餐具要根据一道道不同菜的上菜顺序精心排列。座位最前面放食盘（或汤盘），左手放叉，右手放刀。汤匙也放在食盘右边。食盘上方放吃甜食用的匙和叉、咖啡匙，再往前略靠右放酒杯。右起依次是：葡萄酒杯、香槟酒杯、啤酒杯（水杯）。高档的餐厅餐巾往往叠得很漂亮，有的还会系上小缎带。

1. 刀叉的使用

使用刀叉时，从外侧往内侧取用刀叉，要左手持叉，右手持刀；切东西时左手拿叉按住食物，右手拿刀切成小块，用叉子往嘴里送。用刀的时候，刀刃不可以朝外。进餐中途需要休息时，可以放下刀叉并摆成“八”字形状摆在盘子中央，表示没吃完，还要继续吃。每吃完一道菜，将刀叉并排放在盘中，表示已经吃完了，可以将这道菜或盘子拿走。如果是谈话，可以拿着刀叉，不用放下来，但不要挥舞。不用刀时，可用右手拿叉，需要做手势时，就应放下刀叉，不要一手拿刀或叉，而另一只手拿餐巾擦嘴，也不要一手拿酒杯，另一只手拿叉取菜。任何时候，都不要将刀叉的一端放在盘上，另一端放在桌上。

西餐的餐巾绝对是不可以擦刀叉的。你要当着别人的面去擦刀叉，等于向主人表示抗议，认为他的餐具不干净，这是非常忌讳的。用餐时，在和别人说话之前，有教养的一种做法是用餐巾的内侧把嘴印一印。如果用餐到一半，想出去方便一下，或者接听手机，还回来要接着用餐，可以将餐巾放在自己座椅的椅面上。

2. 调羹的使用

在西餐中，调羹（匙、汤匙）的使用很有讲究。汤匙和刀叉一样，往往在正式的西餐宴会上，不止一副。在正规的西餐宴会上，匙有以下几种：喝汤的、吃布丁的或者吃冰激凌的、喝茶或者喝咖啡的等。它有可能摆放在右手的刀的外侧，也有可能放在正前方。总而言之，如果放多把匙的话，由外侧依次向内取。以下三点是我们使用匙时需注意的。

（1）不能够把勺子含在嘴里。

（2）调羹不用的时候，要摆放在餐桌上或者放在餐盘上，不能够在杯子里面或者碗里面立正（就是插在杯碗里面，这样是非常不得体的）。

（3）喝汤时匙由内侧向外侧舀起，由距离自己身体较近的一方向较远的一方去舀。因为西餐的汤一般汁水浓重，色彩鲜艳，一不小心就会流在身上或者流在餐巾上。

（四）餐桌上的注意事项

就座时，身体要端正，手肘不要放在桌面上，不要跷腿，和餐桌的距离以便于使用餐具为佳。餐台上摆好的餐具不要随意摆弄。女主人拿起餐巾时（没女主人就看男主人），表示开始用餐。用餐时，要把餐巾铺在双腿上，如果餐巾很大就对折放在腿上，盖住膝盖以上的双腿部分。在正规的晚餐，要等女宾放好餐巾后，男士再放餐巾。最好用双手打开餐巾，切忌来回抖动地打开餐巾。不要将餐巾别在领口上、皮带上或夹在衬衣的领口。用餐的时候，头要保持一定高度，不能太低，不能频繁地移动头部。

就餐期间，如果暂时离开座位，可以把餐巾放在椅子上。千万不要把餐巾放在桌上，否则就意味着你不想再吃，让服务员不再给你上菜。

很多主人并不愿意客人在家里吸烟。如果你想吸烟，可以在上甜点之后，并得到男主人或女主人的允许，去指定的地方吸烟。

取食物时，拿不到的食物可以请别人传递，不要站起来。每次送到嘴里的食物不要太多，在咀嚼时不要说话。即使是自己不愿吃的食物，也应要一点放在盘中，以示礼貌。不应在进餐中途退席。确实需要离开，要向左右的客人小声打招呼。饮酒干杯时，即使不喝，也应该将杯口在唇上碰一碰，以示敬意。当别人为你斟酒时，如果不需要，可以简单地说一声："不，谢谢！"或以手稍盖酒杯，表示谢绝。进餐过程中，不要解开纽扣或当众脱衣。如果主人请客人宽衣，男客人可以把外衣脱下搭在椅背上，但不可以把外套或随身携带的东西放到餐台上。

二、咖啡的礼仪

在现代社会中，尤其在社交场合，饮用咖啡不仅是一种礼仪，而且是一种时尚，因此，我们必须对饮用咖啡的礼仪加以注意。饮用咖啡的礼仪有以下几点。

首先，现磨现煮的咖啡档次高于速溶咖啡。速溶咖啡实际上和我们喝的罐装茶一样的，它是一种便餐，往往不登大雅之堂。倘若你参加国际交往，到外国人家里做客，如果女主人为你煮了一杯咖啡，要对对方的手艺或者这种做法表示尊重和感谢。

其次，咖啡豆的选择直接关系到咖啡的档次。蓝山咖啡、爪哇咖啡、摩卡咖啡等这样一些以具体咖啡产地冠名的咖啡豆是高档咖啡的同义词。所以，在社交场合，如果主人请你喝咖啡，而且特别强调咖啡豆的产地和品种时，你要注意洗耳恭听，必要时要表示感谢。

最后，咖啡里添加配料。喝咖啡时，可以根据自己的不同习惯，在咖啡里面添加一些配料。比如喝速溶咖啡，经常会加咖啡伴侣，还有人喜欢加牛奶。不加任何东西的咖啡，一般叫黑咖啡，而加了牛奶的咖啡，一般有个约定俗成的说法叫法式咖啡。按照西方人的说法，尤其是比较传统的说法，人们在重要的西餐宴会上习惯于喝黑咖啡。此外，咖啡里面还可以加很多东西，比如土耳其式咖啡，其具体做法就是把咖啡磨成咖啡粉末之后，直接放到锅中烹煮，它比较混浊，量比较大。还有皇家咖啡，就是在咖啡中加入白兰地酒，准确地讲就是在咖啡上面燃烧白兰地酒，使咖啡香和酒香混合。还有苏格兰式咖啡，就是在咖啡中加威士忌。当然也有在咖啡中加茶水，根据个人口味去进行调节的。

还有一些需要注意的细节，比如喝咖啡时不能咬着咖啡匙，喝咖啡时不能一饮而尽。喝咖啡还要注意一些约定俗成的搭配，比如会搭配法式或者美式甜甜圈，或者一些糕饼。

三、酒水的礼仪

在宴会上，尤其在西式宴会上，酒水的位置非常重要。总体而言，在饮酒的问题上，有几点要注意：比如前面强调的，祝酒不劝酒。对别人而言，你可以祝酒，但是不要灌酒；对于自己而言，你要量力而行，适可而止，不能酗酒。斟酒的时候也有一些讲究，中餐的讲法是酒满敬人，而在西式宴会上强调酒满欺人。关于酒水需要注意以下两个问题。

第一，要了解基本的搭配。西式宴会上的酒可以分为餐前酒、佐餐酒、餐后酒，它们一般都是葡萄酒。比如餐前酒，往往是鸡尾酒或者香槟酒。所谓香槟酒就是发泡葡萄酒，它是葡萄酒的一种特殊品种，这样的酒比较爽口，又叫开胃酒。佐餐酒一般有红葡萄酒、白葡萄酒，它的基本搭配是吃白肉喝干白，吃红肉喝干红。所谓白肉指的是鸡肉和鱼肉，所谓红肉指的是羊肉、牛肉、猪肉。白葡萄酒的味道比较淡，适合与味道比较淡的白肉搭配；红葡萄酒的味道比较醇厚，适合与红肉搭配。在西餐的酒水中还有餐后酒，它往往味道比较重，是甜葡萄酒或者是白兰地酒。餐后酒的度数比较高，味道比较正，有化解油腻之功效。

第二，要注意酒具的使用、饮酒的姿势、酒水的温度。从高层次的品酒和欣赏的角度而言，酒具的使用、饮酒的姿势、酒水的温度都需要注意。比如，喝香槟酒时，酒杯最佳的选择是郁金香型的高脚杯。香槟酒最佳饮用温度是4℃，一般需要冰镇或者加冰块。一般来讲，宴会上干杯是用香槟酒，因为香槟酒的气泡上升会给别人比较喜悦的感觉，而且香槟酒度数比较低。干白葡萄酒一般的饮用温度是13℃左右。饮用干白时需要速冻或者加冰块。

饮用干白时用的杯子是肚子比较大，杯腿稍微长一点的葡萄酒杯，它的拿法与葡萄酒一样，是捏杯腿。红葡萄酒一般饮用的温度是18℃左右，它不需要加任何东西，一般室温可以保证酒水达到这个温度，所以喝红葡萄酒一般可以握杯身。白兰地酒是最常见的餐后酒，它一般价格比较昂贵，饮用温度一般要求20℃左右，它的杯子是大肚小口的矮脚杯，饮用时，一般要托着酒杯，晃一晃、摇一摇、闻一闻，表面的形式是对酒表示欣赏，实质的内容是为酒加温。

本章小结

宴请作为现代社会交往中最常见的交际活动，在整个社交礼仪中占有非常重要的地位。学习和使用中餐和西餐基本的用餐礼仪，不仅从细节体现出个人的文化素养，还会为人际交往锦上添花，给他人留下好的印象。

问题与应用

1. 中餐正式宴请中桌次和座次如何安排？
2. 正式宴请中中餐餐具如何摆放？上菜顺序及用餐的注意事项有哪些？
3. 西餐宴请的座次、位次以及点餐的餐序与中餐有什么不同？
4. 谈谈西餐餐具的摆放方法和使用方法。
5. 咖啡和酒水的礼仪有哪些？

第八章　接待礼仪

学习目标

1. 了解公务接待的准备工作和要求。
2. 了解商务接待中迎接、乘车、宴客等礼仪规范。
3. 了解办公室接待需要注意的事项。

第一节　公务接待礼仪

一、接待前的准备

（一）了解情况

对外往来中，对于重要客户，需要提前了解其工作背景、饮食习惯、信仰等情况，以免在接待过程中犯错误。

（二）安排行程

接待人员在安排行程时，需要注意以下两点。

第一，提前安排行程，并和客户协商好。

第二，为客户准备出行提示、日程安排、酒店地图、参观游览提示等，让客户觉得温馨、踏实、放心。

（三）安排住宿

接待人员在安排住宿时，需要注意以下三点。

第一，不宜选择过于偏僻的地方，否则会造成客户出行不便。

第二，提前查看酒店房间，检查房间的设施设备，观察酒店周边环境。

第三，了解客户的喜好及对房间的特殊要求。比如，接待伊斯兰教信仰者时，需摘掉房间内的人物肖像图。

（四）安排接送

在安排接送工作时，需要注意以下几个问题。

1. 正确配置车辆

负责接送客户车辆的规格应该与客户的职位相匹配，以体现出对客户的尊重。

2. 正确安排座位

接待人员在安排车辆座位时，应做好如下工作。

第一，提前了解车辆的款式、型号、大小、座位设置等。

第二，及时与来访的客人进行沟通，正确安排座位，避免出现尴尬情况。

如图 8.1 所示，如果乘坐的车辆为小轿车，在安排车辆座位时，需了解坐在驾驶位的人的身份。若坐在驾驶位的是司机，则后排右侧的位置是上座，驾驶位后面的位置是第二座位，副驾驶座是第四座位。若坐在驾驶位的是接待方的领导，则副驾驶座为上座。

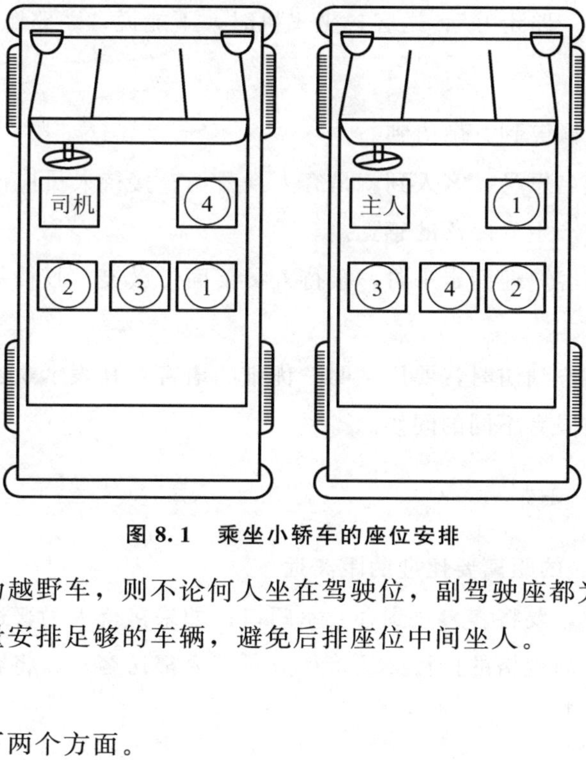

图 8.1　乘坐小轿车的座位安排

如果乘坐的车辆为越野车，则不论何人坐在驾驶位，副驾驶座都为上座。

一般来说，应尽量安排足够的车辆，避免后排座位中间坐人。

3. 做好引领工作

引领工作包括以下两个方面。

第一，为客户打开车门，引领客户上车。

第二，到达目的地后，快步为客户打开车门，在前引领客户。

需要注意的是，在为客户打开车门时，应左手开车门，右手上挡住门框（若客户为佛教信仰者，则开关车门时不能遮挡门框），关车门的动作要轻。

二、公务接待要求

（一）做到“三声三到”

1. 三声

三声是指来有应声、问有答声、走有送声。

第一，来有应声。客户到访时，接待人员要主动、及时、得体地打招呼。比如，老客户可以称呼为“某先生（或某女士）”，突然到访的客户可以称呼为“先生”或“女士”。另外，还可以根据对方的职位选择称呼语。

第二，问有答声。当客户问问题时，要及时、真诚、恰如其分地进行回答。如果对方的问题涉及公司机密、行业机密或个人隐私，就要引开对方的思路，或提出一个新的话题。

第三，走有送声。接待要善始善终，送客户离开时，要使用得体的送别语言。比如，送客户离开时，不能说“一路走好”；送客户坐飞机时，不能说“一路顺风”。

2. 三到

三到是指客人到、微笑到、敬语到。

第一，客人到。顾名思义，客人到就是客人到公司。接待人员应该在客人到的第一时间进行接待，以免让客户产生受冷落的感觉。

第二，微笑到。当客户迎面走来时，接待人员要面带微笑，眼神关注。微笑要有愉悦的感觉，不可僵硬。

第三，敬语到。客户到访时，要用文明、优雅的语言对其表示欢迎。需注意，欢迎语不能太死板，应在不同时段有不同的问候。

（二）做到“迎三送七”

“迎三送七”就是送的距离要比迎的距离远。

如果接待人为领导，要将客户送到办公室门口；如果接待人为普通职员，要把客户送到电梯口并帮忙按电梯；高规格的接待必须接待方所有人都送客户，将客户送到车上，然后挥手再见，目视其车辆离开。

（三）首问责任处理

在接待客户的过程中，当客户的询问涉及隐私或别的部门的业务时，接待人员可以岔开话题，或让对方直接问领导。

若对方一定要追问，可以委婉地告知对方，如“针对这件事情，您看是否可以留一个电话，我去咨询，问完再回复您”，或为对方提供一个咨询电话，让其自己联系。

（四）距离有度

在接待客户的过程中，接待人员要保持距离，不可太过热情，以免让对方觉得唐突，有压力。

一般而言，私人距离为 0.5 米以外，社交距离为 0.5 米至 1.5 米，礼仪距离为 1.5 米至 3 米，公共距离为 3 米以外。在电梯里，接待人员斜 45 度站在客户旁边进行交流，会让对方觉得舒服。

三、公务接待中的细节处理

（一）平地引领

在平地上的引领，接待人员需要注意下列事项。

第一，走在客人或领导的左前方大约 1.5 米处，以起到保护的作用。

第二，在引领过程中，要告知对方目的地，身体要侧转，伴有手势指示和语言提醒，眼睛看向对方。

第三，行走过程中做到领导或客户优先，遇到客户或领导，要侧身让其先走，并点头致意。

（二）上下楼梯

上楼梯时，接待人员应让客人或领导走在前面有扶手一侧，并对客人进行语言提示。下楼梯时，接待人员应让客人或领导走在后面，自己在前提示并加以手势指引。也就是说，无论上楼梯，还是下楼梯，客人或领导都是在高处的。

（三）上下电梯

上下电梯时，接待人员需要注意以下两个方面。

第一，如果有人专门开电梯，就让客人或领导先进、先出。

第二，如果没有人专门开电梯，则接待人员就要做电梯工。电梯来到后，接待人员先进去控制住电梯的开门按钮，请客人进去后再点击楼层按钮；进入电梯后，接待人员斜转体 45 度角与客户交流；电梯到达后，接待人员应先请客人出电梯，然后自己再出。

（四）进出房间

进出房间时，需要注意以下三个细节。

第一，下属为领导或客户开关门。如果为内推门，接待人员首先进去抓住门，让客人进入房间后，再去关门；如果为外拉门，接待人员需要打开门，让客人进去后，再把门带上。

第二，进门前要敲门。敲门的动作要轻，即使对方的门开着，也需要敲门。

第三，进入领导办公室后，不要眼睛直盯着领导看，而是应该先稍看向下看，然后再抬头看领导，以避免尴尬。

（五）座次安排

接待人员在指引客人入座的时候，需要注意以下细节。

如图 8.2 所示，如果是相对式桌子的座次安排，依照国际惯例，右为上，客人在右侧；如果进门后对面是两个并排沙发，客人应坐在主人右侧；如果其他摆设格式，离门远的座位为上，客户应坐在里面位置。

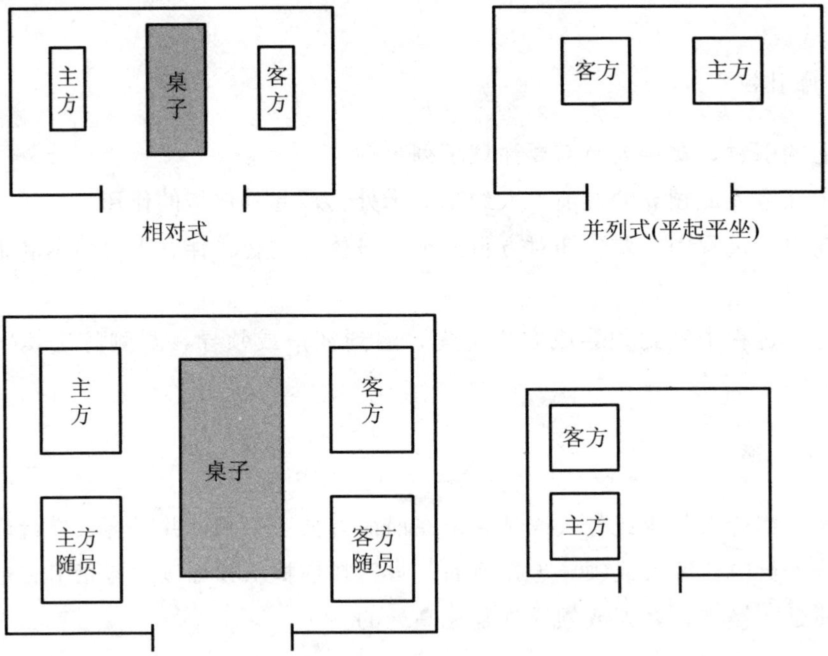

图 8.2 座次安排

（六）倒水、递水

1. 倒水

给客人倒水时，需要注意以下两个细节。

第一，不要用手抓住杯子的上端。

第二，水要倒七分满。

2. 递水

给客人递水时，需要注意以下四个细节。

第一，站在客人的右侧，右手拿着杯子的下端，左手托住杯子，说“打扰您一下”。

第二，放下水后，左手抽回，右手做出“请”的手势，同时说“请慢用”，然后退回。

第三，若茶桌为矮几，则需蹲下递茶。

第四，如果杯子上印有单位的 LOGO，应该将杯子有 LOGO 的一侧朝向客人。

第二节　商务接待礼仪

商务交往活动中，接待是给客户留下良好第一印象的重要工作，为下一步深入的交往打下基础，接待要有周密的布置。

一、迎接礼仪

(1) 对前来访问、洽谈业务、参加会议的外国、外地客人，应首先了解对方到达的车次、航班，安排与客人身份、职务相当的人员前去迎接。若因某种原因，相应身份的主人不能前往，前去迎接的主人应向客人做出礼貌的解释。

(2) 主人到车站、机场去迎接客人，应提前到达，恭候客人的到来，绝不能迟到，让客人久等。客人看到有人来迎接，内心必定非常高兴，若迎接来迟，会给客人留下不守信誉的印象。

(3) 接到客人后，应首先问候“一路辛苦了”“欢迎您来到我们这个美丽的城市”“欢迎您来到我们公司”，等等。然后向对方作自我介绍，如果有名片，可送予对方。

(4) 迎接客人应提前准备好交通工具，不要等到客人到了才匆匆忙忙准备交通工具，那样容易误事等。

(5) 主人应提前为客人准备好住宿，帮客人办理好一切手续并将客人领进房间，同时向客人介绍住处的服务、设施，将活动的计划、日程安排交给客人。应陪客人稍做停留，热情交谈，谈话内容要让客人感到满意，比如客人参与活动的背景材料、当地风土人情、有特点的自然景观、特产、物价等。考虑到客人一路旅途劳累，主人不宜久留，让客人早些休息。分手时，应该将下次联系的时间、地点、方式等告诉客人。

二、接待礼仪

接待客人要注意以下几点。

(1) 客人要找的负责人不在时，要明确告诉对方负责人到何处去了，以及何时回本单位。请客人留下电话、地址，明确是由客人再次来单位，还是我方负责人到对方单位去。

(2) 客人到来时，我方负责人由于种种原因不能马上接见，要向客人说明等待理由与等待时间，若客人愿意等待，应该向客人提供饮料、杂志，如果可能，应该时常为客人换饮料。

(3) 接待人员带领客人到达目的地，应该有正确的引导方法和引导姿势。

① 在走廊的引导方法：接待人员在客人二三步之前，配合步调，让客人走在内侧。

② 在楼梯的引导方法：当引导客人上楼时，应该让客人走在前面，接待人员走在后面，若是下楼时，应该由接待人员走在前面，客人在后面，上下楼梯时，接待人员应该注意客人的安全。

③ 在电梯的引导方法：引导客人乘坐电梯时，接待人员先进入电梯，等客人进入后关闭电梯门，到达时，接待人员按“开”的钮，让客人先走出电梯。

④ 客厅里的引导方法：当客人走入客厅，接待人员用手指示，请客人坐下，看到客人

坐下后，才能行点头礼后离开。如客人错坐下座，应请客人改坐上座（一般靠近门的一方为下座）。

（4）诚心诚意地奉茶。我国人们习惯以茶水招待客人，在招待尊贵客人时，茶具要特别讲究，倒茶有许多规矩，递茶也有许多讲究。

三、乘车礼仪

（一）小轿车

（1）小轿车的座位，如有司机驾驶时，以后排右侧为首位，左侧次之，中间座位再次之，前座右侧为末席。

（2）如果由主人亲自驾驶，以驾驶座右侧为首位，后排右侧次之，左侧再次之，而后排中间座为末席，后排中间座则不宜再安排客人。

（3）主人夫妇驾车时，则主人夫妇坐前座，客人夫妇坐后座，男士要服务于自己的夫人，宜开车门让夫人先上车，然后自己再上车。

（4）如果主人夫妇搭载友人夫妇的车，则应邀友人坐前座，友人之妇坐后座。

（5）主人亲自驾车，坐客只有一人，应坐在主人旁边。若同坐多人，中途坐前座的客人下车后，在后面坐的客人应改坐前座，此项礼节最易疏忽。

（6）女士登车不要一只脚先踏入车内，需先站在座位边上，把身体降低，让臀部坐到位子上，再将双腿一起收进车里，双膝一定保持合并的姿势。

（二）越野车

越野车无论是主人驾驶还是司机驾驶，都应以前排右座（副驾驶位）为尊，后排右侧次之，后排左侧为末席。上车时，后排位低者先上车，前排尊者后上。下车时前排客人先下，后排客人再下车。

四、商务宴客的礼仪

（一）宴请前的通知

正式决定进行工作餐之后，依照常规应由负责人将相关的时间、地点、人员、议题等，通报给其他人员。对于重要的人士，须由主人亲自相告。如果宾主双方事先讲好了要在某处共进一次工作餐，那么负责人在将一切具体事宜操办完毕之后，仍须再一次地详告于客人。仅仅告知对方具体的时间、地点，有时还远远不够。作为主人，还必须同时将工作餐将在哪一个餐厅进行、餐厅的具体方位与主要特征、交通的大致路线、宾主双方在何处会面等，一并告知对方。

（二）宴请人员的邀请

假定负责人所邀请出席工作餐的人员之中，有个别人彼此之间尚未相识，那么在对对方进行邀请或通知时，最好先打一声招呼，若无特殊原因，出席工作餐的人员一经确定，并正式进行通知之后，不宜临时再有所增加。如果必须增加，也要首先征得客人的同意。

（三）正式宴请的准备工作

确定宴请的目的、对象和规格；确定宴请的时间和地点；选择最佳的邀请方式，让客人感到被尊重；结合宴请的形式和档次、时间与季节拟定菜单。

（四）宴会进行时的礼仪程序

在迎候地点，宾主双方见面之后，应一一进行握手，并且互致问候。如果双方的人员不全部熟悉，双方的负责人还须各自对自己的随员一一进行介绍。

（1）礼貌入座：分清主次位置，按预先安排好的座位依次引客人入座。

（2）按时开席：客人落座后要按时开席，不能因个别客人误时而影响整个宴会的进行。

（3）先请后用：先让每位客人的杯里盛有酒和饮料，再开始用餐。

（4）陪同客人的人数不宜超过客人的人数，如果只有一位客人，可有两位陪客。

（5）按顺序上菜：一般每上一道新菜，先将菜转到主宾面前，让主宾先用。

（6）进餐时举止文明，不能醉酒失态。

（7）注意协调气氛，力求和谐友好。

（8）不要在客人面前领取收据或付款。

（9）不可留下客人先行离开，等客人离席后，方可离席。

（五）用餐礼节

招待客人进餐时，必须判断上、下位的正确位置，窗边的席位、里面的席位、能眺望美景的席位都是上位。安排座位时，请客人先入座；和上司同席时，请上司在身旁的席位坐下，你应站在椅子的左侧，右手拉开椅子，而且不发出声响。预订场地时，应交代店方留好的位置。

第三节　办公室接待礼仪

办公室是一个体现职场专业性与效率的办公场所，良好办公室礼仪代表着一个企业的优秀企业文化，体现着员工的精神面貌和良好的职业素质，能够赢得他人的尊重和好感，使你尽快融入其中，营造良好的工作环境与融洽的人际关系，遵循一些礼仪规范，了解、掌握并恰当地应用办公室礼仪，能够使你的职业生活愉快并富有效率。

一、接待礼仪

办公室接待礼仪没有正式接待礼仪那么复杂，但同样要热情、周到、礼貌，这不仅体现了个人修养，同时也反映了公司的整体形象。

（一）做好接待准备

（1）接待环境：保持办公室环境整洁，如有客人来访更应保持较高水平的工作环境。

（2）准备好商务洽谈材料：商务洽谈要事先准备材料，保证过程有条不紊。

（3）准备饮品：准备茶水是接待的基本礼貌。

（二）办公室接待来宾规范用语

（1）当客人进入办公室时，请说："您好，先生/小姐，请往这边走，请坐。"

（2）当客人坐下时，则说："先生/小姐，麻烦您等一下，我们×××经理马上过来。"

（3）当给客人上茶时，则说："先生/小姐，请用茶。"

（4）当公司负责人来临时，则说："先生/小姐，您这边请。"

（5）当客人离开时，接待人员把客人送出公司门口并说："先生/小姐，请慢走，欢迎下次来我们公司做客。"并把客人引入电梯间。

（三）办公室接待人员行为准则

（1）接待礼仪：面容清洁，衣着得体；稳重端庄，从容大方；语气温和，礼貌文雅；诚恳热情，不卑不亢。

（2）客人来公司拜访时，恰遇拜访人不在，应把客人引进接待室并立即通知拜访人。

（3）客人过走廊时，通常走在客人的右前方，不时左侧回身，配合客人脚步，转弯处伸右手示意，并说"您这边请"。

（4）座谈时，客人落座后，要以双手奉茶，先客人，后主人，先领导，后同事。

（5）当客人落座与拜访人交谈时，接待人员应退出并每隔三十分钟或者一小时进入交谈区域对客人的茶杯进行蓄水。

（6）如遇特殊时间来客，例如中午或者下班后，接待人员需等客人离开公司后方可下班。

（7）送客人进电梯时，要让客人先进，等电梯门关闭后，方可离开电梯间。

（四）接待注意事项

（1）接待人员在遇到有访客来时，应立即起身，面朝来访者点头、微笑致意："您好，请问您找哪一位？""有预约吗？"知道找谁，并确认是预约之后，请来访者稍等，立即帮忙联系。

（2）来客来访，由前台接待人员与集团办公室对接，请来宾在接待室稍事等候，由秘书通知董事长或总经理，接见来宾。

（3）遇来宾要访问的副总经理以上领导外出，或遇领导在会议中或其他特殊情况，不便接待来宾时，由秘书向来宾说明缘由，并请来宾在联络单上填写个人信息以及联系方式等，在领导方便的时候，由秘书通知来宾，再次来访。

(4) 来宾来访结束后，由接待人员或秘书送来宾到电梯处，并欢迎来宾再次来访。

二、电话礼仪

接听电话应注意以下事项。

(1) 来电时，应在响铃3声内接起，迟接电话应及时表示歉意。办公室及值班人员要坚守岗位，确保办公室电话畅通。电话中，要勤说“请问”“对不起”“请稍等”这类的谦辞。如果因故迟接，要向来电者说“对不起，让您久等了”。

(2) 接打电话时，要注意使用文明用语，谈话事项及时登记并通知有关领导及个人。

(3) 重要的第一声：“您好，这里是××公司。”注意语气、语调和声音，打电话时要有喜悦的心情，给对方留下良好的第一印象，有利于双方继续的交谈。

(4) 接待人员在接听电话时要使用规范用语。接起电话时使用规范用语：“您好！这里是××，请问您找哪位?”在通话结束后：“谢谢您的来电，我们会尽快答复，祝您工作愉快！再见!”

(5) 来电为一般事项，由接待人员电话告知相关部门即可。对要求转向具体人员的电话，可以礼貌地说“请稍等”，并马上告知。来电为重要事项，则由接待人员将来电内容转告相关负责人，由领导回复来电。

(6) 公事最好掌握3分钟原则，长话短说，简明扼要，一般不要超过3分钟。工作时间禁止接听私人电话，如有急事，由管理人员转告。接听电话应该仔细、耐心，不要轻易打断对方说话。准确记录、转告电话内容，主动帮助顾客解决问题，及时转告并督促同事回电。谈话结束，表示谢意，等待对方先挂电话。

温馨小贴士

装茶时，用茶匙向空杯内装入茶叶，切忌用手抓茶叶，以免手气或杂味影响茶叶的品质。请客人喝茶时，要将茶杯放在托盘上，并用双手端出。茶杯应放在客人的右手上方。

第四节　接待工作中座次安排常识

一、关于会议主席台座次的安排

(1) 主席台必须排座次、放名签，以便领导对号入座，避免上台之后互相谦让。

(2) 主席台座次排列，领导为单数时，主要领导居中，2号领导在1号领导左手位置，3号领导在1号领导右手位置；领导为偶数时，1、2号领导同时居中，2号领导依然在1号领导左手位置，3号领导依然在1号领导右手位置。

(3) 对上主席台的领导能否届时出席会议，在开会前务必逐一落实。领导到会场后，要安排在休息室稍候，再逐一核实，并告知上台后所坐位置。如主席台人数很多，还应准备座位图。如有临时变化，应及时调整名签、座次，防止主席台上出现名签差错或领导空缺。还要注意认真填写名签，避免出现错别字。

二、宴席座次的安排

如图 8.3 所示，宴请客人，一般主陪在面对房门的位置，副陪在主陪的对面，1 号客人在主陪的右手，2 号客人在主陪的左手，3 号客人在副陪的右手，4 号客人在副陪的左手，其他可以随意。以上主陪的位置是按普通宴席掌握，如果场景有特殊因素，应视情况而定。

中　餐　桌

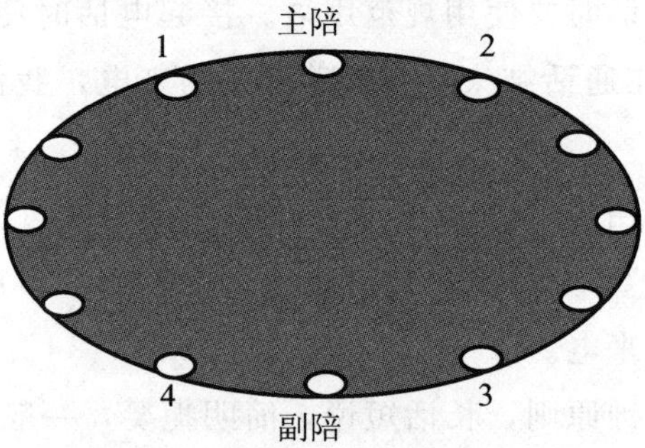

西　餐　桌

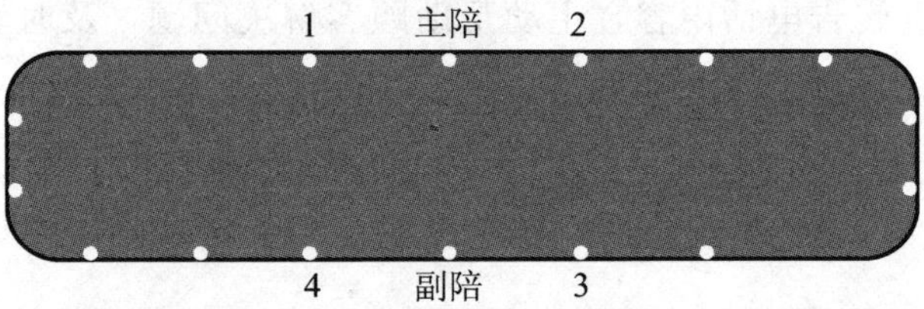

图 8.3　宴请时主客对应位置

三、仪式座次的安排

签字双方主人在左边，客人在主人的右边。双方其他人数一般对等，按主客左右排列。

四、合影座次的安排

合影座次安排与主席台安排相同，具体如图 8.4 所示。

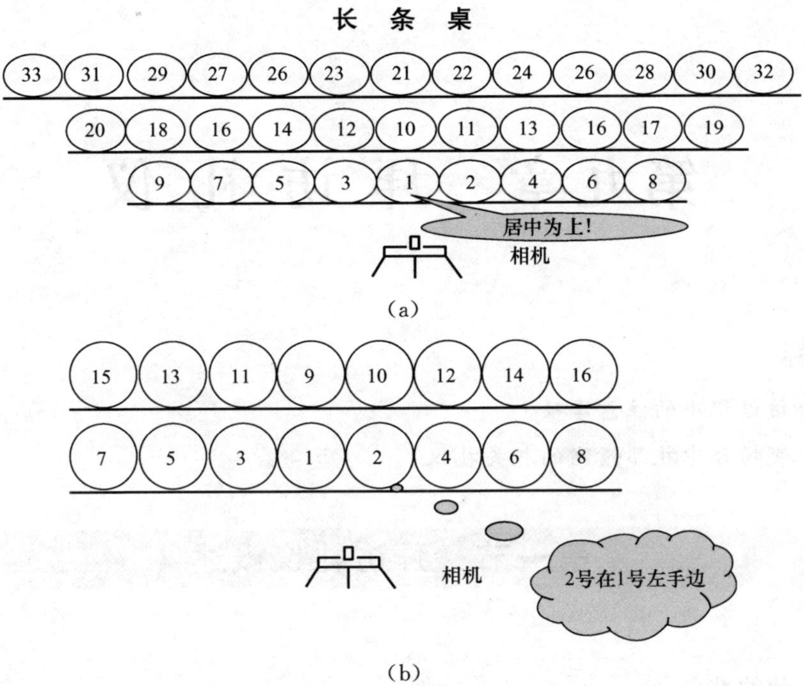

图 8.4　合影座次安排

本 章 小 结

公务和商务交往活动中，接待是给对方留下良好第一印象的重要工作，为进一步深入的交往打下基础。在整个接待过程中，准备工作、迎来送往，以及乘车宴客等都需要经过周密的布置和完善的细节处理，才能够赢得对方的尊重和好感。遵循接待的礼仪规范，在公务和商务往来中可以有效地建立良好的人际关系，取得事半功倍的效果。

问题与应用

1. 公务接待的准备工作和要求有什么？有哪些细节需要处理好？
2. 商务接待礼仪应从哪些方面入手？
3. 办公室接待中接听电话有哪些注意事项？
4. 接待工作中座次安排的礼仪常识有哪些？

第九章　拜访礼仪

学习目标

1. 了解拜访过程中的注意事项。
2. 了解社交场合中礼品馈赠的相关礼仪。

第一节　拜访礼仪概述

一、拜访前的准备

（一）事先约定拜访时间

约定拜访时间是拜访的第一步，不论因公还是因私而访，都要事前与被访者电话联系。约定强调的是不能贸然拜访，而是要依约前往。在与客户约定时间后，要以客户的时间为准，在客户方便的时候进行拜访，注意要避开吃饭和休息，特别是午睡的时间。一般来说，下午四五点或晚上七八点是最恰当的拜访时间。这样可以充分体现出你对客户的尊重，会在未见面时就先给客户留下较好的印象。

（二）备妥资料及名片

在进入访客所定地点之前，要做好以下自我检查工作：首先确认是否遗漏了任何在谈话中可能涉及的资料；其次确认资料摆放的顺序在出示时是否方便；最后确认名片是否准备妥当。

如果在以上需要确认的问题上出了差错，客户就会对你的工作能力和效率产生怀疑。所以，一定要在与客户会面前备妥资料及名片，这个习惯能令你在客户面前表现自若。

（三）注意仪容的修饰

拜访客户还要注意仪容的修饰，衣着要大方得体，要表现出良好的精神风貌。特别需要强调的是对头发的修饰：不要让刘海遮住眼睛，最好用发胶稍微把它固定一下；切忌用手玩弄发丝，否则会给客户留下不稳重的印象。

（四）遵守时间观念

与客户见面最忌讳的事情之一就是迟到。如果约定的时间是 9:00，你最好能在 8:50 就到达客户所在的公司。提前到达的这 10 分钟，是你用来搭电梯或走楼梯、整顿服装仪容的时间，所以，你最好能在守时的前提下再早到几分钟，没有人愿意与不守时的人进行会谈。

在国外，遵守时间是人们交往中极为重要的礼貌。迟到是很失礼的行为。参加各种活动都应按约定的时间到达。如果太早到就会使主人因为没有准备好而感到难堪；迟迟不到则又会让主人和其他客人因等候过久而不安。如因故迟到，要向主人和其他客人表示歉意。如因故不能赴约，要有礼貌地尽早通知主人，并以适当的方式表示抱歉。

（五）谦恭有礼的谈话技巧

与客户交谈要在谦恭有礼的前提下注意谈话技巧。如果你的讲话让客户听得很舒服，那么他与你谈话的欲望就会比较高；如果你对客户言谈无礼或是说话空洞无味，对方就会对你产生厌烦心理，就会提早结束与你的谈话。所以，平时要多练习说话的技巧，在不违反原则的情况下，尽量做到随时说好话、说对话。

二、拜访中的举止礼仪

（一）敲门或按门铃

不管是到拜访对象家里或者办公室，事先都要敲门或按门铃，等到有人应声允许进入或出来迎接时方可进去。不打招呼就擅自闯入，即使门原来就敞开着，也是非常不礼貌的行为。

敲门时应讲究敲门的艺术：要用食指敲门，力度适中、间隔有序地敲三下，等待回应。如无应声，可再稍加力度，再敲三下；如有应声，再侧身隐立于右门框一侧，待门开时再向前迈半步，与主人相对。

（二）注意物品的搁放

拜访时如带有物品或礼品，或随身带有外衣和雨具等，应该搁放到主人指定的地方，而不应当乱扔、乱放。对室内的人，无论认识与否，都应主动打招呼。如果你带孩子或其他人，要介绍给主人，并教孩子如何称呼。

（三）注意行为礼节规范

进屋随主人招呼入座后，要注意姿势，不要太过随便，即使是十分熟悉的朋友。跷二郎腿、双手抱膝、东倒西歪都是不礼貌的行为。如主人家有其他人在，要微笑点头致意。若主人送上茶水，应从座位上欠身，双手接过，并向主人表示感谢。

如果主人是年长者或上级，主人不坐，自己不能先坐。主人让座之后，要口称“谢谢”，然后采用规矩的礼仪坐姿坐下。主人递上烟要双手接过并表示谢意。如果主人没有吸烟的习惯，要克制自己的烟瘾，尽量不吸烟，以示对主人习惯的尊重。主人献上果品，要等年长者或其他客人动手后，自己再取用。即使在最熟悉的朋友家里，也不要过于随便。

（四）时间控制与谈话技巧

拜访者一般不宜在主人家待得太久，要根据情况控制好逗留的时间，掌握好交谈的技巧。与主人交谈要善于察言观色，选择时机表明拜访的目的。如果主人情绪较好、谈兴较浓，待的时间可长一点；如果发现主人心不在焉，说明主人有厌倦情绪，应该及时收住话题，适时起身告辞。

（五）尊重主人生活习惯

拜访时，要尊重主人的生活习惯。到别人家拜访，应尽量适应主人的习惯。如果主人客厅里没有摆放烟灰缸，说明主人没有吸烟习惯，应尽量克制不吸烟。如果主人没有主动邀请，最好不要到主人客厅以外的其他房间去。

（六）注意用餐礼仪

在别人家吃饭时，若由于自己不慎而发生了异常情况，例如因用力过猛使刀叉撞击盘子发出声响，或因餐具被碰倒而打翻了酒水等，应沉着不要慌张。如果刀叉碰出声音，可轻轻向主人说一声“对不起”。如果因餐具碰撞而将酒水打翻溅到邻座身上，可在表示歉意后协助擦干。但如对方是妇女，只要把干净餐巾或手帕递上即可，应由她自己来擦干。

客人在进餐过程中擅自离席，是不太礼貌的。饭后，至少也应该待半小时再告辞，才不为失礼。所以，假如你饭后需要立即离开的话，最好不要接受吃饭的邀请。通常都是由主客或客人中年龄较长的已婚妇女首先提出离开，等她（或他）准备动身走的时候，别人才可以跟着告辞。否则，无特殊的理由自己就不应先走。

三、拜访注意事项

（一）拜访客户要非礼勿言、非礼勿听、非礼勿视、非礼勿动

拜访客户时，要记住非礼勿言、非礼勿听、非礼勿视、非礼勿动。千万不要夸夸其谈，见人就套近乎；一听到客户与其他人交谈，就凑过去听；未经客户允许，就私自翻阅客户资料；不要触动客户的任何东西，包括电子用品，尤其是电脑，因为电脑中可能会存有机密性的资料。

（二）保持正确坐姿

拜访客户时，一定要保持正确的坐姿。男性和女性有不同的坐姿要求。当男性在与客户谈话的时候，应使两膝平整，膝顶部分开 1～2 个拳头的距离，两脚垂直向下，两手轻轻放在膝上，使脚尖与脚跟齐平一致。

当女性在与客户谈话时，背不要靠紧座背，要保持一个拳头的距离，挺起脊背，两手在膝上轻轻地重叠，双脚的方向要一致，把靠内侧的腿稍微向后略偏。

（三）感谢接待的人员

拜访结束，当你要离开时，千万别忘了真心诚意地跟客户说："感谢你们！感谢你们今天的招待，耽误你们的时间了！"感谢客户时，切忌使用过于夸张的语言动作，否则就会适得其反。

（四）拜访时间勿太长

拜访客户时还要注意控制拜访时间，不要在客户那里逗留太久，一般性的拜访最好控制在 15 分钟左右。如果拜访时间过长，很可能会耽误对方的其他事情，所以要适可而止。

（五）肢体语言要得体

肢体语言要得体，不可过于夸张。通常要求肢体语言的动作幅度不要高过头，不可宽于肩。高过头时动作太夸张，宽于肩时，旁边如果坐着别人，就会碰到别人。离开时，双手放在腹部，真心诚意地鞠个躬向主人表示感谢。

总而言之，提前做好准备，拜访中注意言行举止、言语得体，结束时善解人意、彬彬有礼，给对方留下一个好印象，这样的拜访才可以称为成功的拜访，这是在社会交往中必须掌握的技能，有助于我们社交关系的和谐发展。

第二节　馈赠礼仪

在现代人际交往中，礼物是人们往来的有效媒介之一，它像桥梁和纽带一样直接明显地传递着情感和信息，深沉地寄托着人们的情意，无言地表达着人与人之间的真诚关爱。

一、馈赠的含义及其意义

馈赠是人们在社交过程中通过赠送给交往对象一些礼物来表达对对方的尊重、敬意、友谊、纪念、祝贺、感谢、慰问、哀悼等情感与意愿的一种交际行为。

馈赠通过礼品作为媒介，能够与交往对象建立很好的沟通渠道。馈赠的目的在于沟通感情和保持联系，所以它不仅是一种行为方式，更为重要的是通过这种方式体现馈赠者的人品和诚意。

二、馈赠六要素

得体的馈赠要考虑六个方面的问题：送给谁（Who）、为什么送（Why）、送什么（What）、何时送（When）、在什么场合送（Where）、如何送（How）。也就是要考虑馈赠对象、馈赠目的、馈赠内容、馈赠时机、馈赠场合、馈赠方式六个要素，简称馈赠“5W1H”规则。

（一）馈赠对象

馈赠对象即馈赠客体，是赠物的接受者。馈赠时要考虑到馈赠对象的性别、年龄、职位、身份、性格、喜好、数量等因素。

（二）馈赠目的

馈赠目的即馈赠动机。任何馈赠都是有目的的，或为表达友谊，或为祝颂庆贺，或为酬宾谢客，或为慰问哀悼。馈赠动机应高尚，以表达情谊为宜。

（三）馈赠内容

馈赠内容即馈赠物，是情感的象征或媒介，包括赠物和赠言两大类。赠物可以是一束鲜花、一张卡片或一件纪念品。赠言则有多种形式，如书面留言、口头赠言、临别赠言、毕业留言等。馈赠时，应考虑赠物所属的种类、价值的大小、档次的高低、包装的式样、蕴含的情义等因素。

（四）馈赠时机

馈赠时机即馈赠的具体时间和情势，应根据馈赠主客体的关系和馈赠形式来把握。

（五）馈赠场合

馈赠场合即馈赠的具体地点和环境，应区分公务场合和私人场合，根据馈赠的内容和形式来选择适当的场合。

（六）馈赠方式

馈赠方式主要有亲自赠送、托人转送、邮寄运送等。

三、馈赠原则

（一）轻重原则

礼品的贵贱厚薄，往往是衡量交往人的诚意和情感浓烈程度的重要标志。然而礼品的贵贱与其价值并不总成正比。因为礼物是言情寄意表礼的，是人们情感的寄托物，人情无价而物有价，有价的物只能寓情于其身，而无法等同于情。我们提倡“礼轻情意重”。一般情况下，不妨既要注意礼轻情意重，又要入乡随俗地选择不同轻重的礼物。

（二）时机原则

就馈赠的时机而言，及时适宜是最重要的。中国人很讲究“雨中送伞”“雪中送炭”，即要注重送礼的时机性，因为只有在最需要时得到的才是最珍贵的，才是最难忘的。

中国是一个节日较多的国家，在传统节日相互赠送相应的礼品，会使双方感情更为融洽。另外，在对方的某些纪念日，以礼品相送也会起到很好的效果。要注意把握好馈赠的时机，包括时间的选择和机会的选择。

（三）效用性原则

一般说来，物质生活水平的高低，决定了人们精神追求的不同，在物质生活较为贫寒时，人们多倾向选择实用性的礼品，如食品、衣料、现金等；在生活水平较高时，人们则倾向于选择艺术欣赏价值较高、趣味性较强和具有思想性、纪念性的物品为礼品。

因此，应视受礼者的物质生活水平，有针对性地选择礼品。

（四）投好避忌的原则

由于民族、生活习惯、生活经历、宗教信仰以及性格、爱好的不同，不同的人对同一礼品的态度是不同的，因此我们要把握住投其所好、避其禁忌的原则。尤其强调要避其禁忌。馈赠前一定要了解受礼者的喜好，尤其是禁忌。例如，中国人普遍有“好事成双”的说法，因而凡是大贺大喜之事，所送之礼，均好双忌单，但广东人则忌讳“4”这个偶数，因为在广东话中，“4”听起来就像是“死”，是不吉利的。再如，白色虽有纯洁无瑕之意，但中国人比较忌讳白色，因为在中国，白色常是悲哀之色、贫穷之色；同样，黑色也被视为不吉利，是凶灾之色、哀丧之色；而红色，则是喜庆、祥和、欢庆的象征，受到人们的普遍喜爱。另外，中国人民还常常讲究给老人不能送“钟”，给夫妻或情人不能送“梨”，因为“送钟”与“送终”，“梨”与“离”谐音，是不吉利的。这类禁忌，还有许多需要我们注意，这里就不一一列举了。

四、赠送礼仪

（一）礼品的选择

1. 根据馈赠目的选择礼品

送礼在本质上应被视为向他人表示友好、尊重与亲切之意的途径或方式。只有本着这一目的，才能正确地选择适当的礼品，准确地表达自己的情意，使所赠礼品发挥正常功效。

公司庆典一般送上一个花篮，慰问病人可以送鲜花、营养品、书刊等，朋友生日可以送卡片、蛋糕等，庆祝节日可以送健康食品，旅游归来可以送当地人文景观纪念品及土特产，走亲访友一般送精致水果、糖酒等。

2. 根据馈赠对象选择礼品

（1）考虑彼此的关系现状。

在选择礼品时，必须考虑到自己与受赠对象之间的关系现状，不同的关系应当选择不同的礼品。应根据与馈赠对象的关系，如亲缘关系、地缘关系、业缘关系、性别关系、友谊关系、文化习惯关系、偶发性关系等，在选择礼品时都要有所不同，区别对待。例如，玫瑰是爱情的象征，是送给女友或夫人的佳礼。但若把它随便送给一位普通关系的异性朋友，就可能引起不必要的误会。

（2）了解受赠对象的爱好和需求。

根据受赠对象的爱好和实际需求来选择礼品，往往可以增加礼品的实效性，增强对送礼者的好感和信任。因为在受赠对象看来，只有了解和关心他的人，才会明白他的需求，使礼品获得增值效应。例如老师在学生取得佳绩时可以赠给有益的书籍，给书法爱好者赠送文房四宝，给音乐爱好者赠送乐器等。

（3）尊重对方的个人禁忌。

在礼品的选择过程中，应细致了解受赠对象的个人禁忌，以免适得其反。一般而言，选择礼品不应忽视的禁忌有四类：第一，个人禁忌，如送情侣表给一位单身的女性，送烟给一位从不吸烟的人，都会触犯对方的私人禁忌；第二，民俗禁忌，如俄罗斯人最忌讳送钱，因为这意味着施舍和侮辱，汉族人忌送钟、送伞，因为这意味着不吉利；第三，宗教禁忌，如对伊斯兰教徒不能送人形礼物，也不能送酒、雕塑和女人的画片，因为他们认为酒是万恶之源；第四，伦理禁忌，如各国均规定不得将现金和有价证券送给并无私交的公务人员。

（二）礼品的包装

正式的礼品都应精心包装。良好的包装将使礼品显得更加精致、郑重、典雅，给受赠者留下美好的印象。在赠送礼品给外国友人时，尤其应当注意这点。

包装礼品时应注意包装的材料、容器、图案造型、商标、文字、色彩，要符合相关政策法规和习俗惯例，不要触及或违反受赠方的宗教和民族禁忌。

有的国家，数字上的禁忌也是礼品包装所要注意的问题。如日本忌讳“4”“9”两个数字，因此，出口日本的产品，就不能以“4”“9”为包装单位；欧美人则忌讳“13”这个数字。

礼品包装时，应根据世界各国的生活习俗，选择适宜的色彩。日本忌绿色喜红色；美国人喜欢鲜明的色彩，忌用紫色。

（三）赠送的时机

赠送礼品必须选择恰当的时机。时机上应注意把握以下四点。

1. 选择好最佳时机

如亲友结婚、生子，交往对象乔迁、晋级、遭受挫折、生病住院、向对方表示感谢等，都是送礼的最佳时机。

2. 选择具体时间

一般来说，客人应在见面之初向主人送上礼品；主人应当在客人离去之时送上自己的礼品。另外，送礼还应考虑在对方方便之时，或选取某个特定时间给对方造成惊喜。

3. 控制好送礼时限

送礼时间应以简短为宜，只要向对方说明送礼的意图及相应的礼品解释即可，不必过分渲染。

4. 注意时间忌讳

尽量不要选择对方不方便的时候送礼，比如对方刚刚做完手术尚未痊愈之时就不宜立即送礼。

（四）赠送的地点

送礼时应注意区分公务场合与私人场合。在公务交往中，一般应选择工作场所或交往地点赠送礼品；而在私人交往中，则宜于私下赠送，受赠对象的家中通常是最佳地点。

（五）赠送的方法

1. 说明意图

应在适当的时机和场合赠送礼品，送礼前应先向对方致意问候，简要委婉地说明送礼的意图，如“祝你工作顺利”“真是感谢你上次的帮助”等。

2. 介绍礼品

赠送礼品时，送礼者应对礼品寓意、礼品使用方法、礼品特色等适当明确解释。邮寄赠送或托人赠送时，应附上一份礼笺，用规范、礼貌的语句解释送礼缘由。在当面赠送礼品时，则应亲自道明送礼原因和礼品寓意，并附带说一些尊重、礼貌的吉言敬语。

3. 仪态大方

在赠送礼品时，送礼者应着装规范，起身站立，面带微笑，目视对方，双手递交。将礼品交与对方后，与对方热情握手。

五、受赠礼仪

（一）心态开放

接受礼品时，受赠者应保持客观、积极、开放、乐观的心态，要充分认识到对方赠礼行为的郑重和友善，不能心怀偏颇，轻易比较礼品的价值高低或做出对方有求于己的判断。

（二）仪态大方

受礼时，受赠者应落落大方，起身相迎，面带微笑，目视对方，耐心倾听，双手接受。受礼后与对方热情握手。不可畏畏缩缩、故作推辞或表情冷漠、不屑一顾。

（三）受礼有方

按照国际惯例，受礼后一定要当面拆启包装，仔细欣赏，面带微笑，适当赞赏。切不可草率打开，丢置一旁，不理不睬。中国人比较含蓄，不习惯当面打开礼品，所以与中国人交往时也可遵守这一传统习惯。另外，不是有礼必受，对于有违规越矩之嫌的送礼，应果断或委婉拒绝。

（四）表示谢意

接受礼品时，应充分表达谢意。表达时应让对方觉得真诚、友好，若是贵重礼品，往往还需要用打电话、发送电子邮件等方式再次表达谢意，必要时还应选择适当的时机加以还礼。

六、拒收礼品的礼仪

在接受礼品的时候，不能来者不拒，以下这些礼品应自觉地拒绝：你并不熟悉的人送给你极其昂贵的礼品；隐含着需要你发生违法乱纪行为的礼品；你觉得似乎自己接受后会受到对方控制的礼品。

在拒收礼品时，应保持礼貌、从容、自然、友好，先向对方表达感激之情，再向对方详细说明拒收的原因，切不可生硬地拒绝，以免对方难堪。

礼仪小故事

美国作家欧·亨利在其著名的小说《麦琪的礼物》里讲了这样一个故事。一位妻子十分想在圣诞节来临时送给丈夫一份礼物，她盼望能买得起一条表链，以匹配丈夫祖上留下的一只表。因为没有钱，于是她把自己秀丽的长发剪下来卖了。圣诞之夜，妻子为丈夫献上了自己的礼物——精美的表链。而丈夫也在惊愕之中拿出了他献给妻子的礼物，竟是一枚精致的发卡。原来，丈夫为给妻子买礼物把自己的表卖了。这时，他们紧紧地拥抱在一起，彼此的爱成为这圣诞之夜唯一的却是最珍贵的礼物。

本章小结

现代人际交往中，拜访是最常见的人际交往模式。提前做好准备，拜访中注意言行举止，结束时彬彬有礼，给对方留下一个好印象，这样的拜访才可以称为成功的拜访。礼物的馈赠传递着情感和信息，寄托着人们的情意，无言地表达着人与人之间的真诚关爱。

问题与应用

1. 谈谈拜访前的准备和拜访中的举止礼仪。
2. 结合实际谈谈拜访时有哪些注意事项。
3. 馈赠和接受礼品时需要注意什么？
4. 馈赠的原则有哪些？

第十章 公共礼仪

学习目标

1. 了解乘坐公共交通工具时应当遵守的礼仪规范。
2. 了解公共场所的礼仪规范和要求。

第一节 出行礼仪

我们每一个人在日常工作、学习和社会生活中，都离不开走路和乘车。在出行的时候，不论是上学读书、逛街购物，还是出门访友、漫步散心，都包含着一系列的礼仪要求，需要注意公德礼仪，遵守交通规范。

一、行走的礼仪

要遵守行路规则，步行要走人行道，不走自行车道或机动车道。过马路时要走人行横道，如果是路口，一定要等绿灯亮了，两边没车时才能通过。

行人之间要互相礼让，遇到老、幼、病、残、孕要照顾他们。在人群特别拥挤的地方，要有秩序地通过，不小心撞了别人或踩到别人的脚，要主动道歉。

走路遇到熟人，应主动打招呼或进行问候，不能视而不见，把头扭向一边，擦肩而过。但也不宜在马路上聊个不停，不仅影响他人走路，还会增加不安全的因素。如果有很多话要说，可以寻找一个场所继续交谈，或另约时间、地点。

走路时不要边走边吃东西，这样既不卫生，又不雅观。如确实是肚子饿了或口渴了，可以停下来，在路边找个适当的地方，吃完后再赶路。走路时要注意爱护环境卫生，不要随地吐痰、乱扔垃圾。

二、乘车的礼仪

乘车与坐车是我们每天生活的一部分，除了要遵守相应的规则外，更应该注意乘坐各种交通工具的礼仪。

人们经常要乘坐地铁、出租车、公交车、火车、飞机等公共交通工具，所以对于出行的礼仪一定要随时注意，言行举止应遵守规范。出门除了注意安全，还要体会与人相处的模式。

（一）乘坐地铁礼仪

地铁在国际大都市的运输工具中占有重要地位。高峰时段，地铁运输量大，乘客来去匆匆，如遇节假日，人潮涌动，进出要特别注意安全。因此，在车厢内要注意如下礼仪。

（1）进入地铁车站后，上下楼梯，靠右行走。

（2）搭乘电动扶梯时应面向扶梯行进方向靠右站立，以免挡到后面赶路的人，紧握扶手，双脚踏稳立于黄色框线内。

（3）若有旅客在电动扶梯上跌倒，要立刻协助按下紧急制动按钮。

（4）按站台指示线，自觉排队。

（5）进入车厢，保持安静，手机最好设置为震动或静音状态。

（6）礼让老、幼、病、残、孕。

（7）车厢内不可吃食物或喝饮料，应保持车厢清洁。

（8）到站之后，不要争先恐后下车，要有秩序地先下后上。

（二）乘坐出租车礼仪

出租车是重要的交通工具，乘坐出租车时需注意以下事项。

在街头拦出租车时，最好选择安全适当的地点搭车，不要在马路上随手一招，妨碍交通。下车时，要提前通知司机准备。如不知道明确的路径，就不要在车上胡乱指挥。

在西方，人们对坐在什么位置上并不十分在意。但是，如果你真的在意你的位置与身份的统一，就有必要知道，以后排右后座为首，左座次之，中座再次之，司机旁边的座位为末座。

女士乘车不要一只脚先踏入车内，也不要爬进车里。须先站在座位边上，把身体降低，让臀部坐到位子上，再将双腿一起收进车时里，双膝一定要保持合并姿势。

下车时，记着拿清物品，包括废纸等。

（三）乘坐公交车礼仪

搭乘公交车时，要自觉遵守交通秩序，照顾老弱妇孺。上车后应主动刷卡乘车或购票或投币，将准备好的零钱放入投币箱内。进入车厢内要向里面走，不要站在车门口处，影响他人上下车。

车上切勿喧哗，干扰司机驾车，危及乘客安全。保持车内清洁，车上不宜吃食物或喝饮料。与不熟识的人同车，谈话内容宜限于普通应酬性的话题。车上并非隐秘地方，不适合谈论公事或涉及他人隐私之事。

（四）乘坐火车礼仪

火车是便利舒适又准时的交通工具，因此许多人在选择公共交通工具的时候，都会以火车替代飞机或巴士。乘坐火车时应注意以下事项。

1. 行李不要太多

火车车厢的空间不大，因此，携带大件行李时可以托运，但要提早抵达火车站，以免没有足够的时间搬运，造成遗失。行李必须包扎捆牢，不要堆放在走道上妨碍他人通行，应放置在自己座位所属的行李架上。特别是乘坐卧铺时，更应注意不要因为行李问题引起纠纷。

2. 对号入座

长途旅行在火车厢中过夜时，应对老弱妇孺礼让，尤其是在卧铺车厢中，应让老弱妇孺睡下铺。火车车厢有商务、一等、二等，不得越等或占位。应该依照所给予的座次坐卧，且不可随便更换座位，或者强占他人的位置。

3. 车厢内部秩序

车厢为密闭空间，与人交谈应注意音量。乘车时间较长时，旅客间互相聊天解闷是很自然的，但是如果邻座乘客正在阅读或休息，应该避免喋喋不休。谈话音量应控制，以不妨碍他人的休息为原则。如携带幼童，则应限制其随意奔跑或大声喧哗。

4. 手机使用规则

火车车厢为公共场所，手机应设为震动，不要干扰到别的乘客。应答电话时，也要轻声细语。

5. 车上用餐礼仪

用餐时间应该尽量在自己座位上用餐，食物堆放整齐，餐具用毕要收拾干净。如果要去餐车进餐，须先订位，待随车服务人员通知后，再赴餐车。用餐时间不宜过久，以免妨碍其他人员用餐。

6. 卫生间的使用

使用卫生间，要多为他人设想，不宜久占，使用后要保持清洁，以利他人使用。无论火车还是其他公共场所，使用卫生间时均应锁门。进入卫生间前，必须敲门确定无人方可进入。等候时如果人多，必须排成一列循序进入，不可插队。

（五）乘坐飞机礼仪

飞机搭载各国人员，往来世界各地，这是最能展现国际礼仪的地方，从出发前的订票、确认机位、行李件数和行李重量的限制、管制物品、通关时的手续、飞机座位的就座、机上用餐的礼仪、洗手间的使用，以及过境、转机、下飞机时的注意事项，都是大家需要重视的。

1. 提早登机作业

国际线在飞机起飞前两小时、国内线在飞机起飞一小时前开始办理登机手续，旅客最好提早到达，以免仓促或误机。办理登机手续时，要将欲托运的行李过磅，超重部分需付相当昂贵的运费，故行李应以简单为宜。

2. 避免携带大量现金

现金虽然方便使用，但一旦丢失就损失重大，旅行时勿携带太多，且不要放在同一个地方。兑换旅行支票或以信用卡等代替付款是较理想的做法。

3. 飞航安全管制

出于安全考虑，航空公司于班机起飞前会清舱，确定旅客名单，因此乘客在出发前要主动确认机位，防止机位被取消。要特别注意，剪刀、小刀、尖锐铁器、指甲刀、饮料不可放在随身背包里。

4. 入境乘客须知

入境时需缴入境记录卡的国家，通常在飞机上，空乘人员就会把它发给旅客填写，最好在下飞机前就填妥，只要按照护照上的记录填写，就不会发生错误。入境卡上签名需要由本人书写，不可由旅行社或他人代签名。

5. 对号入座

进入机舱后，如不知座位在何处，可将位卡交给空乘人员，勿争先恐后。座位是依照姓氏的英文前缀来编排的，如同行者无法毗邻而坐，应请空乘人员代为协调，勿未经同意不要坐在别人的位置上。

6. 行李安置妥当

空乘人员会协助旅客将行李放置妥当，小背包要放在行李柜，小件物品要放好，免得行李柜打开时物品掉落。手提包可放在椅座下方，勿占用走道。如果有婴儿或是幼童同行，通常会安排在前面第一排的位置，这时候所有的手提行李，均需放置在头顶的行李柜内，直到飞机升至高空。

7. 安全注意事项

飞机起飞前要收好脚踏板及小桌板，椅背扶正，并系好安全带。空乘人员会先示范救生衣的使用，并且提醒乘客椅背竖直和安全带扣紧。起飞前所有人员都必须坐在各自的座位，直到安全灯的指示显示可以打开安全带。机舱内禁止使用手机及电子通信器材，因为这些器材会干扰机上设备。

如需要空乘人员服务时，请按服务铃，不要大呼小叫，或碰触空乘人员身体。空乘人员还受过各种专业训练及急救训练，如有身体不适或是特殊医疗需求，可以商请其协助。遇到重大干扰气流时候，也要听从空乘人员的指示行动。

8. 机上用餐礼仪

用餐时，将椅背竖直，并将前座背后的小桌板放下来，方便空乘人员将盘放上。用餐时间，不要在座位间进出行动。椅背若要倾倒，应向后座的人知会一声，以免给他人造成不便。用餐期间，无论个人是否需要用餐，均应将椅背竖直，以便后座其他乘客可以顺利用餐。

9. 卫生间的使用

上卫生间应注意门上的标示，若为 Occupied，表示正在使用中；若为 Vacant，则表示无人，可以入内，并记得将门锁上，使用后要按 Flush 按钮冲水。机舱走道及卫生间内禁止吸烟。卫生间若有多人等候，应按照排队次序进行，不要插队。洗好手后，要将洗水槽四周擦干，以便下一位使用者使用。

第二节 公共场所礼仪

公共场所礼仪具体指的就是当人置身于公共场所时，所应遵守的礼仪规范。它是社交礼仪的重要组成部分，也是人在交际应酬之中所应具备的基本素养。

一、公共场所的礼仪规范

（一）阅览室

到图书馆、阅览室学习，要衣着整洁，不能穿汗衫和拖鞋入内。进入图书馆应将手机关闭或调至振动，应到室外接听手机并注意轻声通话。阅读时要默读，不能出声或窃窃私语。不能在阅览室内交谈、聊天，更不能大声喧哗。在图书馆、阅览室走路脚步要轻，物品要轻拿轻放，不能发出声响。要爱护图书，有事需要帮助时，不能大声呼喊，应该走到工作人员身边，向工作人员寻求帮助。图书馆、阅览室的图书、桌椅等都属于公共财产，应注意爱护。

（二）影剧院

到影剧院观看演出，应提前 15 分钟左右进场，尽早入座。如果自己的座位在中间，应当有礼貌地向已就座者示意，请其让自己通过。通过让座者时要与之正面相对，切勿让自己的臀部正对着人家的脸，这是很失礼的。在影剧院不可大呼小叫、笑语喧哗，也不可在影院大吃大喝。演出结束后观众应有秩序地离开，不要推搡。

（三）体育馆

到体育馆观看体育比赛，应提前入场，对号入座。有些比赛存在一定的危险性，所以一定要按照场馆的要求到指定地点就座，不要到禁区走动，以免发生危险。要遵守公共道德，自觉维护秩序，注意自己的言行举止。体育馆内不允许吸烟，拍照时不要使用闪光灯。

运动员比赛时，观众要保持安静，不能任意走动。鼓掌和喝彩要选择合适的时机，一般应在选手完成了高难度动作之后。鼓掌的时间要适可而止。主场观众应体现东道主的风度和公平精神，为双方鼓掌，表现出公道和友好。

（四）商场超市

在商场购物时不要大声喧哗，自觉维护公共卫生，爱护公共设施。在自选商场购物时，要爱护商品，如果对挑选过的商品不中意，应物归原处。采购完毕离开柜台时，应对营业员的优质服务表示谢意。

在超市购物时，也应注意以下几个问题。

1. 带好孩子

当你推着手推车经过一条狭窄的走廊的时候，不要让你的孩子随手从商品架上拿东西，也不要允许他把东西扔得到处都是，或者随意打开商品包装，同时也要注意孩子的安全。

2. 捡起掉在地上的东西

当看见商品掉在通道上，无论是什么原因，你都要把它捡起来，放回原处，这是为其他的购物者提供方便。

3. 手推车的停放

当你挑选货架上的物品时，注意你所推的手推车停放的位置，以便其他购物者可以推车从容通过。当你把车内的物品结完了账，应将手推车放回原处。

4. 排队结账

当你排队结账的时候，如果你有满满一车物品，而你后面的人只有两三件，可让他排到你的前面，这就是“人人为我，我为人人”的良好行为。

（五）洗手间

1. 清洁用过的厕所

当你用完厕所，要及时放水冲洗。

2. 烘手机、毛巾和纸巾

在国外，大部分洗手间都有烘手机、毛巾和纸巾，这是专为洗手后擦手准备的。中国很多公共洗手间都没有这些装备，有的地方尽管有，很多人也对此视而不见。有些人习惯洗手后一边走路一边甩手上的水，请注意千万不要这样做，这样会把地板弄湿，在湿的地板上行走，容易使人滑倒受伤，地板也容易变脏。

3. 要关门

用洗手间时要关门并锁上，用完洗手间后不用关门。

（六）停车场

停车时，一定要缓慢驶入停车区，尽量保持安静，勿随意按喇叭，夜间驶入时应使用小灯进入停车位。此外，一定要给别人留出足够的空间以便他们可以将车顺利地开出来。

（七）旅游观光

1. 游览观光

旅游观光者应爱护旅游观光地区的公共财物。对公共建筑、设施和文物古迹，甚至花草树木，都不能破坏；不能在柱、墙、碑等建筑物上乱写、乱画、乱刻；不要随地吐痰、随地大小便；不要乱扔果皮纸屑、杂物。

2. 宾馆住宿

旅客在办理住宿登记手续时，应耐心地回答服务台工作人员的询问，按宾馆的规章制度进行登记。旅客住进客房后要讲究卫生，爱护房内设备。当宾馆服务员进房间送水、做清洁服务时，旅客应待之以礼。旅客离开宾馆前，应保持客房整洁、物品完整，不做损人利己之事。对服务员要以礼相待，要对他们所提供的服务表示感谢。

3. 饭店进餐

尊重服务员的劳动，对服务员应谦和有礼，当服务员忙不过来时，应耐心等待，不可敲击桌碗或喊叫。对于服务员工作上的失误，要善意提出，不可冷言冷语，加以讽刺。

二、公共场所的礼仪要求

进入公共场所，要遵守一些基本的公共礼仪。做到宽容礼让、不妨碍他人、衣冠整齐、女士优先等要求。

（一）宽容忍让

人们在公共场合要严于律己、宽以待人。要多容忍他人，体谅他人，理解他人。在公共场所要宽容他人对自己的一些无意碰擦，对一些与众不同的行为也要耐心容忍，不必要求他人处处做得和自己一样好。

（二）不妨碍他人

尊重他人的隐私权，不干预他人的人身自由，不要随意问及对方的年龄、收入、经历及家庭背景等。在行为上，应注意不侵犯他人的私人空间，如进入他人房间时要敲门，征得他人同意后再进入。在公共场所，不宜大声喧哗，大声接打电话，妨碍他人的静思和休息。避免毫无顾忌地打喷嚏、擤鼻涕、打哈欠、窥视等一些失礼举止。

（三）衣冠整齐

衣冠整齐已逐渐成为一个文明国家公共场所的基本准则。衣冠整齐的基本标准是：裤子与裙子里面要有内衣，不能穿睡衣、三角裤、背心及拖鞋进出公共场所。另外，如衬衣下摆从裤子里露出、鞋上粘有果皮或裤扣没有扣好，都属于衣冠不整的范围，应予纠正。

（四）女士优先

女士优先是国际公认的交际礼仪。它的基本要求是：进门时，男性开门，请女士先行；上楼时，女先男后，下楼应男先女后；双方在马路上行走，男士应走在外侧，以避免女士受到骚扰；道路狭窄，男士应给女士让路；进入电梯，男士负责按电钮，并礼貌地询问女士所去楼层。总之，男士应处处照顾和体谅女士。

本章小结

走路、乘车与坐车几乎是我们每天生活的一部分。出行时讲究公德，遵守交通规则，是我们应当共同遵守的行为准则。当我们置身于公共场所时，更要遵守一些基本的公共礼仪，做到宽容忍让、不妨碍他人，这不仅是社交礼仪的一部分，也是人在社交活动中应具备的基本素养。

问题与应用

1. 谈谈在公共场所有哪些你无法容忍的不良行为，如何从根本上加以解决？
2. 谈谈在公共场所我们应当遵守哪些礼仪规范。

第十一章　生活礼仪

学习目标

1. 了解家庭礼仪的内容和基本原则。
2. 了解教师的礼仪修养。
3. 明白大学生学习礼仪的必要性。

第一节　家庭礼仪

家庭是社会的基本细胞，其作用自然是不言而喻的。家庭于每个人来说永远是生活的庇护所。自古以来，家庭就是其成员相处的一个稳定场所，家庭成员之间的很多仪式、礼节都是在家庭中举行的。虽然随着现代通信、交通、科技的发展，人际交往的空间大为拓宽，但在社会这个庞大复杂的网络体系中，家庭依然处于一个重要的枢纽地位。家庭不仅仅是人们吃、住的场所，同时更是有着丰富伦理内容的情感港湾。在家庭中讲礼仪，才能造就良好的家庭气氛，使人感受到家庭的幸福和温馨。反之，不讲礼仪，很容易引起矛盾和摩擦，久而久之，影响相互之间的感情，造成家庭矛盾。除学校承担的教育任务外，家庭教育对孩子人格品德、生活礼仪、生活技能等方面的影响起着至关重要的作用。

一、家庭礼仪概念

家庭礼仪是指人们在长期的家庭生活中，用以沟通思想、交流信息、联络感情而逐渐形成的约定俗成的行为准则和礼节、仪式的总称。

我国传统的家庭道德标准是：人际和睦、勤俭持家、艰苦朴素、讲究礼仪。这是巩固和维护家庭正常关系的纽带，也是增强家庭凝聚力的强大精神支柱。通常所说的“相敬如宾，白头偕老”，是阐明夫妻间要有礼节才能幸福一辈子的道理。《增广贤文》中说：“父子和而家不败，兄弟和而家不分，乡党和而争讼息，夫妇和而家道兴。”可见“和”是关键。家庭礼仪在现代社会生活中发挥着重要的作用，在家庭中提倡讲究文明礼貌，对整个社会形成良好的风气有着积极的作用，也为家庭生活带来欢乐。家庭礼仪也有助于社会的安定、国家的发展。家庭的文明和睦，也将促使整个社会良好风气的形成。

二、家庭礼仪的基本原则

家庭礼仪的基本特点主要表现在以血缘关系为基础，以感情联络为目的，以相互关心为原则，以社会效益为标准四个方面。

（一）以血缘关系为基础

家庭礼仪主要体现在家庭成员之间，而家庭成员之间的关系是人类社会中最为普遍的关系，以血缘关系、感情关系为核心。因此，在家庭礼仪的形成、建立和运用过程中，必须从血缘关系这一基本点出发。

（二）以感情联络为目的

家庭礼仪的主要职能并非以个人形象的塑造为侧重点，而是通过种种习惯形成的礼节、仪式来进一步沟通感情，俗话说的“亲戚亲戚，不走不亲”，就是强调亲友间的感情有了血缘关系的基础，还得需要通过一定的礼仪手段来维持、强化和巩固。婚嫁喜庆、乔迁新居、寿诞生日等种种快乐，通过礼仪的传播，可以使更多的人体会和享受，这一传播过程的最终目的就是加强感情联系。

（三）以相互关心为原则

之所以说“母爱是最伟大、最神圣的爱”，是因为母爱的主要内涵是无私的奉献、无微不至的关怀。要衡量一件事或某一行为是否符合家庭礼仪要求，只要分析一下双方之间是否存在相互关心的成分，真诚的祝贺、耐心的劝导、热情的帮助本身就是合乎礼仪的。

（四）以社会效益为标准

家庭活动中的许多礼节、仪式始终是变化发展的，如封建社会的婚礼有拜堂入洞房等繁文缛节，而当今出现了许多集体婚礼、旅游结婚等新的婚礼程序。但有一点却是可以肯定的，那就是要评判某一种家庭礼节、仪式是否是进步的、合乎礼仪规范的，要看它是否能产生很好的社会效益这一标准。

三、家庭礼仪的内容

（一）成员礼仪

家庭成员是家庭活动的主体，也是家庭礼仪的具体操作者，其地位相当重要，可以说，家庭礼仪在某种程度上即成员礼仪。成员礼仪主要指成员之间的礼仪规范，如夫妻之间的礼仪、父母子女之间的礼仪、兄弟姐妹之间的礼仪等。

（二）称谓礼仪

一个人的姓名称谓其实是一种约定俗成，并得到了大家公认的符号，所以称谓存在着很强的适应性和广泛性。它紧紧伴随着家庭成员之间的人际交往。称谓礼仪主要表现在两个方面：一是礼貌性；二是规范性。

（三）仪式礼仪

家庭活动中离不开某些仪式，如婚礼、葬礼等，这一些仪式都有各自不同的一套行为准则与活动规范，举办者与参加者由于所处的地位、立场不同，其行为都应遵从或符合一定的礼仪规范和要求。

（四）待客与应酬礼仪

礼仪作为行为准则，不仅制约着实施者一方，同时也要求另一方遵守规则和规范。在家庭礼仪中就涉及主人的待客与客人的应酬的问题，这一问题从其内容来说，因为涉及的大多是家庭生活，故属于家庭礼仪的研究范畴；从其形式来看，它也是与个人礼仪、社交礼仪密切相关的。

四、家庭日常接待礼仪

如果有客人要来家中拜访，应该怎样接待、招待对方呢？这里有一些技巧供大家参考。

（一）家庭接待前的准备

（1）家庭环境的布置原则：实用性、舒适性、娱乐性和欣赏性。家庭接待一般要在室内放置花卉，室内的空气要清新，要在客人到来之前将居室收拾得干净整洁。

（2）主人的服饰：家庭接待的服饰应是具有一定档次的休闲装，这样显得比较亲切、随和。另外，作为主人要施淡妆，这样能够显现出主人对客人的尊重。

（3）其他准备工作：若有小孩要事先安排好，不要在客人到来的时候因为孩子的事情而导致不悦的情况发生。要准备好相应的水果、食品、餐具、娱乐用具等。若留客人吃饭，要事先准备丰盛可口的酒菜，如果要现做也要安排好陪客人的人，不要冷落了客人。若有小客人同来，要准备一些玩具和画册，表现出对客人到来的一种愉悦、欢迎的心情。准备工作越是充分、详细、具体，主人对客人的尊重程度就显得越高。

（二）家庭迎客的礼仪

主人应按事先约定的时间，站在门口迎接。要和来的客人一一握手，主动接过客人衣帽。一般来说，来的是一对夫妇，则首先两位女士互相问候，其次两位男士向女士表示问候，最后是两位男士相互问候。但是在接待客人时，还要看客人与主人的关系及客人所站的先后位置。客人到来后，做好介绍。不管客人是男是女，男主人都应先将客人介绍给自己的妻子，除非对方是一位长者或地位很高的人。但妻子无论对什么客人都应先向来人介绍自己的丈夫。介绍后丈夫及时伸手表示："您好！快请坐。早就听她提起过您，很高兴认识您。"如果来的客人比较多，应按照介绍的礼节进行介绍。若家里还有其他人，则要进行简单的介绍。然后，热情地招呼客人入座。

（三）家庭待客的礼仪

（1）在家庭接待过程中，一般应将最佳的位置让给客人坐，我们通常称为"上座"。居室中的上座一般是比较舒适的座位、较高一些的座位、靠右边的座位、面对正门的座位。客人一旦落座，就不再劝其换座。来客若是亲朋挚友，可以不拘礼节，随便一些反而显得比较亲密；来客若是师长、领导，则应注意礼节，不可轻率、随便。

（2）请客人落座后马上敬茶，可事先请教客人的喜好是茶、咖啡，还是其他饮料。如有点心招待，应先将点心端出，然后再奉茶。敬茶时注意水温不宜太烫。同时有两位以上客人时，端出的茶色要均匀，并配合茶盘端出，左手捧茶盘底部，右手扶茶盘的外缘，还要按辈分或地位奉茶，一般先敬年长者或地位高者。如是有点心则应将点心放到客人右前方，茶杯应摆在点心右边。倒茶水时要注意茶倒七分满，奉茶时应向在座人说声"对不起"，再以右手端茶，从客人右方奉上，面带微笑，双手奉上，眼睛注视对方，并说"请喝茶"。若要端上水果，如梨、苹果等应削皮递给客人。西瓜、菠萝等应去皮、切块后，用水果盘端送给客人。若当着客人的面削皮，刀口应朝内，并要注意手不要碰到水果肉。

（3）主人家所有成员应对所来的每一个人都热情招呼。主人接受客人带来的礼物时，应眼睛注视着对方并双手接过礼物并表示感谢："何必这么客气，让您破费了。"中国传统习惯是接过礼物不打开包装，等客人走后再打开。

（4）若在接待朋友过程中又有朋友来，则可简单介绍一同接待。如果有事需与其中一方交谈，可向另一方坦诚相告，并让其他人接待他，应为先到的客人安排消遣活动，并应尽量不让客人等待时间过长。万一主人有急事要办，应向客人说明并表示歉意。

（5）在接待中要善于得体地与客人交谈。交谈时注意交谈的礼仪，态度要诚恳，不要频频看表，不要显出厌倦或不耐烦的样子。有客人在场，夫妻双方意见不一致时，丈夫应尊重妻子的意见。总之，在客人来访的整个过程中要使客人感到主人家是一个和睦、温馨、文明、有修养的家庭。

（四）送客的礼仪

在家庭接待礼仪中，好的开场好似一束鲜花给人愉快，精彩的告别就是一杯香醇的美酒，令人回味。否则就会造成热情迎宾、冷淡送客的不良后果，给客人留下不好的印象。当客人要走时，应婉言相留，这是情谊流连的自然表示，并非俗套与多余。当客人起身告辞时，主人和在场的人应起身道别。主人送客应送到门外或楼下，待客人伸出手来握别时，方可以手相握，切不可在送客时先“起身”或先“伸手”，免得有厌客之嫌。若送客人到门外，应站在门口目视客人下楼，并在客人下楼梯拐弯时，挥手致意。回到居室后要轻声关门，并且不要马上关门、关灯，感觉到客人走远时再把门和灯关上。

五、家庭中的拜访礼仪

做客主要分为拜访、探望、请教、赴宴、留宿等。拜访前，最好用电话或书信与主人约好时间。时间约定后，要准时赴约。如遇特殊情况，要事先与主人说明情况，重新约定拜访时间。

到他人家中做客时，要注意选好拜访时间，尽量回避被访者的用餐时间；仪表应整洁、庄重，着装要朴素大方，以表示对主人的尊重；到主人门前时，要轻轻敲门或按门铃。敲门要把握好力度和节奏，切忌使劲和用脚踢门。敲门或按门铃后，屋内若无反应，可再敲或再按电铃，但时间不可过长。

主人听到敲门或电铃声出来后，互相问候方能进屋，不可门开即进；即使门大开，也不可直入屋内，而应在门口问一声：“××先生在家吗?”不要讲：“里面有人吗?”待主人招呼进屋后方可进屋。

进入主人家门后，要将自己的帽子、大衣、手套、雨具等交给主人的家人处理，如果主人家屋内是地毯或地板铺地，则应向主人要求换拖鞋。进入屋内后，要向长者、熟人，以及其他先来的客人打招呼，待主人安排座位后就座；主人端茶，要起身道谢，双手迎接；主人献糖果，要等年长者和其他客人先取之后自己再取用；烟灰要弹在烟灰缸内，果皮、果核不要乱扔乱放；不可随便翻弄主人家的东西。告辞前要向主人表示谢意。

主人送出门口时，客人迈出一步要回身致谢。如果主人站在门口，客人要走出几步后或在转弯处，回过身来告别，并向主人说“请回”“请留步”等话。

六、家庭中的称呼礼仪

在对家庭亲属称呼时，应注意以下两点。

（一）称呼要合常规

亲属是与自己有血缘关系的，为此在日常生活中的称呼要按已经约定俗成的、辈分的规范要求和习惯来称呼，如“父亲”“母亲”“祖父”“祖母”“哥哥”“姐姐”“表姐”“堂弟”“岳父”“岳母”“公公”“婆婆”等。

（二）表达尊敬的特例

在与亲属的称呼中，有时为了表达尊敬之意，可以根据不同情况采用敬称或谦称。敬称是尊人，谦称是抑己，也是为了表示对别人的尊重。

1. 一般对本人或亲属可采用谦称

谦称自己。“我”“我们”是最常用的。目前，仍在使用的古人谦称词有“鄙人”“在下”“愚”等。谦称自己的亲属。对辈分、年龄高于自己的亲属，称呼的时候可在其称呼前加“家”字，如“家父”“家母”“家叔”等；对同辈的称呼，则可冠以“愚”字，如“愚兄”“愚弟”；对辈分、年龄低于自己的亲属，称呼的时候则可在其称呼前加“舍”字，如“舍弟”“舍侄”；在他人面前对自己的子女称呼时，可以在其称呼前加“小”字，如“小女”“小儿”等。对待比自己辈分低或年纪小的亲属，也可直呼其名，或使用其爱称、小名，或在其名字前加上“小”字。

2. 一般对他人的亲属应采用敬称

对他人的长辈，可在其称呼前加“尊”字，如“尊母”“尊父”；对他人的平辈或晚辈，可在其称呼前加“贤”字，如“贤兄”“贤妹”“贤侄”等；如果在称呼前加“令”字，一般可不分辈分与长幼，如“令尊”“令爱”“令堂”“令郎”。

在对亲属称呼时，有时为了表示亲切、不见外，常常会用人们已经习惯的称呼。虽然这样的称呼不是非常规范，但也是合乎礼仪的。如儿媳对公公、婆婆，女婿对岳父、岳母，都可以称呼为“爸爸”“妈妈”，这样的称呼会使人感到很亲切、得体。

（三）家庭成员称呼的禁忌

在家中，成员之间都是家人，虽然没有必要像在外边那样注重礼节，成员之间的称呼可以随便一些。但是，也要注意基本的礼节，有一些称呼的禁忌需要注意。

1. 不要错误称呼

有的子女由于父母娇惯，不称呼自己的父母为“爸爸”“妈妈”，常称呼父母为“老爷子”“老头子”“老太太”“老太婆”，甚至直呼父母的姓名，表现出对长辈的不尊重和某一方面的修养比较差。

2. 不要称呼不适度

家庭称呼既要讲究文明礼貌，又要生动活泼，不能把家庭成员之间的关系同志化、朋友化。因此，家庭成员间通常称呼爱称或戏称，体现出成员之间亲密无间的关系。比如“小刚”“老大”“玲玲”“一把手”“内当家”“宝宝”等，充满着亲切感，能够增进家庭成员之间的感情，体现出家的温暖、融洽。但有的家庭成员不管对方接不接受，不管地点、场合，一律称呼爱称、戏称。例如，有一位丈夫平时在家里总爱戏称自己身体较胖的妻子为“肥肥”。一次在办公室里，这位丈夫当着一些同事的面叫着妻子的戏称，使妻子觉得丢了面子，回家后跟丈夫大吵了一架。

3. 不要不称呼

有的人性格腼腆，或由于其他原因，见到自己的公婆或岳父母，什么也不称呼，只“嘿嘿”一笑了事。有的夫妻不称呼对方的姓名，只一味地“嘿”“喂”“哎”。长期对长辈不称呼，很容易引起老人的误解。夫妻双方不称呼也显得互相不够尊重。

4. 不要粗俗称呼

这种情况通常发生在家庭成员间产生矛盾时。例如吵到激烈时，双方会搬出最难听、最野蛮的字词来称呼对方。这种粗俗称呼，必定使矛盾火上浇油，破坏家庭成员间的感情，造成不应有的家庭纠纷。

第二节 校园礼仪

大学是培养高素质人才的地方，大学生是建设现代社会的主力军，学校担负着教育人和培养人的神圣使命。在各种礼仪中，校园礼仪对于大学生尤为重要，任何一位社会中的成功人士，都有着较高的礼仪素养，这种素养在形成的过程中，大学校园发挥了极为重要的作用，因而大学生校园礼仪一直是社会所关注的问题。

一、教师的礼仪

教师被誉为人类灵魂的工程师，担负着教书育人、为人师表的神圣职责。而教师仪表又是整个师者风范的重要内容之一。礼仪教育已成为教育的一项重要内容。作为教师，在加强对学生的礼仪教育之前，必须特别注重自身的礼仪修养。

礼仪是一种文化，礼仪文化是人格魅力的重要因素，它构成了一个人形象的重要侧面，是其外在形象与内在气质及素质的综合表现。在教学的过程中，教师的礼仪修养水平高低，直接影响着课堂教学效果的好坏，并直接影响学生能否健康成长。因此，教师的礼仪修养水平高低，是决定教师教学水平高低的一个重要因素，加强教师礼仪修养十分必要，每一个教师都应该时刻注意加强自身的礼仪修养。教师仪表的好坏，对于学生的价值标准、审美标准的形成，有着重要的示范和影响作用。

（一）加强教师礼仪修养是教育事业发展的必然要求

教师对学生产生影响的一个重要方面，就是教师的外在形象和言行举止对学生的影响，教师仪表端庄、风度优雅，可以给学生充实、稳重、积极向上的感觉；而生活懒散、衣冠不整、不讲卫生等不良仪表和习惯，会有损教师的形象。那些爱岗敬业、爱生如子、严谨求实、无私奉献、以身作则、表里如一的教师，总是会得到学生肯定并会影响到学生的终生。

这些因素决定了想成为教师的人，在职前必须接受系统的、科学的专门培养，养成良好的行为习惯，在职后要根据时代发展的需要不断接受继续教育，适应形势的发展，使教师的内在素养和外在形象相统一，尽可能使自己的教育教学工作对学生产生积极的、正面的影响。

（二）加强礼仪修养的重要现实意义

教师适当的形象、优雅的举止、潇洒的风度，是影响教育活动和教育效果不可忽视的重要因素，其主要意义表现在以下几点。

第一，对形成学生良好的“第一印象”有重要作用。大多学生的好奇心、求知欲都很强，他们第一次接触教师时，会特别注意教师的仪表装束、言谈举止，从而在心理上为教师定位，为自己与教师的关系划上距离。当然，在以后的接触中，教师的德才学识会让学生逐步了解，但教师良好的内在素养与外在形象的有机结合，会给学生留下美好深刻的第一印象，对教师的教育教学工作大有益处。调查表明，很多学生偏爱某一学科、喜欢某一老师，很大程度上取决于第一堂课的影响。要在学生心目中树立良好的第一印象，教师就必须有良好的礼仪修养，一举一动，让学生感到可亲可敬。

第二，有利于提高教师的威信。教师威信是一种巨大的教育力量，它的形成不仅与教师的知识、能力等密切相关，同时受教师外在形象的影响。举止文雅、穿着朴素、仪态端庄、作风正派的教师形象，有助于在学生中建立起威信，甚至成为学生争相模仿和崇拜的偶像；反之，不注意个人仪表风度，衣衫不整、蓬头垢面、浓妆艳抹、行为不检等形象欠佳的教师，往往会成为学生背后议论的对象，从而使教师的威信大打折扣，进而会影响学生对该学科成绩的提升。

第三，有利于树立学生的形象。教师自身形象能直接影响学生形象的塑造。教师在施教的同时，学生通过对教师形象的观察和模仿，形成对自己形象的定位。在年龄越小的学生意识中，教师越是值得尊敬和学习的人，这就是家长常说的“孩子只听老师的话”的原因。即使到了高年级，学生视野开阔了，教师仍然是学生生活世界中的重要人物，教师形象仍然是许多学生模仿的榜样，从而继续对学生的形象设计起着不容忽视的引导规范作用，起到了榜样示范的作用。

第四，直接关系到学生的学习兴趣和教师教育效果的好坏。目前教师完成职业任务的主要途径仍然是言传身教。如果教师以身作则，必然能留给学生良好的师者形象，获得学生的尊重。这样，学生就会“亲其师”而“信其道”，便于教师顺利完成教育教学任务，提高工作效率和教育效果。

二、如何加强教师的礼仪修养

加强教师的礼仪修养是个复杂的系统工程，不是口头上喊几句口号就能解决的，需要思想上的高度重视，还要有必要的措施和手段保证，更需要有一个和谐的氛围，具体来讲，需要做到以下几点。

第一，思想上高度重视，提高教师自身的思想认识。教师礼仪课的教学应从塑造教师个人形象入手，联系教师切身利益，使每一个正在从事和将要从事教师职业的人真正懂得，教师礼仪修养不仅是教师自尊自律的基本要求，会影响教师本身的事业发展以及自我实现，而且也关系到受教育者的健康成长，关系到国家和民族的文明程度。这样，学习者会在思想认识上高度重视，把学习礼仪变成一种经常的自觉的行为，并渗透到自己教育教学活动的方方面面，最终成为自然流露，体现出一种良好的个人修养和风范。在实施素质教育的今天，礼仪素质无疑是一个人的基本素质，一个人无论从事什么专业、做什么工作，无一例外地要具有良好的个人修养和形象。

第二，教师礼仪教育要有必要的课时、必要的辅助设施，教学形式和方法也应灵活多样。学校应该定期开设礼仪修养课，安排所有教职工参加，保证必要的教学课时。同时，教学手段可以多种多样，如通过录像设备录下教师讲课的语言及举止等，自我纠正；在平时学校对教师的思想政治教育中，渗透和加强这方面的教育内容；通过邀请专家做报告或看录像等形式，经常地、反复地向在职教师灌输有关教师礼仪方面的知识，使礼仪意识自觉贯彻到教师的日常行动中。

第三，营造良好的礼仪环境和氛围。在文明礼仪方面，学校每个教职员工都应当为人师表。同时，对学生的在校形象和言行也应有必要的文明规范，以净化校园风气。作为育人环境的学校应配备完善的硬件设施（如垃圾箱等），以达到环境育人的要求和效果。礼仪环境建设要充满人文色彩和绿色理念，使校园自然环境清洁优美，人文环境令人自律，各种文明规范随处可见。可在厅堂、楼梯等入口处置放一面大镜子，让师生随时注意整理自己的仪表。总之，要让礼仪像空气一样无所不在，让师生耳濡目染，得到美的熏陶和滋养。

第四，培养高素质的礼仪教师队伍。名师出高徒，教师的素质是素质教育成败的关键，教师礼仪教育也是如此。礼仪教育涉及心理、形象、语言、体态、人际交往等方方面面的知识和技能，要求礼仪教师具备厚实的专业功底，广博的知识面，熟知各种礼仪规范操作及科学的训练方式。礼仪教师形象好，审美能力强，语言表述风趣，富有人格魅力，这样的教师一出现在学生面前，本身就具有很强的示范性和说服力。所以，作为礼仪教师，一定要从自身做起，在课堂内外营造一种文明的氛围，以自己的一举一动来诠释良好礼仪规范的教育价值和无穷魅力。

三、大学生在校礼仪

大学生在校礼仪主要体现在校园日常生活和校园学习两个方面。

（一）校园日常生活礼仪

1. 校园基本礼仪

（1）真诚友爱，尊重他人。

真诚友爱是一种崇高的道德情感。在平时与同学要团结友爱、平等待人、相互尊重，遇见同学一定要打招呼。打招呼的方式很多，可以问好、点头、微笑、招手或喊一声名字等，做到热情、诚恳。

尊重他人，第一，是尊重他人人格。讥笑、辱骂、给同学起绰号，不仅伤害了同学的自尊心，还侮辱了同学的人格，是很不礼貌、很不道德的行为。第二，要尊重他人的生活习惯。生活习惯是自幼养成的，是受家庭的教育和周围环境的影响而潜移默化的结果。尊重别人的生活习惯就等于对他人人格的尊重。

（2）善于交谈，顾全大局。

交谈是同学之间交流的主要形式之一。交谈可以增进同学之间的了解和友谊，还可以增长知识。同学之间的交谈应该注意以下一些问题：说话态度要诚恳谦虚，语调要平和；交谈中力求语言文雅，注意场合分寸；开玩笑时应注意分寸；听同学说话时态度要认真，不要轻易打断别人的讲话，要插话或提问时应选择适当的时机；指出同学错误应在不伤害同学自尊心的情况下，恳切、委婉地指出。吵架、骂人、说难听的话是一种无教养的行为，也是无礼的表现。

每位同学都要有集体意识。在集体生活中，要顾全大局，遵守规章制度，不可我行我素。

（3）乐于助人，借物归还。

乐于助人是中华民族的传统美德之一，也是校园礼仪中不可缺少的内容。当有同学需要帮助时，应分清是非，弄明情况，如果是对的，应量力而行、尽力而为，忌视而不见。

同学们经常在一起，难免相互之间借用东西，即使随便用一下别人的物品，也应事先打招呼，征得他人同意。借别人的东西要说清楚归还时间，按时归还。使用同学的学习和生活用品时要特别爱护。

2. 校园语言礼仪

校园语言礼仪是校园文明礼仪的重要组成部分，杜绝说脏话、骂人等语言不健康现象。大学生是民族的希望、国家的未来，应该是积极阳光的。

使用礼貌用语的最基本要求是：真诚友善、谈吐文雅、语言轻柔、词语亲切、音量适中、讲究语言艺术。例如，在日常生活中，我们见面应说“你好”，分手不忘说“再见”，求助要说“请”，受助要说“谢谢”等。

3. 校园仪表礼仪

衣冠端正、举止文明、遵守纪律、生活俭朴，是对学生的最基础的要求，而良好的仪表无疑是其中重要的内容。

女学生在日常学习、生活中，以不化妆为宜；在社交娱乐活动中，可以化淡妆。化妆的时候，应以自然、清淡为主，切忌人工痕迹过重。发式以梳辫子、理短发为宜。

男学生不要留长发，不要留胡须，衣着要整洁、干净，富有朝气。

4. 校园交往礼仪

（1）师生交往。进入老师的办公室须先敲门后喊报告，征得老师同意后，方可进去；不要随意翻动老师的物品；进入办公室要保持安静，不要在办公室里大声喧哗；在路上遇到老师应点头致敬。

（2）同学交往。善于交友，不自卑、不自傲；同学交往，不互相攀比；谨言慎行，不说长道短；温文尔雅，不出口伤人；就事论事，不揭人短处；合理退让，不争吵不休。

5. 校园宿舍礼仪

宿舍是大学生共同生活的场所，也是反映学生精神文明和礼仪修养的一个窗口，一定要格外重视，要注意以下礼仪：在宿舍要注意清洁卫生，要自觉搞好个人卫生，同时，要主动自觉地搞好公共卫生，保持宿舍内外整洁并美化环境；发生矛盾和不愉快的事情时，要克制自己，宽以待人，互相谅解；当别人发生争吵时，应耐心劝解，帮助解决矛盾；遇到同学在生活上、经济上存在困难请求帮助时，要尽量帮助；自己娱乐的时候不要大声喧哗，妨碍他人；起床或就寝时，动作要轻，声音要小，以免影响别人休息；不可以打探同学的隐私。

6. 校园食堂用餐礼仪

食堂是师生共同就餐的场所，在这里就餐人数多，就餐时间集中，作为大学生，要注意以下礼仪：按规定的时间就餐，遵守秩序，互相礼让，自觉按先后次序排队购买饭菜；打饭时，要客气地讲话，打饭后，应礼貌地说声“谢谢”；进入食堂不可随地扔杂物，剩余的饭菜倒在指定地方，爱护卫生；用餐的动作和吃相要文雅。

（二）校园学习礼仪

1. 大学生课堂礼仪

学生应在上课铃响起前走进教室，做好课前准备；在课堂上学生要衣着整洁，姿势端正；举手示意，起立发言；遵守纪律，尊重老师；下课铃响，行注目礼。

2. 在图书馆学习时的礼仪

在图书馆里讲究礼貌公德，体现出的是一个人的文化知识素养。保持图书馆内的安静，走路要轻，入座、起座要轻，翻看书刊要轻；在借还图书时，要按先后次序排队；爱惜公物，不乱刻乱画，图书要轻拿、轻翻、轻放，不能因自己需要某种资料而损坏图书；不要占座。

3. 听报告时的礼仪

大学生参加报告会应衣着整洁、仪表大方、准时入场、进出有序。具体来说，要注意以下几点要求：遵守集会纪律，做到准时、有序参加集会，端坐静听；学生不要随意离开会场，如有特殊原因需出场，也应悄悄出场。

总的来说，大学生的校园礼仪修养不是一朝一夕就能形成的，礼仪教育是一种养成教育，需要从小事做起，端正态度，不仅把学习科学文化知识当成重要的任务，同时更要提高自身的道德修养，使大学学习对我们的意义不只是知识的深造，更是一个人格升华的过程。

四、大学生学习礼仪的必要性

《论语·季氏篇第十六》中说，“不学礼，无以立”。就是说，你不学“礼”，就不能在社会中立身。礼仪是一个民族精神面貌和凝聚力的体现，是衡量一个国家是否富强的标志之一。而大学生作为社会的栋梁、民族的未来，更应要学习各种礼仪，做到知礼、守礼，发挥中华礼仪之邦的优良传统。知书达礼，待人以礼，应当是当代大学生的基本素养，掌握礼仪，自觉遵守礼仪规范，就容易沟通感情，使人际交往获得成功。人人重视礼仪，遵守社会公德，注意遵守人与人交往的基本礼貌准则，社会就会更加安定和谐。

（一）社交礼仪教育有利于大学生与他人建立良好的人际关系，促进大学生的身心健康

任何社会的交际活动都离不开礼仪，人类越进步，就越需要礼仪来调节社会生活。礼仪是人际交往的前提条件，是交际生活的钥匙。

当代大学生随着年龄的增长和生活环境的变化，自我意识有了新的发展，他们十分渴望获得真正的友谊，进行更多的情感交流。大学生一般都远离父母家乡，过着集体生活，与其他同学处在平等位置，失去了以前那种对父母“血缘上的”“无条件的”依赖。因此，通过人际交往活动，并在交往过程中获得友谊，是适应新的生活环境的需要，是从“依赖于人”的人发展成“独立”的人的需要，也是大学生成功地走向社会的需要。事实上，在大学期间，能否与他人建立良好的人际关系，对一个人的成长和学习有着十分重要的影响。

渴望友谊和情感交流是大学生心理的一个重要特点。但也有不少大学生不同程度地表现出“自我封闭”的倾向。时常出现“孤独寂寞”“没有朋友”的情绪体验。产生这种情况的原因往往是多方面的。较为普遍的原因有两个方面：一方面是没有真正理解什么是友谊，在人际交往过程中没有真正走出早期人际交往中形成的“依赖他人”“不平等的”人际交往模式，在人际交往过程中表现出“依附于人”“利用他人”“个人中心”“求全责备”等倾向，偏离友谊“无私、平等、尊重”的根本原则；另一方面是缺乏社交的技巧，不善于表达自己的情感和思想，也不善于了解他人的情感和思想，缺乏共同的兴趣和爱好等，因而导致人际交往受挫或交际范围狭窄。长期发展的结果就是感到孤独寂寞、缺少朋友，形成一些心理障碍，不利于心理健康发展。让大学生学习社交礼仪的基本规范

和知识，帮助学生掌握交往技巧，积累交往经验，在交往过程中学会遵循相互尊重、诚信真挚、言行适度的原则，就能很快与交往对象接近，并使他们觉得你熟悉他们、理解他们、尊重他们。

实践表明，良好的人际交往有助于提高大学生的自信，降低挫折感，缓解内心的冲突和苦闷，宣泄愤怒、压抑和痛苦，减少孤独、寂寞、空虚等。这些都十分有益于大学生身心健康，而且也会使大学生最大限度地避免不良情绪的产生，即使产生了不良情绪也能够得到有效的排遣。

（二）社交礼仪教育有利于促进大学生的社会化，提高社会心理承受力

人在社会化过程中，需要学习的东西很多，而社交礼仪教育是一个人在社会化过程中必不可少的重要内容。因为，礼仪是整个人生旅途中的必修课。任何一个生活在某一礼仪习俗和规范环境中的人，都自觉或不自觉地受到该礼仪的约束。自觉地接受社会礼仪约束的人，就被人们认为是“成熟的人”、符合社会要求的人。反之，一个人如果不能遵守社会生活中的礼仪要求，他就会被该社会中的人视为“惊世骇俗”的“异端”，就会受到人们的排斥，并以道德和舆论的手段来对他加以约束。

大学生堪称“准社会人”。他们有一种强烈的走向社会的需要，同时又普遍存在一些困惑，比如，走上工作岗位后如何与领导、同事打交道，如何建立良好的人际关系，如何进行自我形象设计，如何尽快地适应社会生活等。因此大学生的社会心理承受力直接影响到交际活动的质量。一个具有良好的心理承受力的人，在交际活动中遇到困难时，能始终保持沉着稳定的心理状态，并根据所掌握的信息，迅速采取最合理的行为方式。相反，一些缺乏良好心理承受力的人，在参加重大交际活动前，常会出现惊慌恐惧，心神不定，坐卧不安的状况；有的人在交际活动开始后，甚至会出现心跳加快，四肢颤抖，说话声调不正常的现象。对大学生进行社交礼仪教育，让大学生掌握符合社会要求的各种行为规范，不仅能满足大学生走向社会的需要，还可以培养大学生适应社会生活的能力，提高他们的社会心理承受力。

（三）社交礼仪教育有利于对大学生进行思想道德教育，提高思想道德素质

目前，不少高校中存在着这样的现象：学生学的是高层次的道德规范，实际行为上却往往达不到基本的道德水平。这与社交礼仪教育的缺乏分不开。因为礼仪是一种社会规范，是调整社会生活成员在社会中相互之间关系的行为准则。社会规范主要包括法律规范和非法律规范两大类别。礼仪是一种非法律规范，它主要包括道德规范、宗教规范、习俗、共同生活准则等。其中，道德规范具有特殊的地位和作用，因为它是从社会生活中概括和提炼出来的一种自觉的社会意识形态，它是依靠社会舆论、传统习惯和个人的内心信念来维持的。社会礼仪反映了人们在共同生活、彼此交往中最一般的道德关系，是保证交往活动顺利进行和社会生活正常秩序的重要因素。社交礼仪是一门具有较强的实践性和实用性的学科。对大学生

进行系统的礼仪教育可以丰富他们的礼仪知识，让他们明确地掌握符合社会主义道德要求的礼仪规范，并指导他们在实际生活中如何按照社交礼仪规范来约束自身行为，真正做到“诚于中而形于外，慧于心而秀于言”，把内在的道德品质和外在的礼仪形式有机地统一起来，成为具有较高道德素质的现代文明人。

（四）社交礼仪教育有利于对大学生进行人文知识教育，提高人文素质

人文素质教育主要是指通过人文学科的教育去塑造和培养大学生的内在品格和修养，也就是塑造大学生具有高尚的精神境界和高品位的文化境界。人文教育有明显的教化功能，它作用于人的情感状态，影响和改变人的价值观、人生观、个性等，最终目标是教会大学生学会与他人相处，学会做文明人。

（五）社交礼仪教育有利于强化大学生文明行为，提高文明素质，促进社会主义精神文明建设

社交礼仪教育是社会主义精神文明教育体系中最基础的内容。因为讲文明、讲礼貌是人们精神文明程度的实际体现。普及和应用礼仪知识，是加强社会主义精神文明建设的需要。通过社交礼仪教育，让大学生明确言谈、举止、仪表能反映出一个人的思想水平、文明程度和精神面貌。每个人的精神文明程度不仅关系到自己的形象，同时也影响到整个学校的精神面貌乃至整个社会的精神文明程度。通过社交礼仪教育可以进一步提高大学生的礼仪修养，培养大学生应酬的实际能力，养成良好的礼仪习惯。由此可见，社交礼仪的根本目标是要教育、引导全体公民自觉遵守道德规范以及相应的社交礼仪形式，提高人们的文明意识，养成人们文明行为的习惯，促使良好社会风尚形成，使人与人之间、人与社会之间达到高度和谐与有序，努力推进整个社会精神文明程度的提高。

礼仪与我们的生活是息息相关的，与我们的国家也是息息相关的。中国自古以来就是礼仪之邦，所以，承袭礼仪文化不仅是对自身的提高，更是对中国传统文化的保护和发扬。但是，长期以来，由于大量礼仪文化的精华和糟粕处于渗融并存的状态，又由于礼仪文化的糟粕所产生的不可低估的消极作用，使我们忽视了传统礼仪文化这一宝贵的精神财富。在社会主义精神文明建设中，我们应立足于吸收民族文化中的精华。规范礼仪、提倡礼仪、使用礼仪，使我们的环境变得更加美丽，使我们的传统文化得到继承和发扬。

本章小结

人们在长期的家庭生活中，通过沟通思想、交流信息、联络感情逐渐形成了一系列约定俗成的行为准则，这些行为准则对于家庭和睦起着积极的促进作用。学校担负着教育人和培养人的神圣使命，作为当代大学生，应当好好学习礼仪知识。

问题与应用

1. 谈谈在校园里见到的不文明现象，应当如何纠正？
2. 谈谈大学生应当掌握的礼仪知识有哪些？礼仪教育有什么必要性？

第十二章 求职礼仪

学习目标

1. 了解求职前需要做的准备工作。
2. 掌握求职信和个人简历的写作规范。
3. 了解职场面试的礼节和应对策略。

第一节 求职准备

一、了解自我，准确定位

为了避免找工作时的盲目性，求职者应当及早全面客观地分析和评价自己的实际情况，正确地判断出自己适合哪种工作，从而将自身情况与职业要求结合起来，实现个人与职业的最佳匹配。

一个理想的职业应是符合自己的个性、能使自己感兴趣，以及能发挥自己潜力的工作。全面分析解剖自己时，需要从以下四个方面着手。

（一）分析了解自己的知识和能力结构

兴趣与爱好往往是职业定向的萌芽，是初步的职业意向。只有客观地分析评价自己所学的专业、知识与能力，才能知道自己到底适合从事哪个行业的哪项具体工作，才能选出最能发挥出自己潜力的工作。

（二）分析了解自己的气质和性格

求职者可以进行性格与气质的心理测验，了解自己的优点、缺点、长处和短处，从而根据自己的性格与气质类型来判断适合什么样的工作。例如，人们总是把外倾型性格与公关、服务、销售等职业相联系，而把内倾型的性格与会计、医生、图书管理员等职业相联系。

（三）分析了解自己的兴趣与爱好

求职者可以进行职业个性测试，以协助了解自己的职业兴趣和职业倾向，及早为自己的职业生涯做好准备。

（四）分析了解自己的身体状况

求职者必须对自己的身体状况做一个全面的衡量，衡量内容包括：一般状况（身高、体重等）、疾病情况、有无缺陷或特别素质等。这样，就可以从生理角度来判断自己比较适宜从事哪种职业。

可见，了解和定位自我就是要清楚自己是什么样的人、自己想干什么、能干什么的过程，最终对自我有一个清晰的了解，以便在求职择业时做到有的放矢、成竹在胸。

二、开发渠道，获取信息

为了获得较理想的工作，求职者还应当通过多种渠道对人才市场的状况有一个全面且详细的了解，以便获取真实而有效的招聘信息和用人单位的基本信息。

（一）利用广阔的信息渠道

求职的信息渠道有许多，常见的有以下几种。

（1）大学校园招聘会，这是大学毕业生求职的最佳机会。第一，毕业生可以获得用人单位散发的有关企业的宣传册，以及与其招聘考核相关的辅导材料；第二，毕业生可以通过用人单位的宣讲，了解用人单位的信息；第三，毕业生可以根据用人单位招聘成员“待人接物”的团队风格，权衡他们对于招贤纳才的诚意，判断自己是否适合这样的人际氛围；第四，毕业生与未来的面试官进行短时间的交流，了解他们招人需求。

（2）各类报刊、就业网站上登载的招聘信息，人才交流市场与正规职业介绍所的招聘信息，学校就业指导中心的求职信息等，都是求职者获取信息的有效形式。

（3）地毯式访问法，也叫“闯见访问法”，即求职者在不太熟悉或完全不熟悉用人单位的情况下，直接访问某一特定地区或某一行业的所有单位。为保证求职的效果，求职者首先应当根据自己的个性、特长、专业，并结合社会需求，确定一个较适当的行业范围和可访问的单位范围。

在访问前，求职者还应做好各种准备。首先，应当对该单位的性质、业务范围及发展状况等信息有所了解，做到“知彼”。其次，应当备好个人的有关材料，如介绍信、个人简历、学业成绩、学位学历证书等。最后，还应当注意修饰自己的仪表，做到穿戴装扮得体大方，与自己的身份、年龄和个性等相协调，与谋求的职业岗位相一致，给接待者留下良好的第一印象。

地毯式访问法可以使求职者与用人单位进行直接面谈，能够最直接地了解对方，如果运用得当，是毕业生较为有效的求职手段。

（4）连锁介绍法就是求职者通过熟人、朋友，或者这些熟人、朋友再委托他们的熟人、朋友帮助寻求更多的求职信息和机会。这种方式使得求职者单枪匹马的求职活动变成了众人一起想方设法的群体活动，能够获得更多的求职信息。同时，由于介绍人事先了解用人单位的需求情况，从而大大增加了被录用的可能性。

需要注意的是，在采用连锁介绍法找工作时，求职者要将自己各方面的情况客观地向熟人、朋友们介绍，不可吹嘘或贬低自己。而当熟人、朋友面露难色时，也不可勉强。若熟人、朋友帮助了自己，要表示感谢。

（二）掌握全面的信息点

面试之前要多多关注求职单位的有关情况，这样才能使面试过程更加顺利、更加完美。

案例

你可以走了

身为某外资企业市场总监的胡先生，提起8年前的第一次面试，依然记忆犹新。

当时的就业压力并不大，但胡先生还是早早地做好了充足的面试准备。无论是求职信、个人简历，还是自己的着装，都请教过很多人，可以说是很完美。而且，他事先也做了充分的心理调适，所以心态上也很放松。

面试的时候，无论是说自己的经历，还是谈技术，从主考官的表情来看，都让主考官非常满意。40分钟的面试就要接近尾声了。主考官突然问："胡先生，我看您事先做了很充分的准备，说明你对我们公司和这份工作很重视，那你知道我们公司是干什么的吗?""干什么的?"胡先生一下子就懵了，对呀，干什么的我还真没注意过！半晌，胡先生一脸尴尬地说："对不起，这一点我还没来得及进行足够的关注……"主考官手一挥："好了，胡先生，你可以走了。"

通过上面的案例我们可以看到，在了解用人单位的基本信息时，要尽量做到能够有一个整体上的清晰了解。

因此，为了获得理想职业，面试前不妨把有助于了解用人单位的信息点列成清单，然后逐一落实。这些信息点通常包括该单位的内部信息和外部信息两大类。内部信息包括单位发展历史与最新动态、发展目标与企业文化、单位领导人的姓名、规模（员工数量）与行政结构、总部及分支机构的业务范围与地理分布、产品或服务内容与类别、财政状况、绩效考核体系、培训体系和薪酬体系、正在招聘的职位描述及能力要求、员工的职业发展路径等。外部信息包括客户类型与规模、竞争对手的类型与规模、该单位的公众形象与社会评价等。

上述信息点会在你的面试交流中最大限度地得到体现。比如，若对于所面试的职位有清晰的认识，就能够说出为什么这是你渴望的职位。总之，这些信息可以成为你面试过程中言之有物的知识背景，内化在你逻辑化、结构化、清晰化的交谈言语中，体现出你对该单位的发展持有高度的关注、兴趣和获得该职位的诚意。

三、熟悉面试类型和结构

面试是用人单位对应聘者进行的当面考核与测试。通过面试，用人单位可以直观地了解档案资料和笔试所反映不出来的一些情况，如求职者的仪表、气质、性格、品德、修养，以及语言表达能力、逻辑思维能力和应变能力等方面的综合素质。为了能够在面试时有备作战、应对自如，求职者很有必要提前熟悉用人单位通常所采取的面试方法及其面试内容。

（一）面试类型

不同类型的用人单位，往往根据不同的招聘目的或者职位需求采用不同类型的面试。概括起来主要有以下几种。

（1）主导式，也称提问交谈测试法。面试时，招聘单位由一人或多人组成考官小组，事先准备好各种问题，与应聘者面对面地交谈，直到获得足够的信息后进行评分。这种面试方法较为常见，一般用于第一轮面试。

（2）答辩式，也称知识测试法。招聘单位由多人组成考察组，事先根据工作岗位的具体要求编成试题，由求职者现场进行口答或笔答。这种面试方式的主要目的是要考察应试者对该工作岗位的知识掌握程度，以及分析、理解、判断、解决问题的能力。

（3）观察式，也称情景模拟测试法。招聘单位根据岗位的需要，设计出与工作内容和情境相似的特定环境，然后让应试者扮演“角色”。例如，招聘教师，可让应试者现场试讲；招聘管理、文秘人员，可以根据有关内容让应试者现场处理相关文件等；招聘有关专业人员，可以让应试者现场调试仪器、测试数据等实际操作，考察其工作经验、动手能力、应变能力以及适应程度等。

（4）集体讨论式，也称无领导小组讨论法。招聘方让众多的应试者分成几个临时的小组，就预先拟定的问题展开讨论。问题可以是某种任务或某项活动的决策，也可以是研讨某个专题。招聘方先提出讨论的要求、标准和时间限制，然后让应聘者自行展开讨论、研究和处理。

例如，某著名软件公司的面试中，第二轮的集体考核就出了类似的两道题目。第一道是假设题：一架飞机在非洲森林里失事，乘客必须跳伞，对枪、刀、热水瓶、睡袋、毛毯、高尔夫球杆、药瓶、打火机、蜡烛、水、轻便食物等物品进行重要性排名，要求自己先做，然后进行小组讨论。第二道是让大家讲出铅笔的用途有哪些，同样是个群策群力的集体讨论题。

在这类集体讨论的面试过程中，主考人员一直在暗中观察。他们不仅可以看到每个应聘者不同的智力发挥、能力表现、性格表现，解决问题和完成任务的思路、对策、信心与毅力等综合素质，而且可以看出他们在社会交往中的组织协调能力。并且经过这种集体讨论，总会有能力最强、办法最多的求职者成为整个讨论的中心，聘用的最佳人选便脱颖而出。

（5）评估中心式。有些专业化程度高的外资企业通常会用一两天的时间通过评估中心进行人才选拔。评估中心实际上是一系列考核方式的综合。这些考核方式包括在公众面前的个人演讲、无领导小组讨论、团队创建游戏、辩论等。比如，某公司曾就“加入WTO对中国中小型企业的影响利大于弊”为题，以辩论赛的形式进行考核。又如，某公司用“画图说话”的形式，即事先设定诸如“国际传媒”“国企改革”“美国大选”等题目，然后让应聘者以随机抽到的题目为主题画成图，再用英语解释为什么这么画。评估中心测试的目的就是考核应聘者的适应能力，以及在一个全新的毫无准备的情境中处理问题的能力。

（二）面试结构

尽管面试的类型千变万化，面试风格也会因招聘人员个人的偏好有所差异，但是一个典型的结构化的面试通常都会由以下四个部分组成。

（1）自我介绍。这是应聘者与招聘方建立互动关系的第一步。在2～3分钟的简短陈述中，招聘方将会对应聘者的精神面貌、表达方式、对工作的渴望态度等进行初步的判断，从而形成至关重要的第一印象。

（2）背景陈述。这个部分招聘方将重点考核应聘者是否具备与未来工作要求相符或者略有超越的基本能力，故这个阶段的问题涉及各个方面。但总而言之，这部分的问题万变不离其宗，即“我们为什么要雇用你?”如果你能够围绕这个中心问题做出明晰、肯定、准确的回答，即便不是“正确”的答案，也一定是最“准确”的答案。

（3）交流讨论。这是任何一个面试过程中最为关键的部分。招聘方将试图把你的资质和职业兴趣与可以提供的工作职位进行有机的对应。这个部分的内容可能是你未来工作中会遇到的难题，比如，“公司产品的价格标准是不可以改变的，如果这个标准不能得到客户的认可，你将如何说服客户接受?”“如果某家企业有一笔应收账款没有收回，你应该怎么办?”也有可能讨论貌似与工作无关的宏观性战略问题，比如，“如果你是教育部部长，如何推动素质教育”“2008年奥运会对于中国旅游业的发展起到什么样的作用”等。显然，没有对工作职位的充分了解，没有对招聘方惯用的思维方式和表达方式的熟悉，是无法回答上述问题的。

（4）结束阶段。一般来讲，招聘方会利用面试的最后几分钟再对企业进行简要的介绍，回答你仍然留有困惑的问题。同时说明你将在什么时候得到面试的结果，并介绍接下来的考核方式（如第二轮面试、公司参观等）。

第二节　求职材料的写作规范

为了能够尽快地找到一份合适的工作，求职者要善于有效地推销自己，其奥妙就在于使招聘单位对自己产生“一见钟情”的效果。而求职信与个人简历正是自我推销的广告，是求职者与用人单位结成“姻缘”的桥梁。求职者一般都要通过它们与用人单位进行第一次接触，求职信与个人简历的书写质量将直接决定求职者给用人单位留下的第一印象。因此，为获得理想的求职成效，求职者必须写好合乎礼仪且高质量的求职信和个人简历。

一、求职信的写作礼规

（一）求职信的写作原则

一份高质量的求职信并不在于辞藻的华丽、篇幅的长短，而是更加强调它的清晰性、全面性、说服力和规范性原则。

1. 清晰性

清晰性指求职信的表述语言简明扼要，思路清晰，内容层次分明，书写规范整洁，给人一种干练、高效之感。

2. 全面性

全面性是指求职信应当综合反映求职者的各方面素质，不仅要使用人单位对你的概貌有一个大体的了解，而且要突出那些能引起用人单位兴趣、有助于获得工作的内容，包括专业知识、实践经验和技能、爱好特长和个性特点等，即要从“名”“特”“优”上做文章，全面塑造你的形象。当然，这些内容切勿离开“胜任工作”这一中心主旨，也不能仅罗列事项或泛泛而谈。

3. 说服力

说服力是指求职信应具有能打动对方，使对方认可并接纳你的能力。恰当、诚恳地写出你想从事某项工作所具备的条件和能力，能让对方感到招纳此人对本单位将有很大的益处。

4. 规范性

规范性是指求职信在格式、内容与结构上符合一定的规范和要求。

求职信的格式与一般的书信大体一样，即包括称呼、正文和结尾。只是结束语在写好“此致、敬礼”或“谨祝、安好”等谦恭礼貌的祝颂语后，要写明自己的学校、姓名、联系地址、联系电话等具体信息。如果是打印的求职信，在打印姓名的地方一定要亲笔签名，以示郑重。

就正文的内容结构来说，求职信一般包括以下三大部分。

第一部分，求职意向和愿望。此处，求职者应当首先写好一个醒目、简短且吸引对方的开头语，力争在几秒钟之内抓住对方的注意力。比如，可以先表示对该单位的景仰，即简洁地说明该单位在你心目中的形象和地位。在具有吸引力的开头之后，再简单明了地写清自己希望从事哪种工作、哪个职位。因为用人单位常常同时招聘多个工作岗位的人员，如不写明，用人单位将难以回复和选拔。

第二部分，主要资格和能力。在这一部分，求职者主要简述自己能够胜任此工作的原因，以及对求职有价值的一些资历，即说明自己具有何种才能、经过哪方面的培训和锻炼、对此工作有何研究、有何成就等有利的竞聘条件。具体而言，此部分的内容要突出以下三个方面的特点。

一是要反映出你的学业水平和能力。通常，用人单位欢迎基础扎实、知识面较宽的求职者，所以有些大学毕业生因害怕自己的专业成绩不好，而不知该怎么写。其实用人单位更看重的是求职者的能力，因此，只要自己有与众不同之处，就要敢于扬长、善于扬长。如强调自己的组织管理能力、社会活动能力，善于处理人际关系、善于公关等，往往都是用人单位特别感兴趣的。若你有此类特长，就应在求职信中把它具体地展示出来。

二是要反映出你的品德修养和实干精神。调查表明，现在的企事业单位既迫切需要补充大学毕业生，又担心进来的大学生不安心本职工作，缺乏事业心和责任心。因此，用人单位往往把品德修养放在考核求职者的首位。他们更加欢迎那些能够与企业同甘共苦、荣辱与共、齐头并进的求职者。

三是反映出你的个人特点，即良好个性和生活情趣。几乎所有的用人单位都希望录用充满热情和活力的青年大学生，但表现个性要有针对性。例如，外贸单位大多喜欢善于言谈、善于交际的性格，而制造企业、厂矿则更欢迎踏踏实实、事业心和责任感强的性格；广告公司喜欢有点“灵气”，常常“出格”的人；而行政机关则更愿意录用稳妥庄重、有条理的人。当然，若该单位热心于体育事业、赞助某体育项目，你也不妨“投其所好”，写上在学校体育比赛中的不俗表现。一般情况下，对于个性特点不要过分渲染，应当点到为止。另外，不要在求职信中过多地提及与工作或事业发展无关的个人信息，一般也不应提及工资的数目要求。

第三部分，结束语。可简短表达自己的意愿，如服从安排或希望做什么工作，可说明你的个人简历已经附上，并委婉地提出面试请求或答复等。

根据实际情况，若有必要，还可对所求职的单位提出自己的建议，如生产技术或市场营销方面的，也可以是管理方面的。当然，所提的建议应当与自己所求的岗位相契合，并切忌好高骛远，过于自负。在应聘中，若你的建议确有真知灼见而被用人单位看中，哪怕你在其他方面稍差一点也无妨。

（二）求职信的写作礼节

求职信是求职者与用人单位之间的首次交往，其最终效果直接影响着求职者给用人单位的最初印象，所以更要遵循恰当的礼仪规范。具体来说，既要遵循一般信件的要求，又要注重求职特色，这可概括为以下六个方面。

1. 称呼要恰当礼貌

用人单位负责人第一眼从信件中接触到的就是你对对方的称呼，所以称呼很重要。求职者未必对用人单位有关人员的姓名很熟悉，所以在信中可以直接称职务头衔等，如“××公司负责人”“××公司经理”“××厂厂长”。求职信的目的在于求职，因而称呼要求严肃谨慎，不要过分亲密，以免给人以“套近乎”或者唐突之感。当然，礼貌性的致辞还是可以适当使用的。例如，称呼之前一般要加表达敬意的修饰语，如“尊敬的”“敬爱的”“尊贵的”等。

2. 问候要真诚自然

一般信的开头都要有问候语，问候语可长可短，但即使短到“您好”两字，也能体现出写信人的一片真诚，表达出对对方的敬意。

3. 内容要清楚准确

正文是书信的主体，即写信人要说的事。正文从信笺的第二、第三行开始，前面应空两格。书信的内容尽管各不相同，写法也多种多样，但都要内容清楚、结构明确、文辞通畅、字迹工整。另外，还要谦恭有礼，即根据收信人的特点及写信人和收信人的特定关系进行遣词造句，包括谦词、敬语的选择和语调的把握等。

4. 祝颂要热诚规范

祝颂语有格式上的规范要求，一般分两行写，上一行前空两格，下一行顶格。祝颂语可以套用约定俗成的句式，如“此致，敬礼”“祝您健康”之类。也可以另辟蹊径，触景生情，以更能表示出对收信人的良好祝愿，例如，“祝贵公司事业发达，鹏程万里”“祝贵校越办越好”等。

5. 署名落款要礼貌完整

信的最后落款要注明写信人的名字和写信日期，为表示礼貌，在名字之前加上“求职者”或“您未来的部下”等。名字之下，还要选用适当的敬辞，如“叩上”“敬启”等。

6. 信封称呼要礼貌规范

求职信的信封书写也很重要，因为对方首先看到的就是信封，如果从信封上就给对方留下了好印象，那么求职成功率无疑就会更高。

信封除要清楚、准确地写明收信人姓名、地址及邮政编码、发信人姓名及地址以外，还要恰当地选用对收信人的礼貌用语。首先，要注意收信人的称呼。应根据收信人的职衔、年龄等，写上“经理（或总经理）”“厂长”“人力资源部经理”或“先生”“女士”，如果是在国家行政机关或事业单位求职，信封上则可以写“同志”。其次，要讲究“启封辞”的选择。“启封辞”是请收信人拆封的礼貌语词，它表示发信人对收信人的感情和态度，一般用“钧启”“赐启”等。

二、个人简历的写作礼规

个人简历是求职者自我描述的一幅“彩照”和推销自我的名片，它是对个人学历、工作经历、特长、性格及其他有关情况所作的简明扼要的书面介绍，也是打开面试大门的钥匙。

（一）个人简历的写作原则

个人简历的写作应当遵循整洁、简明、准确、诚信的原则。整洁，就是简历的外观形式必须端庄、清爽、醒目，能让人“一目了然”。简明，就是内容言简意赅，不能长篇大论，并且内容要具有针对性，写清楚与应聘职位有关的学历、经历和成就即可。准确，就是用词规范贴切，术语使用得当合体。诚信，就是简历中的内容应当实事求是，不能弄虚作假、夸大其词。

一份完整的个人简历，一般包括个人资料、求职目标、任职资格、学历、工作经历、专长、成就、语言能力、计算机能力等项目，但根据个人的实际情况可以有所增补或删减。

个人资料，包括姓名、出生年月、性别、籍贯、身高、体重、健康状况、婚姻状况、业余爱好、通信地址及联系电话等信息。

求职目标，即求职者的愿望，要明确具体地写出想要申请的职位，及欲在求职单位扮演的角色和承担的责任。

任职资格，要言简意赅地写清应聘此岗位的优势和特长，让用人单位对求职者的学历、专业、工作经验、能力等有一个概括性的了解。有时为避免与下面的内容重复，此项也可省去。

学历，应按由低到高或者由高到低的次序写清学习起止年限、学校、院系和专业。

工作经历，包括工作起止时间、工作单位名称、所任职务。对于刚毕业的大学生来说，虽无工作经历，但可以写上自己担任过的职务或组织参与的活动。虽然这些活动或经验可能是短期的、不成熟的，但都可以不同程度地反映一个人的志趣、社交能力、组织能力、协调能力、领导能力和人格成熟度等个性特征，这些正是用人单位考察的重点。因此，如果你具有与所应聘岗位相关的经历，无论时间长短，都一定要写在简历上。

专长，是专业范围内最突出最擅长的强项。专长不仅指求职者所学的专业，还应包括在工作、生活及兴趣发挥中发展而来的各种特长，与所应聘岗位相关的专长尤为重要。比如，应聘办公室秘书，若应聘者具有较高的外语、计算机、中文写作水平，就比没有此项专长的人多了几分成功的砝码。

成就，可以是所学专业领域的工作成就；也可以是科研成就，如发表的学术论文、参加的重大科研项目等；还可以是所获得的国际性、国家级、省部级、校级奖励。此项要实事求是，要具体量化，通常还要附上论文、证书的原件或复印件。

语言能力，包括外语水平能力以及中文表达和书写能力，如通过全国外语或专业外语等级考试及发表的文章等级等。

计算机能力，是指计算机操作能力，如查找资料和编程的水平和能力，要写得具体和详细，如获得全国计算机等级考试级别证书。

若有必要，求职者可以在最后列上推荐人，意在表明自己在简历中所列情况属实，真实可信。本项目不必过多展开，写上“函索即寄”或写上推荐人资料即可。如果对方函索推荐人，求职者应提供两三名对自己相对了解，同时又在本专业领域拥有职务或职称的人作为自己的推荐人。当然，在此之前，一要获得推荐人的许可，二要附上推荐人的通信地址、邮政编码和电话号码，三要将自己简历的复印件交给推荐人一份，以便他们对简历有全面的了解。

（二）个人简历的写作忌讳

个人简历可以说是求职材料的核心内容，因此，简历在写作上一定要多多揣摩，以免出差错。除前面介绍的写作原则外，下面四点也要避免。

一是缺乏重点。一封有效的求职信应该突出重点。求职者能干什么，优势在哪里，谋求什么职位应当一目了然。很多求职者竞争力很强，但写起简历来却没有突出重点。如果一份简历看上去适合任何单位、任何职位，它给人的印象就是求职者不能明确自己的工作目标，相比别人而言，也就失去了竞争优势。

二是缺乏营销战略。具有市场营销观念的人，会动用各种销售工具，以获得决策者的信任。个人简历实际上是一份市场销售书，目的是把求职者带到下一轮面试中去。把自己的工作经历设想成销售工具，意味着求职者在写简历的时候首先考虑了读者的购买需求。简历上每个词都要表明求职者能满足他们的需求，帮他们解决问题，节省时间和金钱，增加利润或改善客户关系。

三是缺乏工作业绩陈述。可以说大部分的简历都缺乏工作业绩陈述。过去的工作成绩是雇主评判求职者未来表现的依据。工作业绩能刺激雇主迫不及待地抢在竞争对手之前给求职者打电话。为了达到最佳效果，业绩必须量化成数字或百分比，量化的业绩比空洞地叙述业绩更可靠、具体和客观。

四是语气缺乏成熟度。像“给我一个机会，还您一个惊喜”等求职语经常在个人简历里出现。这样的语言会显得既虚伪又空洞。此外，为便于用人单位更全面地了解自己，还可以在简历上贴上一张清晰、精神的近期照片，因为从照片上往往也能反映出一个人的气质与个性。

第三节 面试礼节

美国通用汽车公司招收新雇员的最后一道关就是面试。但与其他公司不同的是，该公司的面试房间很大，应试者需要走过很长一段距离才能来到主考官面前。并且，一排有六位主考官拿着应聘者的情况介绍表却不提任何问题，只是一直注视着应聘者，一分钟后即示意他们可以走了，面试结束。应试者们都很纳闷，怎么没有提问就结束了呢？

其实，主考官是通过应聘者进门后的举止，诸如走路姿态、神情、坐姿、被注视下的表情反应、心理变化，以及最终出门时的速度、动作等，来判定这个人的气质、修养、个性、自信心及创造性等特点。所以根本用不着提问题，一切都尽在不言中了。

这一面试实例表明，最能体现应聘者良好素质和行为的时候，往往就是面对面与人打交道之际。通过衣着服饰、仪态表情、谈吐举止，面试者能够对应试者的整个人做出大概的评价，而这通常就发生在面试的前30秒里。所以，要想在有限的时间里使面试者对自己产生好感，应试者就应当特别注重各种仪表规范与言行礼节，以塑造得体、大方的求职形象，给人以良好的第一印象。

参加面试时，注重自己的仪表形象是非常重要的。拖沓和过于夸张、有失庄重的仪表都会给用人单位留下糟糕的第一印象。因此，面试当天，应当给自己留出充分的时间做好一切准备。在备齐了所有应当随身携带的求职信、简历等必要物品之后，还应当包装一下自己的外在形象，做到衣冠楚楚有精神。

仪容、佩饰、着装是面试中被看重的地方。这几个方面都应当给人一种稳重、干练、高效的感觉，具体要求如下。

一、注重仪表形象

（一）仪容干净整齐

头发位于人体的“制高点”，人们打量他人也往往是从头开始的，所以仪容修饰更要“从头做起”。头发表现一个人的个性与整洁的习惯，比如，油腻的头发说明这个人整洁习惯欠佳。因此，求职者在面试的时候，一定要记住头发的整洁远比发型更重要，整洁就是一定要梳洗干净整齐，无汗味，无头屑，千万不可凌乱不堪，当然也不要使用太多发胶。发型大方，不怪异，不太长也不太短，前发不要遮眼遮脸，男士鬓角的头发不要过耳。另外，发型发式最好还能与自己所要应聘的工作相一致。比如，工作岗位比较严肃的，最好不要留过于夸张前卫、时髦的发型，也不要把头发染成其他颜色，以免给人留下不稳重的印象。男士还要注意剃须，女士尤其要注意化淡妆，千万不能浓妆艳抹、香气袭人。另外还要保持口腔清新。去面试之前最好先漱口或嚼一下口香糖，以免口腔有异味。此外，还要注意自己的指甲是否干净。

（二）佩饰得体大方

佩饰不但体现了一个人的品位，也代表了对自我的要求。佩饰的价格高低并不能代表品位高低，搭配得体大方最为重要。一般而言，平时不戴首饰的人，在面试时也最好不戴。以男性为例，面试当天千万不能打扮过头，不要佩戴镶宝石的领带夹、闪亮的袖扣、造型夸张的眼镜或手表等引人注目的配件。在面试政商类工作岗位时，更不要戴耳环、项链等佩饰。女性如果戴首饰，在面试时也应选择秀气的、高雅的，千万不可佩戴贵重的珠宝。此外，一般只佩带两三种佩饰就足够了。佩戴首饰一定要恰如其分，要避免佩戴容易发出响声的指环、手镯、手链或脚链等佩饰。

（三）鞋袜整齐规范

鞋子位于人体的“最低点”，似乎最容易被人们忽略，但它往往最能透露个体形象的信息。一位服装仪容看起来都很完美的人，只是在交谈的过程中，被面试官无意地瞥见了藏在裤管底下的不规范或肮脏的鞋袜，应试者先前的所有努力将会付之东流。鞋袜虽然不起眼，却能体现个人做事的细心程度，因此，单位在选人时也很注意这点。所以我们在面试时更要注意鞋袜的规范与整齐。

如果男士穿的是西服，那么就应该穿皮鞋。运动鞋、布鞋、凉鞋与西服是不匹配的。鞋子体现稳健与庄重，别出心裁的鞋样不要出现在面试现场。绝对不要为了显出自己不羁的生活方式而拒绝穿袜子。袜子一般要和裤子的颜色相适合，不妨选择黑色或者深色的，袜子要有一定的长度，长到在坐下或者交叉两腿时不露出腿为宜。女士的鞋要和裙、裤相适应，鞋跟不要太高太细，凉拖鞋等不庄重的款式是不合适的。如果穿裙装，要穿肉色长筒袜，不能脱丝或卷边，不要穿到腿肚的半截袜，更不要穿黑色或其他花色的长筒袜。

（四）着装规范整洁

面试着装首先必须整洁，不整洁的着装会使应聘者的形象大打折扣。面试时所穿的西服、衬衫、裤子、皮鞋、袜子都不宜给人以崭新发亮的感觉，但一定要干净、平整，不可过分修饰。其次是要简朴大方，太夺目的色彩或太花哨的纹样表明应聘者不够稳重。最后，要避免大胆的装束。男士切勿穿短裤、凉鞋、运动鞋；女士切忌浓妆艳抹，穿迷你裙、无袖上衣、高跟拖鞋。即使是炎热的夏天，也不要穿得太露太透，不要选择闪光的涂层面料，更不要穿运动鞋和露趾凉鞋。

就着装的规范性来说，男士或女士在面试前应选购一套剪裁合体、做工精良的套装，但不要过分提高自己的衣着档次。合乎自身形象的着装会给人以干净利落、有专业精神的印象。男士应显得干练大方，女士应显得庄重高雅。一般来说，男士最好穿着庄重的西服套装或夹克，西服的颜色应以深色为好，衣服要熨烫平整挺括，衬衫领口和袖口要干净，黑色皮鞋要擦亮。女士最好穿着正规、素雅的套装或套裙。裙子要以窄裙为主，裙长要到膝或者过膝，并且较少使用饰物和花边进行点缀，不能怪异、新奇或过于暴露，否则都是不庄重的。在色彩方面要求以冷色调为主，应当清新、雅气而凝重，以体现出求职者的典雅、端庄和稳重。

另外，还可以根据所应聘的职位特点和要求来选择面试着装。比如，应聘银行、政府部门，或文秘、人力资源管理、财务管理、营销等职位时，穿着偏向传统正规。对于应届毕业生来说，允许有一些学生气的装扮，即使面试名企，也可以穿休闲类套装。它相对正规套装来看，面料、鞋子、色彩的搭配有更大的自由度。

除了上面介绍的之外，在选择面试着装时，可以力求使自己的面试着装的色彩、风格与所应聘的单位的特点协调融洽起来。举例来说，应聘百事可乐公司的人可以从红和蓝当中选择其一。如果所应聘的公司还没有采用标志色彩，求职者可以从应聘工作的属性来选择面试当天所穿服装的色彩。如果应聘的是管理工作，那么深蓝色就相当适合，它给人一种稳重感；如果应聘需要充满活力的工作，代表朝气的红色和浅蓝色就相当适合。

二、注重仪态举止

面试在很多情况下是与面试官的“短兵相接”，一举一动、一言一行，都让面试官尽收眼底。所以除了讲话以外，仪态举止等无声语言对面试成败的影响非常关键。比如，有时一个眼神或者手势都会影响到整体评分，适当的微笑，就能显现出一个人的乐观、豁达、自信。因此，在面试中，注重塑造得体大方的仪态举止会给应聘者带来事半功倍的效果。

进入面试场地，要表现得冷静自信而不乏谦恭，诚实而不乏机敏。面试时，即使紧张，也要振作精神，面露微笑。不管怎样为难、失望、受挫、生气或无聊，都不要形诸于色，不要皱起眉头、抓耳挠腮、垂头丧气、怒视对方或打哈欠、目视四周、与人随意攀谈。不论面试结果成败，保持镇定从容、自然大方是个人应有的良好教养与行为。

面试时一定要避免拖拉椅子，而发出很大噪声；不要一屁股坐在椅子上，耷拉着肩膀，含胸驼背；更不要半躺半坐在椅子上，脚腿不自觉地颤动或晃动；而男性跷着二郎腿，女性双膝分开、叉开腿等也会给人放肆和缺乏教养的感觉。面试时，最好要等接见者请你就座时才能按指定位置就座，并注意坐姿的优美与神态。如果他忘了请你入座，你也可以客气地问：“我能坐下来吗？”这种礼貌的言行同样会给人留下深刻的印象。若是站着，不要站得离主考官太近，两手不要叉腰或抱肩，也不以双手插入口袋或把双手交握在背后。否则，会给人一种轻慢或拘束之感。

面试时，不要吸烟，也不要把烟分递给别人。而在送接名片或茶杯等物时，要起身双手递接。在跟人握手时，要注意姿态、时间以及伸手的先后次序等问题，不要矫揉造作，或缩手缩脚、拘束呆板，要充分展示自己的礼貌、谦恭和热情。

当招聘主管与你面谈的时候，要做到符合交谈的基本要求，如谈吐自然、礼貌、简洁、规范。讲话时，态度要自信谦虚但不能过分谦卑。说起话来唯唯诺诺、对人只会点头称是，不置可否的多半会被用人单位拒之门外。

面谈时，若办公室里或边上还有其他的人，千万不要忽略他们的存在。没有经验的求职者，特别是刚出校门的学生，走进办公室后目不斜视，往往只与招聘主管打招呼，不仅忽视了其他人的存在，而且对坐在边上之人的提问也漫不经心，临走时也不向其他人道一声告辞。结果是，本以为自己表现甚佳，但殊不知，招聘主管可能只是个奉命行事的，而被你轻视冷落在一旁的那位才是真正决定你“命运”的人。因此，所有的势利行为都不可取。要记住：平等待人、善于公关、热忱礼貌，正是面试所要考察的重要内容。

三、遵守见面礼节

参加面试时，致意行礼及时、言行举止文明优雅、得体大方是基本的礼节。热情招呼、适当寒暄、礼貌握手、恰当的交谈与目光交流，以及站、坐、走的得体姿势等都是面试时的最基本要求。这都能展现应聘者良好的气质风度以及得体的仪态举止，给人以有教养、讲文明的感觉。

面试时，握手是最重要的一种身体语言。专业化的握手能创造出平等、彼此信任的和谐氛围。你的自信也会使人感到你能够胜任而且愿意做任何工作。这是创造好的第一印象的最佳途径。怎样握手？握多长时间？这些都非常关键。因为这是你与面试官的初次见面，这种手与手的礼貌接触是建立第一印象的重要开始，不少企业把握手作为考察一个应聘者是否专业、自信的依据。因此，在面试官的手朝你伸过来之后就握住它，有力地摇两下，然后把手自然地放下。握手应该坚实有力，有“感染力”。双眼要直视对方，自信地说出你的名字，即使你是位女士，也要表示出坚定的态度，但不要太使劲，更不要使劲摇晃；不要用两只手，用这种方式握手在西方公司看来不够专业，另外手应当是干燥、温暖的。如果他/她伸出手，却握到一只软弱无力、湿乎乎的手，这肯定不是好的开端。

四、注意守时诚信

守时是职业道德的一个基本要求，与用人单位约好了时间，就应当按时赴约。通常，应试者应至少提前 10 分钟到达面试地点，这样可以熟悉一下环境，稳定一下心神。提前半小时以上到达会被视为没有时间观念，但在面试时迟到或是匆匆忙忙赶到却又是致命的。一个在面试时迟到的求职者，不管有什么理由，往往会给人留下不好的第一印象，令人觉得你并不在意这份工作；或被认为你平时很散漫，缺乏自我管理和约束能力，为人处世缺乏诚信，即缺乏职业能力。即使拿出很充分的迟到理由，仍然会使人怀疑你在今后的工作中能否守时。不管什么理由，迟到都会影响自身的形象，这是一个对人、对自己尊重的问题。而且大公司的面试往往一次要安排很多人，迟到了几分钟，就很可能与这家公司失之交臂了。

如果路程较远，可早到 30 分钟，甚至 1 个小时。但早到后不宜提前进入办公室，最好不要提前 10 分钟以上出现在面谈地点，否则聘用者很可能因为手头的事情没处理完而觉得很不方便。当然，如果事先通知了许多人来面试，早到者可提早面试或是在空闲的会议室等候，那就另当别论。对面试地点比较远，地理位置也比较复杂的，不妨先跑一趟，熟悉交通路线、地形，甚至事先搞清洗手间的位置，这样你就知道面试的具体地点，同时也了解路上所需的时间。

招聘人员是允许迟到的，这一点应聘者一定要清楚，对招聘人员迟到千万不要太介意，也不要太介意面试人员的礼仪、素养。如果他们有不妥之处，你应尽量表现得大度开朗一些，这样往往能使坏事变好事。否则，招聘人员一迟到，你的不满情绪就流于言表，面有愠色，招聘人员对你的第一印象就会大打折扣，甚至导致满盘皆输。因为面试也是一种人际磨合能力的考查，你得体周到的表现，自然是有百利而无一害的。

礼仪是个人素质的一种外在表现形式，而面试礼仪是最为重要的一个面试环节。面试礼仪又由许多小环节构成，如果礼仪知识知之甚少，或忽视礼仪的作用，在一个小环节上出现疏漏，必然会被淘汰出局。一家著名的跨国公司招聘一名薪水、权力都颇高的管理人员，有三位实力相当的候选者通过了初试。但是，在随后的一次面谈后，人力资源部经理毫不犹豫地选择了其中的一个。原因很简单：他是三个人中，唯一一个进入房间后向所有在场的人点头致意、问候早安，见到有其他人进来时起身、微笑致意，用双手平平地接过名片……并在离开时将一次性茶杯主动收起放入垃圾桶内的人。可以看出，三名候选人的区别，无非是一些小小的细节，但这些细节体现的却是个人日常德行、礼节教养的差异。

第四节　面试应对策略

面试是综合素质的考场，对应聘者的考察是多方面的：不仅要考察学识和才能，还要看人品和个性；不仅要看是否能干，还要看是否肯干；不仅要看是否用得上，还要看是否靠得住。因此，招聘单位会就此设计出各种问题和怪招来考验应聘者。而对于应聘者，就很有必要学会一些巧妙应对的面试策略。

一、面试常见问题解析

在面试过程中，最大的困难就是如何回答好面试人员的问题了。了解用人单位进行面试的目的及常见的测试问题，将有助于应聘者做到心中有数、有备而战。

一般来说，用人单位会提出一系列问题对应试者进行测试，主要有以下六个方面的目的。

(1) 应聘者的实际情况与自荐材料或他人的介绍是否一致。

(2) 应聘者是否还具有档案材料和自荐材料所没有表现出来的或者不太详尽的方面，如仪容仪表、举止风度、兴趣爱好、表达与交际能力等。

(3) 应聘者的应变能力如何，反应是否机敏，口头表达是否准确、流畅，是否有条理、富于逻辑性。

(4) 应聘者的专业知识与相关知识的深度与广度。

(5) 应聘者是否对所应聘岗位工作的艰巨性、可能遇到的困难与不利条件有足够的估计，是否具有相应的业务能力与克服困难的决心和毅力。

(6) 应聘者的性格、气质属于何种类型，是否具有诚实、谦逊、果断和自信等优良品格。

了解用人单位的测试目的后，就可以对用人单位在面试中可能会提出的问题有个大体的估计。下面就是用人单位在面试过程中常提的一些问题以及这些问题背后的目的。

（一）关于应聘者的学业

面谈中，面试人员常常会让应聘者说明在个人简历或求职申请表中所提到的有关情况，以了解应聘者的学习生活以及在学校的基本表现，从而考察应聘者具备什么样的基本素质和才能。以下是一些常见的问题。

(1) 你最喜欢（或最不喜欢）哪门功课？为什么？

用人单位提出这类问题是想了解你的文化与学科兴趣范围，弄清你的学识取向，即你是否目标明确，重点突出，是否有自己独特的知识结构。

(2) 当初你为什么会选择这一专业（或学校）？

用人单位提出这类问题是想了解你的思想和行动上的独立性，看看你是否善于自己做出决定，弄清你的学习动机，以及想了解你的家庭背景对你学习及未来工作的影响。

(3) 你各门功课的平均成绩如何？你认为考试成绩能否反映你的实际才能？

用人单位提出这类问题是想大致了解你的智力与勤奋程度。

(4) 作为一个学生，你遇到的最大的挑战是什么？你是怎样迎接这一挑战的？

这类问题是招聘者想了解你的创新意识与进取精神：你是否能从容而努力地应对新任务或突然出现的问题，使自己不断地发展和提高。

（二）关于应聘者的经验和能力

除了基本素质和才能，面试者还想了解应聘者的工作经验、主要业绩和能力，包括：你最擅长什么？你是否有发展的潜力？你是否可以担任更为重要的工作等。以下是一些常见的问题。

(1) 你有什么工作经验和社会经验？简单描述一下你参加某一次活动的情况以及你的职责。

(2) 你从学校和社会的一些实践活动中学到了什么？你的主要业绩是什么？或者你最引以为自豪的成绩是什么？

(3) 在你所做过的事情中，你认为最大的成就是什么？你所遇到的最困难的事情是什么，如何解决的？你最难忘的经历是什么？

(4) 在你所做过的工作中，你最喜欢哪一件（或最不喜欢哪一件）？为什么？

(5) 你对你的老板最喜欢的（或最不喜欢的）是什么？

用人单位希望能够从你有限的社会经验中衡量你是否有能力胜任这份工作。因此，作为应聘者应该把在学校各种活动中或者社会实践中所得到的经验运用到这份工作上。

另外，这类“最喜欢”或“最不喜欢”的问题，除了可以使招聘者对你的某一方面有更进一步的了解外，还会明察你的洞察力及逻辑思维。例如，在回答“你最不喜欢什么样的人”时，可以采用抽象概述的方式：“我不喜欢那些唯我独尊的人”“那些损人利己的人”“那些口是心非的人”。

（三）关于应聘者的个性特长

招聘者为了全面地了解应聘者，还想知道应聘者的某些个性素质，例如，你是怎样看待自己的？你有哪些雄心壮志？你的工作习惯、个人兴趣及价值观如何？等等。于是，可能向应聘者提出下列问题。

（1）请简单介绍你自己；请描述一下你的性格特点；你有什么兴趣和爱好？

（2）你最大的长处是什么？

用人单位对一个人的长处最感兴趣。因为，如果你连自己的长处都不清楚，或没有信心，又怎能让别人对你有信心？

（3）你最大的短处是什么？

招聘者想知道你如何看待自己的缺陷，并且看看你是否诚实可信。其策略就是通过观察你会不会忽然变得局促不安或极力掩饰来作出判断。

此外，用人单位了解应聘者的缺点是从职业发展角度考虑的。应聘者如果就事论事地谈缺点，往往会陷入困境。因此，在以适当的语言来客观地评价自己的缺点时，还应该提出克服这些缺点的办法。面试人员其实对应聘者有什么样的缺点（除非是致命的）并不感兴趣，而是想了解应聘者认识问题和解决问题的能力。

（4）你通常与哪种人相处最融洽？为什么？你觉得什么样的人难以相处？假设你必须和这样的人在一起工作，你该怎么办？

这是招聘者为了更进一步了解你的成熟程度、处事能力和团队精神而提出的一道难题，目的是想看看你驾驭人际关系的能力如何，你是否有足够的忍耐性、适应性、宽容性和合作精神，你是否个性很要强并且容易感情用事。

（5）你近期（如一两年内）的目标是什么？你长远的目标打算又是什么？你有没有考研、出国留学或其他方式继续深造的打算？

这类问题是了解你是否具有时间观念和效率观念的人，是不是一个能科学地制订计划并有条不紊地实现既定目标的人，是不是一个既有战略眼光又有理性、既着眼于现在又放眼于未来的人。

（四）关于应聘者的工作期望和理想

（1）你认为在哪种工作环境中最能发挥你的才能？

（2）你有没有制定人生目标？它是什么？

（3）什么是你选择工作的首要因素？

（4）五年以后你对自己的工作有什么期望？

（5）你对自己的事业有什么长远目标，如何实现这一目标？

（6）你认为怎样才算事业成功？

（7）你认为自己是不是一个有野心的人？

用人单位问这些问题是想从中了解应聘者的价值是否与企业价值相符，主要考察应聘者对本单位的价值观与文化有多大程度的认同，以确认应聘者是否能够真正融入集体中。因此，对于应聘者来说应该更多地了解用人单位的相关背景和业务，以及行业发展前景等相关信息。

（五）关于应聘者的工作技能和语言能力

（1）你有没有参加一些专业考试，成绩如何？

（2）你的计算机水平如何，会使用哪些软件？

（3）你的普通话水平如何，能否用普通话作自我介绍？

（4）你懂得其他语言吗？

（5）你有没有参加过与这个职位相关的培训？

面对这些问题，应聘者应该如实回答，切忌夸张失实。现在一些毕业生往往在简历中描述自己的计算机或英语水平时爱用“精通”“流利”等稍显张扬的词语。但这些能力往往很容易在当场进行测评，应聘者一旦有所闪失，用人单位便会认为你夸夸其谈、华而不实，会有受骗上当的感觉。因此，应聘者要避免发生这种情况。

（六）关于应聘者申请的职位和部门

（1）你为什么申请这个职位？它哪一方面最吸引你？你了解这份工作的职责吗？

（2）你为什么想加入本单位工作？你对本单位了解多少？

（3）你为什么认为自己非常适合这份工作？你认为自己的哪些经历会有助于胜任这份工作？

（4）如果你被录用了，将如何开展工作？

（5）你认为在本单位成功发展需要什么样的条件？

（6）你还申请了什么职位？

（7）你能否到外地工作或者经常出差？

（8）如果工作需要的话，你能否加班？

在仅仅一次不长的面试过程中，用人单位如何去判断应聘者的求职诚意与个人素质？最常用的方式就是通过以上这些问题深入了解应聘者对该职业的态度与职业素质，从而判断他（她）是不是本单位所需要的人才。而应聘者对用人单位的了解，以及对用人单位的尊重与向往等主动的态度，恰恰是用人单位判断应聘者是否有诚意的一个重要标准。

（七）关于时事问题

（1）你看了最近的政府工作报告了吗，有什么想法？

（2）你认为最近政府的哪些措施会对本行业发展有重要影响？

（3）你主要注意哪些方面的媒体报道？

“两耳不闻窗外事，一心只读圣贤书”的学生已经不能适应现代社会的要求。若能关心时事，并能从中敏锐地发现相关信息，应聘人员往往就会对你刮目相看。用人单位的这些问题就是想考察应聘者独立思考问题的能力，从中发现应聘者是否能广泛地吸取各方面信息，并是否能够提出自己的观点。

（八）假设性问题

（1）假设有顾客不满意你的服务，并要投诉你，你会如何处理？

（2）假设由于你的失误而使工作出现问题，但你的上司并不知情，你会怎样处理？

用人单位利用这些问题主要是对应聘者的应变与机敏反应能力进行评估，而这些问题往往都会和单位的工作处境相关。

应聘者在回答这些问题时，首先要镇定，慌张和不理智是致命的缺陷。同时，还应能够很快做出反应，迟钝或停顿时间过长都会给招聘人员留下不好的印象。

事实上，除了上述招聘人员向应聘者提出的问题之外，作为应聘者也同样可以不失时机地向对方提出某些恰当的问题与其交流。

例如，为了显示你对该职位的兴趣与诚意，你可以提问与该职位相关的问题，如“对于担任该职位的员工，公司有什么期望和要求？”而为了显示你对该单位的兴趣，你也可以提问与该单位相关的问题，如“未来几年，贵公司会有什么新的发展计划？”这个问题还可使你从中了解更多有关该单位的发展潜力、发展方向等信息，以决定自己的去向。再如，为了表示你有兴趣在该行业发展，并想去进修，你也不妨提问“公司对于员工在业余时间的进修是什么态度？”“公司提供多长时间的培训计划？”。可以说，凡是与工作相关的问题都是好问题。

通过向招聘方提问题的机会，应聘者可以对自己此前的失误或者不足加以补救，不仅表现自己想加入该单位的最大诚意，还可使用人单位进一步深入了解自己。

当然，此时不要过急过早地提出薪酬问题，这应当由招聘方提出，自己做到心中有数即可。若操之过急，就会给人以斤斤计较的感觉，使面试成绩大打折扣。

二、面试交流与表达的技巧

在回答面试问题时，具体要注意以下几个方面。

（一）要坦率诚恳，实话实说

主考官可以谅解一个人的不足，但绝不会欣赏一个人的虚伪和傲慢。狂妄自大的应聘者败下阵来往往还不知原因所在。因此，面试中如果面试者谈到你的不足，或指出你的错误观点时，不要巧言令色，自以为是；如果遇到一些自己不熟悉或根本不懂的问题，应坦率承认，而不要回避或牵强附会地解释一番以图蒙混过关。

（二）表达要简洁明了，谦逊慎重

表达尽量三言两语，清晰明快，能少说的，就不要多说。在阐述自己的想法时，尽可能先说论点和结论，再根据需要加以论证，这可以使表达简明扼要。讲话时尽量不要使用模棱两可的语言，譬如，回答某一问题时只说“还行”或“可能很强吧”等。最好用貌似平直，实则蕴含了你的能力、特长和业绩的表述。但特别注意不要夸大自己的能力，尽量用具体的事例说明问题，避免用“极好”“极强”等字眼。因为强中更有强中手，招聘主管对你的期望值越高，失望值可能也就越大。

（三）要做好调研工作，有备而来

在真正的面试之前，进行目标公司调研是一个最佳做法，它让你“有备而来”，能记你尽可能出现的面试挑战，并机智从容地应对面试的问题。

（四）要学会倾听和分析问题，机智应变

有些问题，主考官并不需要你给出一个明确的答案，他只是想从你的回答中判断你处理问题的方式、原则和能力，判断你的性格和人品。因此，这就需要你想一想主考官提问的意图究竟是什么。又如，在参加机关事业单位的面试时几乎都会遇到这类问题：“当你的意见和领导冲突时，并且领导的意见是错误的，你如何处理?”主考官提这个问题是想考察你的团体合作能力和人际协调能力。团体精神是完成一次工作的关键，没有这种精神的人到哪里都不受欢迎。但协作精神也不是一味地迎合别人，毫无主见，缺乏独立人格。

因此，回答这个问题，当然不能当面指出领导的错误与领导发生正面冲突。因为没有几个领导愿意当面向你承认错误，也没有几个领导希望下属的眼光和能力胜过自己。那么，你该怎么回答呢？你不妨这样回答：我会遵照领导的意见开始工作，但我会在恰当的时候以恰当的方式告诉他，并且拿出具体理由来证实我的意见的正确性，争取获得领导的支持和帮助，使我的工作顺利完成。

另外，面试中主考官有时会故意设计一些古怪难答的问题让你回答，其意在考察你的应变能力以及处理随机问题的“适应性”和“机敏性”。此时，你需要冷静对待，在明确对方意图后委婉作答，切不可反唇相讥，或与主考官争辩而造成遗憾。

本章小结

在求职竞争日趋激烈的今天，求职者除了要具备良好的专业素养外，掌握一些求职面试的礼仪技巧是非常必要的。为获得理想的求职成效，求职者得写好一封合乎礼仪的求职信和一份高质量的个人简历，另外在有限的时间里使面试官对自己产生好感，更应当特别注重各种仪表规范与言行礼节，从而塑造一个得体、大方的求职形象，给对方留下良好的第一印象。

问题与应用

1. 求职前应该做哪些准备工作？求职材料应该如何准备？
2. 面试的仪容仪表有哪些要求？
3. 谈谈面试中言谈举止的注意事项有哪些？

参考文献

海英，2011. 礼仪的力量：海英老师的 33 堂礼仪课［M］. 北京：北京师范大学出版社 .

姜洪，2011. 实用民俗礼仪［M］. 长沙：湖南科学技术出版社 .

杰奎琳・惠特摩尔，2008. 最权威商务礼仪课［M］. 姜岩，译 . 石家庄：河北教育出版社 .

金正昆，2016. 社交礼仪教程［M］. 5 版 . 北京：中国人民大学出版社 .

李晶，2008. 现代国际礼仪［M］. 武汉：武汉大学出版社 .

李荣建，2018. 社交礼仪［M］. 4 版 . 北京：清华大学出版社 .

李天民，1999. 现代国际礼仪知识：怎样进行对外活动［M］. 北京：世界知识出版社 .

罗杰・E・阿克斯特尔，1998. 礼仪与禁忌［M］. 吕佩英，译 . 上海：上海译文出版社 .

唐・米德伯格，2002. 成功的公共关系［M］. 牛宇闳，译 . 北京：机械工业出版社 .

王群，2010. 礼仪宝典［M］. 上海：复旦大学出版社 .

王伟伟，2005. 礼仪形象学［M］. 北京：人民出版社 .

熊卫平，2015. 现代公关礼仪［M］. 4 版 . 北京：高等教育出版社 .

张岩松，2016. 实用礼仪教程［M］. 2 版 . 北京：中国人民大学出版社 .

张玉平，1998. 现代礼仪［M］. 北京：东方出版社 .

赵景卓，1995. 公关礼仪［M］. 北京：中国财政经济出版社 .

周敏，2007. 现代公务礼仪［M］. 杭州：浙江大学出版社 .

周思敏，2017. 你的礼仪价值百万［M］. 北京：中国纺织出版社 .

周裕新，陶晓平，2009. 礼仪心理学［M］. 上海：同济大学出版社 .

朱立安，2001. 国际礼仪［M］. 广州：南方日报出版社 .